MARBURGER JAHRBUCH THEOLOGIE XXVI

MARBURGER THEOLOGISCHE STUDIEN

121

begründet von

Hans Graß und Werner Georg Kümmel

herausgegeben von

Friedhelm Hartenstein und Michael Moxter

MARBURGER JAHRBUCH

THEOLOGIE

XXVI

GEMEINWOHL

herausgegeben von

Elisabeth Gräb-Schmidt und Reiner Preul

EVANGELISCHE VERLAGSANSTALT

Leipzig 2014

Bibliografische Information Der Deutschen Bibliothek

Die Deutsche Bibliothek verzeichnet diese Publikation in der Deutschen Nationalbibliografie; detaillierte bibliografische Daten sind im Internet über http://dnb.ddb.de abrufbar.

ISBN: 978-3-374-03927-2

Printed in Germany

Satz/Layout: Timo Wöllenstein

INHALTSVERZEICHNIS

VORWORT

„Gemeinwohl" ist eine wichtige Leitidee unserer politischen Kultur. Sie wird regelmäßig zu Bewusstsein gebracht, wenn alle Mitglieder der Gesellschaft zu mehr „Gemeinsinn" aufgerufen werden. Dem Gemeinwohl soll nicht nur das Handeln der politischen Organe, sondern auch das der gesellschaftlichen Institutionen und aller einzelnen Personen dienen.

Die Begriffs- und Theoriegeschichte zum Terminus Gemeinwohl (bonum commune, salus publica) reicht bis in die antike Philosophie zurück. Im Kontext theologischer Dogmatik und Ethik wird das bonum commune mit Überlegungen zum summum bonum, soweit dieses unter den Bedingungen von irdischer und geschichtlicher Interaktion als erreichbar gedacht wird, verbunden. Einsichten zur Bestimmung des Menschen als individueller Person und als Gemeinschaftswesen und zu einer dieser Bestimmung entsprechenden gesamtgesellschaftlichen Wohlordnung kommen ins Spiel.

Auf diesem problemgeschichtlichen Hintergrund wird auch schon deutlich, dass es bei der allen Institutionen und Individuen abverlangten Orientierung am Wohl der Allgemeinheit nicht allein um Besitz, soziale Gerechtigkeit und ökonomisches Handeln geht. Unter dieser gewiss zeitgemäßen, aber verengten Perspektive wurde das Thema in der EKD-Denkschrift von 1991 „Gemeinwohl und Eigennutz. Wirtschaftliches Handeln in Verantwortung für die Zukunft" behandelt; ihr entspricht auch Art. 14, Satz 2 GG: „Eigentum verpflichtet. Sein Gebrauch soll zugleich dem Wohle der Allgemeinheit dienen." Es geht aber nicht nur um die materiellen Güter, sondern ebenso um den Umgang mit allen kulturellen Gütern, auch um die rechtliche Verfassung und Gestaltung des Gemeinwesens. Auf all diesen Gebieten muss das Verhältnis von Eigeninteressen und allgemeinen Interessen, von privatem und öffentlichem Wohl bedacht und praktisch geregelt werden. Ist dieses Verhältnis nur oder primär – wie es weithin üblich war und noch ist – als antagonistisch zu denken oder nicht vielmehr als wechselseitig implikativ?

Einige weitere Fragen seien hier noch notiert: Wie kann „Gemeinsinn" als subjektive Ausrichtung auf das Gemeinwohl entstehen? Welche sozialen Bedingungen müssen dafür gegeben sein? Und auf welchen weltanschaulichen und religiösen Voraussetzungen beruht der Gemeinsinn? – Auf welche soziale Größe ist die Idee des Gemeinwohls zu beziehen? Herkömmlicherweise und zunächst bietet sich der rechtlich und politisch verfasste Nationalstaat als Realisierungsbereich von Gemeinwohl an. Aber muss sich der Gemeinsinn nicht auch, jedenfalls bezüglich bestimmter Interaktions- und Regelungsbereiche, auf die Europäische

Union und im Zeichen der Globalisierung sogar auf die gegenwärtige und zukünftige Menschheit insgesamt richten? – Da inhaltliche Vorstellungen zum Gemeinwohl mit Überzeugungen bezüglich der Bestimmung des Menschen und der menschlichen Gemeinschaft zusammenhängen, ist zu fragen, wie im religiösweltanschaulichen und kulturellen Pluralismus eine Verständigung über das Gemeinwohl, insbesondere hinsichtlich der handlungspraktischen und kooperativ zu verwirklichenden Konsequenzen, ermöglicht werden kann. Eine entscheidende Bedingung dafür ist, dass dieser Pluralismus von den verschiedenen Positionen aus grundsätzlich bejaht und in das Gemeinwohlkonzept selber integriert wird, wie es aus der Sicht christlicher Ethik schon in exemplarischer Weise geschieht.

Die Beiträge in diesem Band enthalten zwar keine ausführliche wirtschaftsethische Erörterung, widmen sich aber umso intensiver den angesprochenen systematisch-theologischen, philosophie- und theologiegeschichtlichen, kommunikativen und rechtlichen Aspekten und Implikationen des Themas Gemeinwohl.

Ganz herzlich danken wir wieder all denen aus kirchlichen und universitären Institutionen, die unsere theologische Arbeit und die vom Theologischen Arbeitskreis Pfullingen e. V. betriebene Fortbildung finanziell unterstützen und durch ihr persönliches Interesse begleiten.

Kiel / Tübingen, Pfingsten 2014 Reiner Preul / Elisabeth Gräb-Schmidt

Michael Moxter

EINLEITUNG

Gemein, communis, ein altes hochwichtiges und edles wort, nun aber übel heruntergekommen

Gebrüder Grimm, Wörterbuch VI, 3169

I.

Wer vom ‚Gemeinwohl' in systematisch-theologischer Nachdenklichkeit oder gar ethisch gehaltvoll spricht, will auf Unterscheidungen hinaus. Denn die Interessen, die Einzelne und Gruppen (Mannschaften, Freundeskreise, Kirchen, Parteien, Verbände, Unternehmen und Gewerkschaften), Individuen und Rechtspersonen haben und legitimerweise verfolgen, werden unter dem Titel ‚Gemeinwohl' mit einer Differenz konfrontiert, die ihnen zu denken geben soll.

Denn Interessen sind ihrer unmittelbaren Natur nach Eigeninteressen – auch wenn mehrere Handelnde sie teilen und also gemeinsam durchzusetzen suchen. Sie entfalten sich in vom Recht eröffneten subjektiven Spielräumen als freie Selbstverwirklichung und dies in der Regel in Formen, die eine ungeteilte Aufmerksamkeit der Subjekte in Anspruch nehmen. Letztere sind ganz bei ihrer Sache und vergessen daher allzu leicht, dass ‚Interesse' immer auch *inter homines esse* meint.

Eine Zumutung mag es da für manchen schon sein zu hören, dass auch andere Subjekte Interessen haben und diese mit gutem Recht zu erfüllen suchen. Jedoch ließe sich dieser Sachverhalt unter dem Motto: ‚Die Konkurrenz schläft nicht' in den Kalkül rationaler Handlungsplanung einbeziehen, ohne eine andere Bedeutung zu gewinnen als sonstige Informationen über die Umwelt auch. Etwas anderes wäre es, auf das Mitdasein Anderer und ihrer Rechte in einer Form zu reflektieren, die diesen Umstand in der eigenen Entscheidungsbildung berücksichtigt, also nur solche Maximen nahelegte, die von jedem anderen genau so gewählt werden würden. Eine solche – grob gesprochen – kantische Überlegung (*reflectio*) erinnerte an alles, was den Begriff einer Pflicht ausmacht. Wer beim Handeln nur an sich selbst zu denken pflegt, wäre durch eine solche Erinnerung an das ‚Gemeine' empfindlich gestört.

Jedoch bedeutet solcher Fortschritt in der rationalen Bearbeitung der Maximenwahlen noch nicht, dass auch schon von ,Gemeinwohl' die Rede ist oder sein müsste. Sieht man einmal von dem speziellen Fall ab, dass der Gesetzgeber die Orientierung am Gemeinwohl positiviert hat (wie es im deutschen Recht in der Tat der Fall ist), so lässt sich vermuten, dass genug für das ,Gemeinwohl' getan wäre, wenn jeder jederzeit das allgemeine Recht und (wenigstens gelegentlich) eine Maximenauswahl allein umwillen ihrer Allgemeinheitsfähigkeit träfe. Reichte beides nicht aus, um die Interessen Aller hinreichend zu befördern?

Wer von ,Gemeinwohl' spricht, will in der Tat mehr als einen solchen Zustand, den man als den eines implizierten, resultativen Wohls Aller definieren könnte. Neben dem Allgemeinen in der Form der Gesetzesnormen und neben der moralischen Orientierung an der Allgemeinheitsfähigkeit eigener Regelbildung setzt die Rede vom Gemeinwohl ein Gemeinsames anderer und höherer Ordnung voraus bzw. in Kraft: eine Größe, die nicht erst aus der Berücksichtigung aller Einzelinteressen resultiert, sondern die gegenüber jedem Einzelnen Priorität beansprucht. ,Gemeinwohl' ist eine Kategorie, die Handeln unmittelbar und direkt orientieren will.

Während ein liberales Rechtsverständnis davon ausgeht, dass durch das Recht eine Bedingung realisiert ist, unter der jeder Handelnde das Mitdasein anderer Freiheitssubjekte zu berücksichtigen hat, und unter der soziales Engagement für das Wohl anderer belohnt werden kann (etwa durch einen Verdienstorden oder in der Form der steuerlichen Begünstigung von Wohltätigkeit), setzt der normative Rekurs aufs Gemeinwohl eine andere und neue Perspektive in Kraft. Die rechtliche und moralische Orientierung am Wohl auch Anderer verbleibt diesseits der Frage nach dem Gemeinwohl und dies auch dann, wenn sie das Wohl nicht nur einiger Anderer, sondern das Wohl Aller im Blick hat.

Gegenüber dem resultativen gemeinsamen Wohl begegnet im Gemeinwohl eine Unterscheidung zweiter Ordnung, die nicht nur das Eigeninteresse am Interesse anderer, sondern das Verfahren des allseitigen Interessenabgleichs selbst relativiert.

II.

Das ist weder selbstverständlich noch unproblematisch. Es ist nicht selbstverständlich, weil viele meinen, ihr gutes Recht auf Verfolgung eigener Interesse sei einer Reflexion auf die Interessen anderer nur insoweit bedürftig als es deren Freiheitsgebrauch nicht behindern darf – und dass unter dieser Bedingung zugleich am nachhaltigsten für das Wohl auch Anderer gesorgt sei. Das war die Pointe von Mandevilles *Fable of the bees* und Adam Smiths Begriff der *invisible hand*. Beide Autoren waren davon überzeugt, dass in einer Ordnung, die der Vernunft wie der Natur des Menschen entspricht, jeder Handelndc allein schon dadurch, dass er seine höchst privaten und eigentümlichen Interessen rational verfolgt, zur Belebung des Marktes und damit *nolens volens* zur allgemeinen Verbesserung der gesellschaftlichen Lage beiträgt. *Nolens volens* deshalb, weil Handelnde einen solchen Beitrag auch dann leisten, wenn es ihnen allein um die Durchsetzung privater Laster geht. ‚Public benefit' stellt sich ein, ohne dass dieser eigens intendiert werden müsste.

Demgegenüber mutet eine Gemeinwohlreflexion den Individuen eine Ausrichtung an Perspektiven zu, welche die unmittelbare Interessenbefolgung unterbrechen und deren Neuausrichtung verlangen kann und zwar mit Bezug auf eine Zielbestimmung, die in sich so klar und strukturiert sein muss, dass sie die Wahl von Handlungen zu dirigieren erlaubt.

Genau deshalb aber ist eine solche Zumutung alles andere als unproblematisch. Denn wer verfügte über das Privileg einer Entscheidung darüber, was im Interesse des Gemeinwohls liegt? Der ideologiekritische Verdacht befürchtet, unter dem Titel ‚Gemeinwohl' verbürgten sich nur vornehm ausstaffierte Interessen solcher Handlungssubjekte, die sich Konkurrenten vom Halse halten, indem sie sich als Vertreter höherer Ziele inszenieren.

Idealtypisch gesprochen ergeben sich daher zwei Optionen und Positionen, die der inzwischen klassisch gewordenen Alternative zwischen Liberalismus und Kommunitarismus entsprechen. Während ersterer meint, der Freiheit aller sei am besten gedient, wenn der Rekurs aufs Gemeinwohl eine Leerstelle bleibt, die niemand durch einen positiven Gehalt füllen kann, unterstellt die kommunitaristische Position die Möglichkeit, das Wohl des Ganzen zu identifizieren. Jene treten für Verfahren der Relativierung eines bloßen Privatinteresses ein, diese vertreten übergeordnete Interessen, gegenüber denen jeder und jede Einzelne abkünftig bleibt.

Wissenschaftliche und also auch theologische Debatten um das ‚Gemeinwohl' eröffnen daher den Streit um einen angemessenen Freiheitsbegriff, um das Verhältnis von Richtigem und Gutem in der Ethik, um die inhaltliche Relevanz von Zielvorstellungen und Gütern sowie um die Bilder und Ideale gelingenden Lebens. Grundsatzfragen sittlicher und religiöser Orientierung ergeben sich dabei auf Schritt und Tritt. – Kein Zufall also, dass im vorliegenden Band die argumentative Kraft evangelischer Theologie gerade an diesem Begriff erprobt wird.

III.

Mit der Rede vom Gemeinwohl bewegt man sich in einem Bereich zwischen Metapher und Begriff, in dem die Leistungskraft produktiver Ungenauigkeit genauso zu bewundern ist wie die Gefahr suggestiver Unterbestimmungen zu vermeiden. Ihr kategorialer Ort entspricht einer Deutung menschlicher Handlungen, deren Eigenart es ist, nach einem Gut zu streben oder ein solches zu verwirklichen. Wie die aristotelische Unterscheidung zwischen *poiesis* und *praxis* klarstellt, zielen beispielsweise technische Fertigkeiten auf die Herstellung eines Gutes (*bonum*) und zwar in der Form, dass die Handlung als Mittel gegenüber dem zu erreichenden Zweck ‚instrumentalisiert' wird. Wer den Tisch deckt, reiht eine Fülle von Tätigkeiten (Stühle rücken, Tischtuch bügeln, Geschirr aus dem Schrank holen, die Besteckschublade öffnen und schließen, Servietten falten etc.) aneinander, die sich alle in und mit dem erreichten Ziel erschöpfen. Wer in dieser Tätigkeit perfekt ist, also an alles rechtzeitig denkt, muss hernach nicht aufstehen, um nachzurüsten. Er kann sich ganz anderen Tätigkeiten widmen (Nahrung aufnehmen, einen Geburtstag feiern oder einen Deal mit einem Geschäftspartner abschließen). Auch diese weiteren Tätigkeiten können auf externe Güter bezogen sein: das Frühstück stärkt für die Aufgaben des Tages, die Torte erfreut das Geburtstagskind und das perfekt inszenierte Menue beeinflusst den Geschäftsabschluss. Jedoch ist es auch denkbar, dass Handlungen intrinsische Güter enthalten, die also nicht um anderer Zwecke willen gewählt, sondern um ihrer selbst willen vollzogen werden. Einen Abend mit Freunden zu verbringen, wäre ein Beispiel.

Wer Bewegung sucht, um sich körperlich fit zu halten, ist daher mit einer anderen Tätigkeit beschäftigt, als der, der einfach nur spazieren geht – auch wenn sich die Bewegungsabläufe nicht unterscheiden mögen. Das externe Gut ‚Fitness' kann nur durch den Handelnden selbst erzielt werden, das interne Gut eines Spaziergangs kann von einem einzelnen Handlungssubjekt, aber auch von mehreren gemeinsam verwirklicht werden. Jedoch gibt es Güter (wie das Zusammensein mit Freunden), die von Haus aus nur als *bonum commune* realisiert werden können.

Soweit es in diesem Sinne um die Zuordnung von Handlungstypen und Gütern geht, bleibt die Rede vom gemeinsamen Gut unproblematisch. Interessant wird es, wenn sich die phänomenologische Beschreibung mit einer normativen Unterstellung verbindet, welche die Entscheidung des Einzelnen über eine Handlungsoption an der Frage spiegelt, ob er oder sie mit der subjektiven Tätigkeit auch ein gemeinsames Gut befördert oder verwirklicht und schließlich gar: ob er ausschließlich um des Gemeinwohles willen handelt, auch unter Zurückstellung des Interesses am eigenen Wohlergehen.

Eine Handlungsanalyse, die alles Handeln an einem Worumwillen orientiert, kann ihre Ausrichtung an der Teleologie (alles Handeln ist Streben des Handelnden nach einem Gut) durch eine Auszeichnung objektiver Güter von Grund auf verändern. Sie kann einen normativen Begriff einspielen, der das faktische Streben des Individuums an einer objektiven Ordnung, an einer Hierarchie der Güter bricht bzw. korrigiert – wie es in der Devise ‚Gemeinnutz geht vor Eigennutz' unverkennbar geschieht.

Die begriffliche Klarheit des teleologischen Handlungsverständnisses wird jedoch mit dem Umstand konfrontiert, dass die Rede vom Gemeinwohl in das Kraftfeld politischer Metaphorologie einbezogen ist, nämlich in die vielfältigen Beziehungen zwischen dem Staat als politischem Körper, der Organismusmetapher und der Vorstellung des Gesamtlebens. Wie die Gesundheit ein Gut für den Einzelnen und näherhin ein Zustand der vollständigen Intaktheit aller seiner Organe ist, so lässt sich auch das gemeinsame Leben dann als gesund oder intakt beschreiben, wenn es insgesamt als Realisierung eines *bonum commune* erscheint. Man dürfte erwarten, dass von einem solchen Ganzen, also einer Gemeinschaft (handele es sich um Familie, Kirche, Volk oder Staat) wiederum gelten müsste, dass es dann als ‚gemeinwohlorientiert' gilt, wenn das Ganze und seine sämtlichen Glieder ihr jeweiliges Gut realisieren bzw. finden.

Die produktive Metaphorik des politischen Körpers fördert ein Gemeinwohlverständnis, wie es vor allem die katholische Soziallehre entfaltet. Nach Nell-Breuning gilt das Gemeinwohl als „Inbegriff alles dessen, was an Voraussetzungen, Vorbedingungen oder Veranstaltungen in einem Gemeinwesen verwirklicht sein muss, damit die einzelnen durch Regen ihrer Kräfte ihr individuelles und gesellschaftliches Wohl (ihre Teilhabe am Gemeingut) zu erringen vermögen"[1].

Die anschauliche Metapher des Körpers bzw. Leibes transportiert ein Bild der Einheit eines Ganzen, in dem die Gesundheit des Ganzen genau darin besteht bzw. daraus resultiert, dass auch jedes Einzelne sein Wohl findet und jedes Einzelne eben dadurch zum Wohl aller anderen Glieder beiträgt, dass es sein eigenes Wohl realisiert. In dieser Ordnung sind alle anderen bereits dadurch in Mitleidenschaft gezogen, dass auch nur ein einziges Glied am Ganzen leidet. Konsequenterweise verbindet sich mit dieser Einheitsvorstellung der Gedanke der Subsidiarität, nämlich die Überzeugung, dass das Ganze dem Einzelnen genau dann und genau insoweit zur Hilfe kommen muss wie dieses aus eigenen Kräften nicht genesen kann, dabei aber gerade auf eine solche Wiederherstellung zielt, die es dem Einzelnen gestattet, sein eigenes Wohl und damit das Wohl aller anderen selbst zu befördern.

[1] O. von Nell-Breuning, Art. Gemeingut, Gemeinwohl, in: Wörterbuch der Politik. Gesellschaft – Staat – Wirtschaft – soziale Frage, hg. v. Ders., Freiburg 1947ff, Heft 1, Sp. 55.

Das Gemeinwesen (*res publica*), das Gemeingut (*salus publica*), aber auch die Gemeinwiese, die ‚Gemeinweide' (Jean Paul kann die Allgemeinbildung eine „literarische Gemeinweide"[2] nennen), aber auch der ‚gemeine Kasten' und schließlich Schleiermachers Rede vom Gemeingeist in Nachbarschaft zum *sensus communis* spannen das weite Feld von semantischen Bestimmungen auf, die drastisch vor Augen führen, dass die zwecksetzende Tätigkeit des Einzelnen nicht nur mit der Koexistenz anderer Individuen, die ihre Zwecke verfolgen, konfrontiert ist, sondern darüber hinaus einem Dritten begegnet, das Erfüllung wie Relativierung subjektiven Strebens repräsentiert.[3]

Doch der Strom der Bedeutungen, der Umhof mitspielender Bestimmungen sollte die rationalen Anstrengungen der Präzisierung anregen und diese nicht mit sich reißen. Letzteres geschieht, wo immer die Behauptung um sich greift, bereits aufgrund seiner Einbindung ins Gemeinsame sei dem Individuum sein Wohl (gleichsam apriorisch) verbürgt und sein subjektives Interesse sei in diesem so aufgehoben, dass es auf die Verfolgung abweichender sonstiger Interessen verzichten könne.

Die sich daraus ergebenden Gefahren müssen an dieser Stelle weder beschworen noch analysiert werden. Dafür sorgen die Beiträge in großer Deutlichkeit. Nur eine Erinnerung, die dazu dienen mag, im Strom der Metaphorik kategoriale Klarheit aufrecht zu erhalten, sei an dieser Stelle gestattet bzw. einleitend nachgetragen.

IV.

Gemeinwohlorientierung ist eine kritische Norm von vorzüglicher Strahlkraft, wenn man mit ihr nicht das Verhältnis des Individuums zum Ganzen kujoniert, sondern sie als eine politische Kategorie versteht, mit der die Exekutive in Schranken gewiesen werden kann. Denn mag man auch den demokratisch legitimierten Rechtsstaat als ein Allgemeines verstehen, das die Zustimmung der politischen Subjekte verdient, so darf man die daraus resultierende generelle Loyalität nicht über Gebühr ausweiten. Zwar gehört zur Wohlordnung des Gemeinwesens eine funktionierende Exekutive, diese neigt jedoch zu einem Ausbau von Verwaltung und Bürokratie, die ihre Unabhängigkeit von den anderen Gewalten mit der Verselbständigung eigener Subjektivität verwechselt. Aus der Bürokratie als der Durchsetzungsseite des Rechts wird dann eine Behörde, die die Individu-

[2] Jacob und Wilhelm Grimm, Deutsches Wörterbuch, Bd. V, Leipzig 1897, 3271.

[3] Luther nennt 1528 das Abendmahl „das gemeyne gut, des viel teilhafftig sind und geniessen [...]. Denn gemeyn ding heist, des viel ynn gemeyn geniessen als gemeyne born, gemeyne gassen, gemeyner acker, wiesen, holtz, fewer" (M. Luther, Vom Abendmahl Christi [1528], in: WA 26, 490, 26–31).

en nicht als politische Subjekte begreift, sondern als Objekte, auf die sie einwirkt. Das Gemeinwesen begegnet dem Einzelnen dann als eine Instanz, die als Repräsentation des Allgemeinen erscheint, aber zugleich besondere Interessen vertritt.[4]

Um ein harmloses Beispiel zu wählen: im Rechtsstaat steht es jedem Subjekt frei, seinen Urlaub im Ausland zu verbringen, während ein Ministerium für die Förderung strukturschwacher Regionen, für die Sicherung von Arbeitsplätzen in der Touristikbranche oder eine Abteilung des Finanzministeriums das Interesse haben kann, dass die Bürger ihre Ferien im Lande verbringen und ihre Ausgaben dem hiesigen Steueraufkommen zuführen. Der rechtlichen Pflicht zur Zahlung der Einkommensteuer gesellt sich so das Interesse bei, über Ausgaben im Inland einen weiteren Beitrag zum Gemeinwesen zu leisten, in dem das Geld dort ausgegeben wird, wo es auch erwirtschaftet wird. Solchen Interessen sind selbstverständlich legitim, aber nicht im selben Sinne, in dem die staatliche Ordnung insgesamt legitim ist.

Wo der Staat in seinen Organen sich in ein Subjekt übersetzt, das eigene Interesse verfolgt, also Interessen, die nicht unmittelbar allgemein, sondern im Kern besondere Interessen sind, wird die Gemeinwohlorientierung zu einem unaufgebbaren Maßstab.

Nicht jede Form der Rationalisierung des Verwaltungshandelns ist schon allein dadurch gerechtfertigt, dass der Staat auf effiziente Nutzung seiner Mittel achten muss. Die Effizienz des Bildungswesens und der staatlichen Universitäten ist dafür ein bekanntes Beispiel. Die Implementierung von Regeln, die sich in anderen Bereichen bewährt haben (Ziel- und Leistungsvereinbarungen, Betreuungsverträge, Controlling, Leistungsevaluation, finanzielle Anreize usw.) sind Eingriffe legitimer Interessen (z. B. rationaler Haushaltsführung), die nicht allein unter dem Gesichtspunkt der Durchsetzbarkeit beurteilt werden können, sondern an einer Gemeinwohlbindung auszurichten sind. Bildung dient dem Gemeinwohl, auch wenn sie sich nicht unmittelbar bezahlt macht.

Die kategoriale Anmutung, dass der Rechtsstaat fürs Allgemeine steht, begrenzt die Interessen der dem Recht nachgeordneten exekutiven Instanzen. Man könnte dafür auch den Amtsbegriff aufbieten. Parteien, die um die Macht konkurrieren, müssen ihren Wahlerfolg in Regierungsprogramme überführen können, die Verantwortung für das Gemeinwohl wahrnehmen und nicht nur den Interessen ihrer Wählerklientel genügen.

Würden wir den Gemeinwohlbegriff aufgrund eines generellen Verdachts gegenüber seiner von Missbrauch gezeichneten Geschichte aus dem Verkehr zie-

4 Dieser Gesichtspunkt bestimmt die Ausführungen zum Gemeinwohl in Klaus Hartmann, Politische Philosophie (Handbuch Philosophie, hg. v. E. Ströker), Freiburg/München 1981; cf. 67.

hen, bliebe an dieser Stelle nur der Rat, die Amtsinhaber sollten ihre Geschäfte so führen, dass sie auf Wiederwahl hoffen dürfen. Auch das wäre gewiss eine rationale Ordnung, aber keine, der man den normativen Sinn nachsagen könnte, der Gemeinschaft freier Bürgerinnen und Bürger verpflichtet zu sein.

V.

Eilert Herms entfaltet und präzisiert seine eigene Konzeption der Sozialethik und legt in den Fußnoten seines Beitrags die Spuren für einzelne Begründungsschritte und Klärungen, die interessierte Leserinnen und Leser zu Vertiefungen locken. Wie nicht anders zu erwarten, rekonstruiert er dabei zugleich wesentliche Grundüberzeugungen der Ethik Schleiermachers, die er unter den gewandelten Kontexten gegenwärtiger Theoriebildung erneuern und als einen eigenständigen Typ christlicher Sozialtheorie profilieren will. Dass Schleiermacher eine Güterethik als Kontrastprogramm zur bloß formalen deontologischen Ethik Kants entworfen, dass er gegenüber der Hegel'schen Theorie des objektiven Geistes auf dem Recht und Gewicht innovativen Handelns beharrt hat, verleiht Schleiermachers Ethik historischen und systematischen Rang. Von Kant unterscheidet sie ihre teleologische Orientierung, die nicht nur formale Widerspruchsfreiheit zwischen Maximenbildung und allgemeinem Gesetz, sondern ein inhaltliches Bild sozialen und individuellen Lebens ermöglicht, von Hegel ihr Sinn für die Endlichkeit und Korrekturbedürftigkeit der Institutionen, die Freiheit nie ein für alle Mal verwirklichen, sondern an ihrer Wandlungsfähigkeit gemessen werden. Auf diese Weise wird weder das Bild guten Lebens der bloß individuellen Vorzugswahl überlassen noch eine Ordnung etabliert, für die umfassende Affirmation verlangt würde.

Zwischen Skylla und Charybdis sucht auch Herms' eigene Sozialethik ihren Weg. Sie spitzt den Begriff des Gemeinwohls auf ein *summum* bonum commune zu, an dem sich auszurichten über die Angemessenheit auch individueller Zielwahlen entscheide. Aber sie lässt das höchste Gut als „die ultimative Zielsituation der Gemeinschaft von Kooperierenden"(21) aus einem Prozess wechselseitiger Verständigung und individuellen Selbstverständnisses so hervorgehen, dass es mit einem quasi-biologistischen Streben oder einer quasi-naturalistischen Totalität nicht verwechselt werden muss. Einerseits ist es zwar allem Handeln vorgegeben, andererseits aber ist solche Vorgegebenheit etwas, das als Vorgegebenes verstanden werden muss und unter der Bedingung der Endlichkeit alles Verstehens je nur individuell gedeutet werden kann. Zum höchsten Gut selbst gehören (und zwar wesentlich) subjektives und intersubjektives Verstehen und Kooperieren.

Die (implizite) Abgrenzung gegenüber dem Naturalismus verbindet sich mit einer (expliziten) Abgrenzung gegenüber dem Kulturalismus. Dass uns nichts unmittelbar vorgegeben ist, sondern alles erst als vorgegeben verstanden werden muss, lässt Deutungs- und auch Selbstdeutungsprozesse unhintergehbar werden, verleiht aber keine Lizenz zur Ersetzung der Natur durch beliebige Konstruktion(en). Vielmehr relativiert sich alles Verstehen an dem Umstand, dass es gerade in seinen konstruktiven Akten abkünftig bleibt von dem, was ihm vorgegeben und als zu verstehen stets aufgegeben ist.

Auf diese Weise wird deutlich, dass (a) alle Menschen nach etwas streben, das sie (b) für Glück halten, aber auch, dass (c) solches Streben nicht einem je unterschiedlich aufgefassten (privaten) Glücke, sondern (d) einem gemeinsamen Gut gilt, das (e) sowohl das gemeinsame wie auch das höchste ist und sich (f) vom Ideal eines größten Glücks der größten Zahl oder noch dem Glück Aller definitiv unterscheidet – ist es doch zugleich das Glück, das (g) allein Gott gewährt und zwar in Gestalt der Partizipation an seiner Seligkeit.

Diese eschatologische Funktion einer Lehre vom höchsten Gut bringt sich hier und heute als Differenzbewusstsein zur Geltung. Alles, was über mögliche Ziel- und Mittelwahlen des Individuums ethisch zu sagen ist, steht unter der Leitfrage, ob und inwiefern das Handeln des Individuums zur Realisierung des *bonum commune* beiträgt. Eine überformende Vereinnahmung des Individuums durch eine ihm vor- und übergeordnete Gemeinschaft sei ausgeschlossen, gelte doch strikte Komplementarität beider Perspektiven, d. h. von Individual- und Sozialethik.

Der vorausgesetzte, aber nicht eigens thematisierte Organismusbegriff fokussiert die Rede vom Gemeinwohl auf „eine wechselseitige Abhängigkeit der Erbringung"(32) der zugunsten des Allgemeinen erbrachten Leistungen „von der Erbringung aller anderen"(32) – was freilich nur unter der Bedingung zu erwarten sei, dass solche Wechselseitigkeit auch von ausnahmslos allen Gliedern verstanden (und angeeignet) werde, so dass das Gemeinwohl „um willen dieses allseitigen Verstandenwerdens sowie durch es existiert"(25). Oktroyiert werden kann es also nicht. Die Entscheidung über die dem eigenen Glück angemessenen Handlungen liegt stets beim Individuum. Niemand kann es für dieses herbeiführen (Leibnizens und Kants Reich der Zwecke, Schleiermachers Begriff des neuen Gesamtlebens und die pragmatistische Konzeption einer verständigungsorientierten Interpretationsgemeinschaft färben bei Herms den aristotelischen Ausgangspunkt bei einer Gemeinschaft, die um ihrer selbst willen existiert, auf spezifisch moderne Weise ein.)

Ein letzter Fokus der Aufmerksamkeit sei auf die Bedeutung der Religion (und insbesondere des christlichen Glaubens) gerichtet. Die zentrale Bedeutung des

Verstehens für die Genese gemeinwohltauglicher Handlungen bedarf nicht nur der Gewissheit des Einzelnen, sondern auch „einer gemeinsamen Gewissheit über das summum bonum proprium [sic!] und commune"(33). Da aber solche Gewissheit sich nicht waldursprünglich, in natürlichem Wachstum ergibt, sondern nur durch Kommunikation, folgt, dass die Kommunikation über diese Gewissheit den Vorrang vor allen anderen Akten der Kommunikation erhalten muss. Da die Kommunikation über solche subjektive Wirklichkeit erschließende Gewissheit Sache der Religion ist, erscheint diese sozusagen als federführend in Gemeinwohlfragen. Wem diese Bedingung als zu massiv erscheint, weil im Ernst damit zu rechnen sei, dass für manche Zeitgenossen die einzige handlungsleitende Gewissheit darin besteht, dass es ein *summum bonum commune* nun einmal nicht gibt, darf sich an Herms Bemerkungen zum Pluralismus von Ethosgestalten und Ethiken halten.

Aus der Perspektive des Kirchenjuristen sammelt *Hans-Tjabert Conring* rechtswissenschaftliche „Fundstücke" und notiert dabei hinsichtlich des Gemeinwohlbegriffs „eine gewisse Gebrauchsscheu" (126). Sie wird an den Lexika evangelischer Provenienz entdeckt, markiert aber eine generelle und keineswegs zufällige Tendenz. Offenbar wird der Terminus so stark mit der katholischen Soziallehre konnotiert, dass er als ein Fremdkörper im evangelischen Gedankengut erscheint. Vor allem aber bleibt er ein unbestimmter Rechtsbegriff, an den sich die Erinnerung an die nationalsozialistische Unterhöhlung individueller Freiheitsrechte knüpft. Denn mit dem Hinweis auf Art. 163 der Weimarer Reichsverfassung ließen diese sich einschränken, galt es doch aufgrund dieses Paragraphen als „sittliche Pflicht, seine geistigen und körperlichen Kräfte so zu betätigen, wie es das Wohl der Gesamtheit erfordert"(135). Wer entscheiden darf, was das Wohl der Gesamtheit erfordert, wird zum Souverän, der über den Ausnahmezustand bestimmt. Weil der Begriff aber andererseits in unserem Grundgesetz (in der Rede vom „Wohle der Allgemeinheit"(131) - Art. 14 GG) und in diversen Kirchenverfassungen und Gesetzen ebenfalls zu finden ist, wäre es fahrlässig, aus Gründen konfessioneller Befangenheit oder aufgrund einer Hermeneutik des Verdachts nur allergisch auf ihn zu reagieren. Der Begriff bedarf der Klärung, wenn juristische (und auch theologische) Aufklärung gefragt ist – und dies auch deshalb, weil die traditionelle Entgegenstellung von individuellem Eigennutzen und sozialem Gemeinwohl unterkomplex bleibt. Diesseits der Individuen gibt es Gruppen, Vereine, Verbände und Korporationen, die zwar keine natürlichen Individuen sind, wohl aber juristische Personen (Rechtspersonen), die als solche eine Gemeinschaft bilden, die über-individuelle Interessen vertritt, ohne deshalb bereits unmittelbar vom Gemeinwohlgedanken geleitet zu sein. Das Recht unterscheidet deshalb private und gemeinnützige Vereinsformen, so dass jeder, der seine Einkommensteuererklärung abgibt, der Normwirklichkeit der Gemeinwohlbindung begegnet. Das Gesamtbild wird also unübersichtlicher, freilich lässt sich, wie Conring nachdrücklich zeigt, auch für Nicht-Juristen hinreichende Klarheit erzeugen.

Der Jurist betont, dass niemandem eine Kompetenz zur unmittelbaren inhaltlichen Definition des Gemeinwohls zukomme und diese sich auch nur durch Gewalt durchsetzen ließe. Die rechtliche Funktion des Begriffs bedarf also eines konstitutiven Moments der Offenheit und Unbestimmtheit – so riskant das auch im Horizont des Rechts bleibt (und zwar für den Gesetzgeber wie für die Gerichte).

Conring meint offenbar, dass jedes übergeordnete Interesse als Kandidat für eine zumindest latente Gemeinwohlterminologie behandelt werden kann (wie seine Bemerkungen zum seelsorgerlichen Schweigerecht sowie zum Ombudswesen m. E. zeigen), und er beschreibt die Entwicklung des Rechtsinstituts der Verbandsklage als ein Verfahren zur Stärkung von Gemeinwohlinteressen.

In den kirchlich-theologischen Kontexten taucht der Begriff des Gemeinwohls im katholischen Raum als Rechtsbegriff (nicht nur als sittliche Norm) auf (can 223 CiC), und dass ihm dabei die Funktion zukommt, die kirchliche Institution vor den Interessen der Individuen zu schützen, wundert im Grunde nicht. Der Diskussion muss überlassen werden, ob sich ein Gemeinwohlbegriff in der V. These der Barmer Theologischen Erklärung verbirgt. Unstrittig ist jedoch, dass auch in protestantischen Kirchenverfassungen und -gesetzen die Gemeinwohlorientierung diakonischer Einrichtungen ausdrücklich verlangt wird. Sie gehört zu deren Selbstverständnis und unterscheidet diese von den zahlreichen Pflegediensten, die vor allem aus wirtschaftlichen Gründen tätig sind. Der Begriff schließt hier bestimmte Handlungen und Maßnahmen für die diakonischen Werke definitiv aus, sinnt ihnen auch positiv eine spezifische Verantwortung an und stellt insofern rechtsdogmatisch seinen Status als Norm unter Beweis.

Für den Juristen ist Gemeinwohl*pluralität* eine unhintergehbare Bedingung der rechtsstaatlichen Freiheitsgarantie. Wollte man den Sozialethikern, den kirchlichen Synoden oder politischen Parteien eine direkte Deutungsmacht in Gemeinwohlbelangen zuschreiben, würde man dem Umsturz der Rechtsordnung Tür und Tor öffnen.

Notger Slenczka übernimmt in diesem Jahrbuch die Aufgabe einer theologiehistorischen Klärung unserer Fragestellung, die er – was sollte man von einem systematischen Theologen anderes erwarten – mit systematischer Zuspitzung und Ausrichtung versieht. Auf diese Weise wird deutlich, dass Reflexivität und Selbstkritik der geschichtlichen Bildung bedarf und dass Theologie sich nicht einfach etwas ausdenkt, sondern an historische Aufklärung gebunden bleibt. Die Rede vom Gemeinwohl erweist sich dabei als paradigmatischer Beleg dieser Einschätzung. Denn die Geschichte des Begriffs kann nicht geschrieben werden, ohne der Problempotentiale ansichtig zu werden, die in ihm liegen.

Slenczka identifiziert den historischen Ursprung der Kategorie ‚Gemeinwohl' in der aristotelischen Ethik. Diese nimmt das menschliche Streben nach dem Glück zum Ausgangspunkt, knüpft damit aber nicht – wie Kants Eudämonismuskritik unterstellt – die ethische Frage an ein äußeres Wohlergehen. In den Blick kommt vielmehr das Phänomen der inneren Erfüllung bzw. der Exzellenz einer Handlung. Darum geht es nicht um eine naturhafte Bewegung, die unterhalb der Sittlichkeit bliebe. Vielmehr thematisiert Aristoteles das Streben, das sich in der sozialen Form des Hauses, der Freundschaft, des Zusammenwohnens und schließlich der Polis erfüllt, als eine Bewegung, die nicht in externen Gütern (Grundversorgung, Befriedigung des Sexual- und des Herdentriebes, des Schutzbedürfnisses und ähnlicher Regungen) kulminiert, sondern in dem kategorialen Sprung, der das um des Lebens willen Gewählte in eine neue und andere Wirklichkeit überführt. In der Polis realisiert sich nicht bloßes Zusammensein oder eine funktionale Arbeitsteilung wie im Bienenstock, sondern in ihr entspringt eine genuine und neue Handlungsmöglichkeit, die es ohne die Polis überhaupt nicht gäbe: die Möglichkeit und Wirklichkeit einer Lebensführung, die um des guten Lebens willen, um der Autarkie und also umwillen der politischen Freiheit präferiert wird.

Die Aristotelesrezeption steht daher vor einer grundsätzlichen Alternative. Sie kann entweder die Figur einer Erfüllung des Handelnden im größeren Ganzen, im Organismus der Gemeinschaft (und also eine Totalitätsfigur) unterstellen oder aber das Surplus einer Freiheit betonen, die keiner für sich alleine erreicht. Das macht einen Unterschied ums Ganze aus. Denn ob etwas als politische Gemeinschaft zu betrachten ist, entscheidet sich nicht am bloßen Zusammensein mit anderen (obwohl dieses unverzichtbar ist), sondern an der Art von Handlungen, die dieses ermöglicht. Wird das nicht beachtet, neigt das ethische Modell zur Privilegierung autoritärer Konzeptionen. Es suggeriert dann, gegenüber dem Selbstzweck der Gemeinschaftsbildung erscheine der einzelne Handelnde als ‚ontologisch' defizitär, so dass Einbindung ins Ganze zum obersten Gesichtspunkt der Ethik wird.

Doch solcher ‚Neoaristotelismus' bleibt – gemessen an dem Niveau einer Aristotelesauslegung, wie sie bei Thomas von Aquin, aber auch in der von Melanchthon beeinflussten Praktischen Philosophie und Rechtslehre des Protestantismus zu finden ist – unterbestimmt und verkehrt die aristotelischen Überzeugungen geradezu ins Gegenteil. Um diese Halbierung des Gedankens zu vermeiden, arbeitet Notger Slenczka die Beziehung zwischen Freundschaft und politischer Existenz heraus und betrachtet diese (mit modernen Obertönen) unter dem Gesichtspunkt, Selbstbeziehung sei nur im Verhältnis zum Anderen, Selbstbewusstsein nur im Horizont von Gesellschaft und Identität nur in der Verwicklung mit Alterität zu haben. Die Differenz zwischen Gemeinwohl und Eigennutz, zwischen sozialer Verantwortung und Selbstinteresse enthält also Potentiale einer subjektivitätstheoretischen Fragestellung. Sie identifiziert nicht einfach zwei unterschiedliche Kandidaten möglicher Zweckorientierung oder angestrebter Güter, sondern repräsentiert zwei Weisen der Selbstreferentialität. Im Eigennutzen geht es um ein Verhältnis zu sich, das unter der Kategorie des Gemeinwohls darauf hin befragt werden kann, ob und wie in solchem Selbstbezug der Bezug auf Andere integriert ist.

In exemplarischer Zuspitzung und in Umkehrung der historischen Abfolge werden abschließend Friedrich Gogarten und Albrecht Ritschl miteinander konfrontiert. Der eine rückt Individualismus, Autonomie und Demokratie in das (Zwie-)Licht der Auflösung der Gemeinschaft durch Gesellschaft, der Ächtung der Autorität durch subjektive Willkür und Konvention, der Zerstörung der Volksgemeinschaft durch Atomismus und beschwört in der Folge ein vom Du aus gedachtes Ich, eine ursprüngliche Einheit des Volksganzen und also eine Konzeption des Gemeinwohls, die eine konservative Kulturkritik in ein affirmatives Verhältnis zum Nationalsozialismus überführt – natürlich nicht ohne die üblichen warnenden Worte vor dem Rückfall ins Heidentum. Dagegen bestehe die „*Neuzeitfähigkeit* der Position Ritschls"(71) darin, mit der Perspektivierung der Rede vom Reich Gottes auf die Einheit des Menschengeschlechts eine normative Sozialtheorie vorzubereiten, in der Selbstinteresse (Autonomie, Subjektivität) und Gemeinwohlorientierung nicht auseinanderdriften oder sich gegenseitig neutralisieren. Das Reich Gottes schließt die Gleichheit und Gleichwertigkeit aller seiner Glieder ein, befeuert aber mit Gleichheit und Freiheit gerade nicht den Solipsismus und Egoismus isolierter Einzelner, sondern die Orientierung am Anderen. Zugleich aber weiß Ritschl, dass die Ausrichtung des Subjekts am Reich Gottes stets eine Angelegenheit individueller Entscheidung, partikularer Umsetzung und kontingenten Engagements bleibt, das der kritischen Begleitung seiner faktischen Gestalt bedarf.

Peter Dabrock nähert sich dem Gemeinwohl-Begriff aus der Perspektive der philosophischen und politikwissenschaftlichen Debatte um die Rolle der Religion in der Öffentlichkeit. Erschien dem traditionellen Liberalismus Religion als eine bloß *private, partikulare und randständige* Einstellung im Kontrast zu den im öffentlichen Diskurs lizensierten ‚*rationalen*', ‚*intersubjektiven*' und ‚*argumentativ ausgewiesenen*' (oder doch ‚*ausweisbaren*') Überzeugungen, so suggerierte er, der nicht-religiös gebundene Bürger könne von den Gläubigen, den Kirchen oder den Vertretern anderer Religionen verlangen, Glaubensvorstellungen erst einmal ins Allgemeine zu übersetzen, bevor diese Gehör verdienten. Ein solches Wächtertum an der Schwelle zum öffentlichen Diskurs verrät jedoch, dass es um Freiheit und wechselseitige Anerkennung nicht gut bestellt ist.

Seit geraumer Zeit hat Habermas diese, einst von ihm selbst auf den Weg gebrachte, einseitige Verteilung der Übersetzungspflichten als problematisch erkannt und mit dieser Selbstkorrektur seine Rede von einer post-säkularen Gesellschaft systematisch begründet. Letztere erhält ihren Namen, weil sie die Vorstellung vom allmählichen Verschwinden der Religion(en) als bloße Mutmaßung durchschaut und darum Religion nicht mehr als marginalisierbaren Restbestand unvollendeter Rationalisierungsprozesse begreift. Zwar kann die öffentliche Ordnung nicht anders als säkular begründet und organisiert werden, aber daraus folgt nicht, dass die Gemeinwohlrelevanz und Gemeinwohlbindung der Religion überhaupt nur auf dem Umweg ihrer sittlich-moralischen Nützlichkeit zur Geltung zu bringen ist. Zur Liberalität zweiter Ordnung gehört eine Gleichberechtigung, die es zulässt, Gestaltungsansprüche auch *als religiöse* zur Geltung zu bringen.

Jedoch gewinnt Dabrock aus dieser Feststellung nicht die Empfehlung, das auch zu tun. Denn er operiert in kritischer Reserve gegenüber der Gemeinwohl-Kategorie. Diese sei von dem Paradox geprägt, „unbrauchbar und unaufgebbar" (78) zugleich zu sein: Man könne auf sie nicht verzichten, weil an ihr die Möglichkeit hänge, Subjektives mit dem Allgemeinen zu vermitteln, sie bleibe aber problematisch, weil sich die Beschwörung des Gemeinsamen oft genug als Ideologie erwiesen habe. Ein Gemeinwohl, das um des Ganzen willen den Einzelnen zu opfern verlangt („es ist besser, dass ein Mensch sterbe, als dass das ganze Volk verderbe"), steht uns nicht nur in der Passionszeit deutlich vor Augen. Die Gemeinwohlsemantik kann im Munde der Diktatoren inflationäre Züge annehmen, und ihre historische Nachbarschaft zu einer naiv-biologistischen Organismusmetapher treibt totalitäre Züge hervor. Man spricht vom Gemeinwohl, meint aber ein Ganzes (*totum*), das für das individuelle Streben nach Freiheit keinen Platz lässt.

Unter der Voraussetzung dieses Verdachts stellt sich die Frage nach missbrauchresistenten Begriffsalternativen. Unter ihnen nimmt die Rede von den *öffentlichen Interessen* eine prominente Stelle ein und diese wird darum von Dabrock ausführlich diskutiert. Die dabei in Anschlag gebrachte Pluralbildung (vom einen Gemeinwohl zur Vielfalt öffentlicher Interessen) soll auch die systematische Rekonstruktion der traditionellen Kategorie leiten: Es sei im rechtverstandenen Interesse des Gemeinwohls, dieses plural zu denken, und also nach gesellschaftlichen Rahmenbedingungen für freiheitsfähige Pluralisierung von Orientierungen zu fragen. Das Engagement für das Gemeinwohl ist dann nicht länger Engagement für ein inhaltliches Gut, sondern setzt auf Pluralitätstauglichkeit, Ambiguitätstoleranz und Differenzsensibilität.

Im Gespräch mit Volker Gerhardt und Axel Honneth, aber auch in kritischer Beobachtung eines New Yorker Gesprächs zwischen Jürgen Habermas, Charles Taylor, Judith Butler und Cornel West versucht Dabrock daher, das Verhältnis von Religion und Öffentlichkeit zu klären. Religion erscheint dabei als Sinn für Überschuss und für ein Außerordentliches, das die Normalität der Ordnung transzendiert und gerade so eine Leistung erbringt, die in direkter moralischer Funktionalisierung der Religion gar nicht erst in den Blick komme. Religion sensibilisiere für das Unabgegoltene, bringe das Leiden der Benachteiligten zur Sprache und verdiene dafür Anerkennung auch seitens der religiös Unmusikalischen.

Dabrocks abschließender Teil entfaltet kategoriale Differenzen der christlichen Glaubenslehre, die eine recht verstandene Gemeinwohlorientierung verstärken können: die Differenz von Schöpfer und Geschöpf vermittelt eine Selbstrelativierung endlicher Subjektivität, die Gottebenbildlichkeit des Menschen schafft Raum für die Anerkennung des Anderen, Rechtfertigungslehre und Pneumatologie begründen im Selbstverhältnis des Einzelnen wie in der Gesellschaft die Fähigkeit, Ambivalenzen zu ertragen. Das tut der öffentlichen Kultur gut. Ob man diesbezüglich von ‚Gemeinwohl' spricht, entscheidet sich auch an der Frage, wie man den logischen Status des ‚Gemeinen' überhaupt fasst: Ist dieses ein Allgemeines, ein gegenüber allen unter es subsumierten Fällen schlechterdings Identisches und Unwandelbares, ein individuelles Allgemeines oder vielleicht doch nur ein familienähnlicher Verbund von Überlappungen, von „lateralen Universalisierungen und Transpartikularisierungen, also Überschreitungen des Eigenen"(120) in „Netzwerken mit unterschiedlich starken Knoten"?(120) Je nach dem, wie man diese Frage beantwortet, je nach dem Verständnis des Begriffs und seiner Leistung, wird sich auch die konkrete Erwartung an die Bedeutung der Rede vom Gemeinwohl unterschiedlich darstellen.

VI.

Anders als im Marburger Jahrbuch sonst programmatisch vorgesehen, fehlen Beiträge der anderen theologischen Disziplinen, vor allem wohl ein exegetischer Aufsatz. Das ist eine Ausnahme, die in der Vorbereitung eher kontingent entstand, gewiss auch durch Zuwachs an Rechtsexpertise gemildert wird, aber doch ein suboptimaler Zustand bleibt. Umso wichtiger ist es, die Alternativen auszuloten und die Debatten anzustoßen, die sich zwischen den verschiedenen vorwiegend systematisch-theologischen Stimmen in diesem Band ergeben. Interesse verdienen die jeweiligen Vorsichtsmaßnahmen, die in der Behandlung des Begriffs in jedem Beitrag, aber mit unterschiedlichen Mitteln und Perspektiven, ergriffen werden. Aber auch die Frage nach dem Gemeinsamen, das etwa in der zentralen Bedeutung aufscheint, die der Unterscheidung von Schöpfer und Geschöpf bei Herms und Dabrock zukommt, oder das in der Deutlichkeit erkennbar wird, mit der alle Autoren den Begriff der Schöpfungsordnung ‚dekonstruieren'. Bemerkenswert dürfte schließlich die Art und Weise sein, wie Subjektivität und Sozialität zusammengeführt werden und welche Konflikte die Autoren dabei jeweils im Auge behalten. Selbstkritisch darf man sagen, dass neben den Beiträgen anderer theologischer Disziplinen vor allem eines vermisst wird: ein instruktiver Blick auf ‚common good' und ‚Commonwealth'.

Eilert Herms

GEMEINWOHL – ZIELPERSPEKTIVE DES MENSCHLICHEN ZUSAMMENLEBENS UND LEITBEGRIFF DER SOZIALETHIK[1]

1. *Ethik – Ethos*

„Ethik" bezeichnet die Reflexionsgestalt von menschlichem „Ethos". „Ethos" bezeichnet die Eigenart des menschlichen Zusammenlebens als eines solchen, das im Unterschied zum Zusammenleben von Tieren dazu bestimmt ist – und somit auch nicht umhin kann –, im Vollzug der Selbstbestimmung innerweltlich-leibhafter Personen geführt zu werden. Diese Selbstbestimmung vollzieht sich auf dem Boden und im Kontext vorgängiger Fremdbestimmtheit, die teils relativer, teils radikaler Art ist. – *Relativ* fremdbestimmt ist menschliche Selbstbestimmung insofern, als sie sich als Selbstbestimmung innerweltlich-leibhafter Personen auf dem Boden und im Kontext (also eingebettet in) ein Kontinuum sozialen Prozedierens vollzieht das seinerseits eingebettet ist in (notwendig bedingt ist durch) ein Kontinuum vorsozialen Prozedierens. Relativ ist diese Fremdbestimmtheit, weil die Selbstbestimmung von Menschen sich ipso facto als Selbstbestimmung ihres leibhaften Verhaltens vollzieht, das als solches gar nicht anders kann als effektiv einzugreifen in das Kontinuum des umgreifenden sozialen Prozedierens und dadurch vermittelt immer auch in das Kontinuum des umgreifenden vorsozialen Prozedierens. Der Effekt der Fremdbestimmtheit durch das umgreifende Kontinuum des sozialen und vorsozialen Prozedierens ist somit immer gebrochen, nämlich jeweils mitbedingt, durch die Selbstbestimmung der innerweltlich-leibhaften menschlichen Personen. – *Radikal* fremdbestimmt ist menschliche Selbstbestimmung insofern, als sie sich auf dem Boden des vorgängigen Bestimmtseins des innerweltlich-leibhaften Personseins zur relativ fremdbestimmten Selbstbestimmung vollzieht, dem sie nicht entkommen und auf den sie auch keinen Einfluss nehmen kann, der sie vielmehr ausschließlich vor die Alternative stellt, ihn als diese unhintergehbare und unübersteigbare Vorgegebenheit in seiner Eigenart zu erkennen und anzuerkennen („Selbsttranszendenz" menschlichen Personlebens kann sich nur *auf* diesem Boden und unter seinen

[1] Zur Thematik dieses Aufsatzes vgl. schon: E. Herms, Gemeinwohl. Probleme eines Leitkonzepts der Sozialethik, in: Christian Spieß (Hg.) Freiheit – Natur – Religion. Studien zur Sozialethik, FS A. Anzenbacher, 2010, 263–276; B. Vogel (Hg.), Gemeinwohl. Oder: Die gute Ordnung für die Gesellschaft, 2013; A. Anzenbacher, Christliche Sozialethik, 1997, 200ff.

Bedingungen vollziehen, und d. h. nur in zwei Richtungen: auf veränderte innerweltliche Lagen hin und hinein in die Welt umgreifende Transzendenz des Daseinsgrundes unserer kontingenten Welt).

Durch diese perenne radikale und relative Fremdbestimmtheit menschlicher Selbstbestimmung sind die sechs perennen Vollzugsbedingungen der letztgenannten festgelegt:

a) Das unabweisbare Zugemutetsein einer eigenen Wahl zwischen jeweils jetzt selektiv zu realisierenden Weisen des eigenen leibhaften (und somit innerhalb des umgreifenden sozialen und vorsozialen Prozesskontinuums wirksamen, also folgenreichen) Verhaltens; und zwar einer eigenen Wahl, die de facto „verantwortlich" ist. Dass sie „verantwortlich" ist, heißt erstens, dass sie darauf hin befragt werden kann, aus *welchen* Gründen sie überhaupt die faktisch gewählte Verhaltensmöglichkeit und nicht eine andere realisiert hat; und es heißt zweitens, dass sie auf die *Angemessenheit* dieser sie faktisch leitenden Gründe hin befragt werden kann.[2]

b) Das Geleitetsein der sich selbst bestimmenden Person von Gründen für die Ergreifung einer aus dem Spektrum der jeweils jetzt erreichbaren künftigen Situationen als der jetzt als Ziel anzustrebenden. Diese Gründe sind stets de facto Gründe dafür, bestimmte Zwischenziele als Stationen auf dem Weg zur Erreichung derjenige Situation zu wählen, welche als die ultimative Situation angestrebt wird, über die hinaus nichts weiter anzustreben ist, weil sie in sich selbst kein Motiv zu einem Darüber hinaus mehr enthält, also eine Situation des innerweltlich-leibhaften Personseins ist, die als restloses Zufriedensein bestimmt ist. Alle Gründe für die Wahl von Zielen sind fundiert in einem einzigen Grund, der in nichts anderem besteht als in der jeweils die wählende Person beherrschenden praktischen Gewissheit[3] über diese ultimative Zielsituation. Diese Ge-

[2] Dass Menschen „verantwortlich" handeln, heißt also keineswegs, dass sie immer erst nach einem langen Prozess des Überlegens handeln. Viele unserer Handlungen verlaufen „ohne langes Überlegen". Gleichwohl kann jede im Rückblick auf die in ihr wirksamen Gründe befragt werden. Und immer wieder finden sich Menschen in Situationen vor, in denen der Fluss ihres „problemlosen" Handelns stockt und sie nicht anders zu einer Entscheidung kommen als nach längerem Überlegen *vor* dieser Entscheidung. Die Behauptung einer Alternative zwischen Situationsethik und Verantwortungsethik entspricht nicht der Realität. Sie kann nur dort und solange unbeirrt aufrecht erhalten werden, wie ein Anspruch auf Realitätsgerechtigkeit („Wahrheit") der eigenen Aussagen nicht mehr erhoben wird.

[3] „Praktische" Gewissheiten sind die jeweils des facto handlungsleitenden Gewissheiten. Sie sind im Jetzt der jeweiligen Handlungssituation hinreichend zweifelsfrei, aber keineswegs absolut. Sie können durchaus tiefgreifende bildungsgeschichtliche Veränderungen erleiden.

wissheit wird seit alters zutreffend als Gewissheit über das „summun bonum" angesprochen.[4]

c) Das faktische Geleitetsein der Person von Gründen für die realisierende Wahl eines aus den jeweils jetzt gangbaren Wegen zu dem de facto angestrebten (Zwischen)ziel. Diese Gründe bestehen immer in der den Wählenden faktisch leitenden Gewissheit über die Wirkregeln, deren hinlänglich dauerhafte Herrschaft im umgreifenden sozialen und vorsozialen Prozesskontinuum es erlaubt, bestimmte Effekte der wählbaren Weisen leibhaften Verhaltens hinlänglich sicher vorauszusehen.

d) Jede menschliche Person wird im Kontinuum ihrer Bildungsgeschichte (also im Medium ihres sich-selbst-Erlebens im Kontinuum ihrer relativ und absolut fremdbestimmten Selbstbestimmens) des Faktums inne, dass sowohl die ihre Zielwahl leitenden Gründe als auch die ihre Mittelwahl leitenden Gründe vor der Alternative stehen, mehr oder weniger angemessen zu sein. *Manifest* wird der Umfang ihrer Angemessenheit und Unangemessenheit im bestätigenden Erleben des Erreichtwerdens der erwarteten Effekte (Verläufe und Ziele) und im enttäuschenden Erleben ihres Verfehltwerdens. Begründet ist diese Alternative in dem Faktum, dass die relativ und radikal fremdbestimmte Handlungsgegenwart von menschlichen Personen als Medium des Gewordenseins und des Werdens ihrer innerweltlich-leibhaften Situation *in sich* selbst jeweils in bestimmter Weise auf ausstehende zukünftige Bestimmtheiten hintendiert, in diesem Sinne also einen eigenen vorgegebenen („objektiven") Verheißungscharakter besitzt, der in den eigenen („subjektiven") Gewissheiten der Person über das zu Erwartende stets mehr oder weniger angemessen erfasst ist und der zu konkreter Erfassung erst im Verlaufe der Bildungsgeschichte der Person gelangt.

e) Weil die Selbstbestimmung innerweltlich-leibhafter Personen eingebettet ist in ein Kontinuum sozialen Prozedierens, hat sie unausweichlich den Charakter eines mit-anderen-Menschen-zusammen-Wollens-und-Wirkens. Folglich ist die Verantwortlichkeit der Selbstbestimmung in concreto Verantwortlichkeit für die Kompatibilität der Selbstbestimmung der Einzelnen mit der aller anderen. Solche Kompatibilität herrscht, soweit die Ziel- und Wegewahlen der Einzelnen von Gründen ihrer Zielwahl und Wegewahl geleitet sind, die mit den zielwahl- und wegewahlleitenden Gewissheiten der Kooperanten in einem gemeinsamen Korridor liegen. Dass jede menschliche Person danach gefragt werden kann, welche Gründe überhaupt ihre Verhaltenswahl leiten und ob diese Gründe den objektiven (vorgegebenen) Zumutungen und Anforderungen der Handlungsgegenwart

[4] Vgl. E. Herms, Art. Höchstes Gut, in: RGG[4] III 1808–1812.

angemessen sind, heißt somit in concreto: Jede Person hat darüber Rechenschaft zu geben, ob die Gründe ihrer Verhaltenswahl in dem gemeinsamen Korridor von Zielwahl- und Wegewahl leitenden Gewissheiten liegen bzw. warum das nicht der Fall ist.

f) Die verantwortliche Verhaltenswahl einer Person steht vor der Alternative als „gut" oder „schlecht" beurteilt zu werden. Als „gut" wird sie beurteilt, wenn sich ihre Gründe in demjenigen Korridor bewegen, der für die beurteilende Instanz der gemeinsame für den Handelnden und für die für ihn relevante Kooperantengruppe ist. Dann ist das Handeln dem Ethos dieser Kooperantengruppe gemäß. Als „schlecht" wird die Verhaltenswahl beurteilt, wenn sich ihre Gründe nicht in dem angedeuteten Korridor bewegen. Dann ist die Handlung dem Ethos der relevanten Kooperantengruppe nicht gemäß, sondern ethoswidrig. – Ebenso wie die Leitüberzeugungen jedes Einzelnen vor der Alternative stehen, angemessen oder unangemessen zu sein, stehen auch die Leitüberzeugungen des Ethos einer Kooperantengruppe vor dieser Alternative. Auch sie können in der Bildungsgeschichte des Ethos einer Kooperantengruppe korrigiert werden. Aber die Leitüberzeugungen eines Ethos umfassen überwiegend praktische Gewissheiten, die sich bereits über Generationen hin hinlänglich bewährt *haben*. Demgegenüber besteht die Bildungsgeschichte jedes Einzelnen über weite Strecken nur darin, dass sich die Leitüberzeugungen seiner Selbstbestimmung auf das im Ethos der für ihn maßgeblichen Kooperantengruppe bereits herrschende Niveau hinaufarbeiten.

Als Reflexionsgestalt eines „Ethos" hat also „Ethik" immer zwei Leistungen zu erbringen:

Immer wieder hat sie einzelne – schon vollzogene oder noch zu vollziehende – Verhaltensweisen darauf hin zu analysieren und zu beurteilen, ob sie ethosgemäß (man sagt dann: „sittlich") oder ethoswidrig (man sagt dann: „unsittlich") sind.

Das aber kann Ethik nur, wenn sie auch die für das jeweils durch sie reflektierte Ethos wesentlichen zielwahl- und wegewahlleitenden Gewissheiten erhoben hat.

2. Individualethik – Sozialethik

Die zuletzt genannte Aufgabe schließt ein, dass die jeweils ethosspezifische praktische Gewissheit über die ultimative Zielsituation, über das summum bonum, erfasst wird. Dabei ergibt sich regelmäßig folgender Befund:

Die Zielwahl jedes Interaktanten orientiert sich faktisch an seiner praktischen Gewissheit über die ultimative Zielsituation für ihn persönlich, über die Situation restlosen Zufriedenseins für ihn selbst. Sie orientiert sich an seiner praktischen Gewissheit über sein summum bonum proprium.

Aber dieses Hinstreben auf das summun bonum proprium einer innerweltlich-leibhaften Person, deren Selbstbestimmung nur als Selbstbestimmung in Kooperation möglich ist, vollzieht sich ipso facto stets innerhalb einer Gemeinschaft von Kooperierenden mit gemeinsamem Ethos. Und das heißt: a) Was dem einzelnen als sein summun bonum proprium vorschwebt, ist zwar seine persönliche praktische Gewissheit, die aber ihre inhaltliche Bestimmtheit nur in einer Bildungsgeschichte gewinnen konnte, die innerhalb der für den Aktanten relevanten Gemeinschaft von Kooperierenden und ihres gemeinsamen Ethos verlief und deren Resultat daher immer bezogen ist auf die in diesem Ethos geteilte Überzeugung vom summun bonum proprium und vor der Alternative steht, dieser ethosspezifischen Überzeugung vom summum bonum proprium zu widersprechen oder ihr mehr oder weniger genau zu entsprechen. Nur im zuletzt genannten Fall wird die Zugehörigkeit zur Herkunftsgemeinschaft und ihrem Ethos durchgehalten. b) In jedem Fall – mag nun die persönliche Leitüberzeugung eines Aktanten der Überzeugung vom summun bonum proprium derjenigen seiner Herkunftsgemeinschaft und ihrem Ethos entsprechen oder widersprechen – kann dieses ultimative Ziel völligen persönlichen Zufriedenseins nur durch Interaktion in einer Gemeinschaft von Kooperierenden angestrebt und erreicht werden, und das heißt nur zugleich mit dem, was aufgrund des Ethos der relevanten Gemeinschaft von Kooperierenden als die *ultimative Zielsituation der Gemeinschaft von Kooperierenden* angestrebt und realisiert wird, also nur zugleich mit dem summum bonum commune (oder publicum).

Das aber heißt: Das Interagieren jedes Einzelnen innerhalb einer Gemeinschaft von Kooperierenden muss in der Ethik jeweils unter den beiden Aspekten gleichzeitig betrachtet und beurteilt werden, die für es unvermeidlich sind: unter dem Aspekt, dass es das individuelle Erstreben und Realisieren des mehr oder weniger ethosgemäß konzipierten summum bonum proprium ist, und unter dem Gesichtspunkt, dass es zugleich auch einen positiven oder negativen Beitrag zur Realisierung des mehr oder weniger ethosgemäß aufgefassten summum bonum commune leistet.

Die zuerst genannte Betrachtung und Beurteilung ist Aufgabe der *Individualethik*, die zweite ist Aufgabe der *Sozialethik*. Beachte: Individualethik und Sozialethik unterscheiden sich ausschließlich durch den Gegenstand des ethischen Urteils. Dieser ist für die Individualethik das bonum proprium, für die Sozialethik das bonum commune. Sie unterscheiden sich nicht durch die Antwort auf die Frage, wer das ethische Urteil fällt und wer Urheber der ethisch zu beurteilenden Akte ist. Ganz irreführend ist die Annahme, Individualethik habe es mit dem

Handeln von Einzelnen, Sozialethik jedoch mit dem Handeln von Kollektiven zu tun. Kollektive als solche handeln gar nicht, sondern immer nur vermittelst des (verantwortlichen) Handelns ihrer Glieder.

Individualethik und Sozialethik haben es jeweils mit einem der beiden gleichursprünglichen Aspekte des verantwortlichen Handelns, der verantwortlichen fremdbestimmten Selbstbestimmung innerweltlich leibhafter Personen zu tun. Folglich kann jede ihre Aufgabe nur lösen unter Rückgriff auf die Lösung der Aufgabe der anderen. Beide sind nur möglich, wenn sie die in dem von ihnen reflektierten Ethos enthaltenen Konzeptionen des summum bonum proprium und des summum bonum commune (publicum) erfasst haben.

3. *summum bonum proprium – summum bonum commune*

Offenkundig haben diese beiden Konzeptionen in jedem Ethos nur in wechselseitiger Bezogenheit auf einander Bestand. Die Konzeption des summum bonum proprium kann nicht bestimmt werden ohne Bezug auf eine bestimmte Konzeption des summum bonum commune, und umgekehrt.

Somit sind jedenfalls alle Konzeptionen des summum bonum proprium disqualifiziert, die keine Rücksicht auf das summum bonum commune nehmen, und alle Konzeptionen des summum bonum commune, die keine Rücksicht auf das summum bonum proprium nehmen.

Aber was sind die Bedingungen dafür, dass ein Ethos in seinen Konzeptionen des summum bonum proprium und des summum bonum commune beide in derjenigen Weise aufeinander bezieht, welche dem Phänomen der relativ und radikal fremdbestimmten verantwortlichen Selbstbestimmung von innerweltlich-leibhaften menschlichen Personen gerecht wird?

Diese Bedingungen müssen jedenfalls der realen Bedeutung gerecht werden, die einerseits die Gemeinschaft für die verantwortliche Lebensführung der Einzelnen hat und andererseits die Lebensführung der Einzelnen für die Gemeinschaft.[5]

Diese Bedeutung ergibt sich aus dem ontologischen Verhältnis zwischen Gemeinschaft und verantwortlicher Lebensführung der Einzelnen. Für dieses Verhältnis gilt: Beide Seiten sind gleichursprünglich. Diese Eigenart des Verhältnisses verfehlen alle Beschreibungen, die eine der beiden Seiten durch die andere konstituiert sehen. Die Lebensführung von Einzelnen *schafft* nicht die Gemeinschaft; ebenso wenig wie das Leben der Gemeinschaft die verantwortliche Le-

[5] Die Bedeutung von „Gemeinschaft" habe ich zu klären versucht in: E. Herms, Kirche als gestiftete Gemeinschaft durch das Wort, in: Elisabeth Gräb-Schmidt (Hg.), Gemeinschaft: Ort der Krise – Ort der Chancen (Veröffentlichung voraussichtlich bis Ende 2014).

bensführung der Einzelnen *schafft*. Vielmehr bedingen beide Seiten einander notwendig. Und dann fragt sich: *Wie* bedingt die Gemeinschaft die verantwortliche Lebensführung der einzelnen menschlichen Personen und diese die Gemeinschaft?

Die Antwort auf die erste Frage muss jedenfalls davon ausgehen, dass die Gemeinschaft etwas ist, was nicht *durch* die verantwortliche Lebensführung der einzelnen Personen in irgendeinem Sinne geschaffen wird, sondern für diese immer schon gegeben ist. Immer schon gegeben ist sie der verantwortlichen Lebensführung von Einzelnen als ein bestimmtes dauerndes Zusammenleben, das diese *dauernde Bestimmtheit* dadurch gewinnt, dass es jedenfalls ein von Regeln des Zusammenlebens beherrschtes ist, also ein Zusammenleben in einer Ordnung. In der bestimmten Ordnung des Zusammenlebens gründet seine Dauer. Variationen der Ordnung gefährden die Dauer nicht, wohl aber der Zerfall der Ordnung. Als derart geordnetes, bestimmten Regeln folgendes Zusammenleben ist die Gemeinschaft der verantwortlichen Lebensführung der Einzelnen immer schon vorgegeben. Diese Lebensführung der Einzelnen trägt daher unvermeidlich den Charakter einer von den Einzelnen zu verantwortenden Partizipation an der *Ordnung* des Zusammenlebens durch eigenverantwortliche Erfassung und Pflege – Befolgung und Verbesserung – ihrer *Regeln* (und das heißt: ihrer Institutionen[6]).

Die Antwort auf die zweite Frage muss davon ausgehen, dass die Verantwortlichkeit der Lebensführung der Einzelnen etwas nicht durch die Gemeinschaft Hervorgebrachtes, sondern für sie immer schon Gegebenes ist. In dieser Weise für die Gemeinschaft immer schon gegeben ist die Verantwortlichkeit der Lebensführung der Einzelnen als Implikat der ursprünglichen (also auch unmittelbaren) Selbsterschlossenheit aller Einzelnen, die ihr leibhaftes Personsein begründet. Dieses stellt jedes Glied der Gemeinschaft unter die unabweisbare Zumutung, an der mit dem Zusammenleben selbst vorgegebenen und für seinen Bestand wesentlichen Ordnung des Zusammenlebens *eigenverantwortlich* – also nach Maßgabe seines eigenen *Verstehens* dieser Ordnung – umzugehen. Weil das Personsein mit dieser seiner wesentlichen Zumutung nicht durch die Gemeinschaft geschaffen, sondern für sie immer schon gegeben ist, deshalb ist diese Ordnung eine allen Gliedern der Gemeinschaft unabweisbar *zu verstehen gegebene*. Eben deshalb gibt es sie immer nur in bestimmten Gestalten, die jeweils in dem so oder so Verstandensein der zu-verstehen gegebenen Ordnung gründen. Somit ist das Zusammenleben der Menschen nie das Zusammenleben in einer Herde, sondern das Zusammenleben in einer Gesellschaft, in einem Gemeinwe-

[6] Institutionen sind *geregelte* und insofern *dauernde* Weisen der Interaktion.

sen, dessen Ordnung auf dem jeweils erreichten allseitigen Verstandensein der zu verstehen gegebenen Ordnung des Zusammenlebens aufruht, durch dieses allseitige Verstehen der Ordnung aufrechterhalten wird und sich mit ihm verändert, konkretisiert oder verfällt. Sie besteht – als ihren Gliedern zu-verstehen gegebene – immer nur nach Maßgabe der jeweiligen Resultate der Verständigung über sie und entwickelt und verändert sich auch in Abhängigkeit von diesem allseitigen Verstehen und seinen Resultaten.

Soweit das ontologische Verhältnis zwischen menschlicher Gemeinschaft und verantwortlicher Lebensführung der Einzelnen.

Aufgrund dieses Verhältnisses besteht die Bedeutung der Gemeinschaft für die verantwortliche Lebensführung darin, dass letztere nur auf dem Boden derjenigen Gestalt der Ordnung des Zusammenlebens möglich ist, welche jeweils kraft des erreichten allseitigen Verstehens dieser Ordnung besteht. Diese Ordnungsgestalten stehen alle vor der Alternative, die durch sie bedingte verantwortliche, und d. h. die Ordnung verstehende, Lebensführung der Einzelnen zu erleichtern oder zu erschweren. Die der erreichten Ordnung zugrundeliegenden Resultate des allseitigen Verstehens der Ordnung erleichtern oder erschweren die angemessen verstehende Teilnahme der Einzelnen an ihr. Sind diese Resultate einseitig und abstrakt, begründen sie eine Ordnung des Zusammenlebens, die die verantwortliche, angemessen verstehende Teilnahme der Einzelnen erschwert. Sind sie konkret, unterhalten sie eine Ordnung, die die verantwortliche, angemessen verstehende Teilnahme aller Einzelnen erleichtert.

Umgekehrt besteht die Bedeutung der verantwortlichen, verstehenden Lebensführung der Einzelnen für die Gemeinschaft darin, dass diese Lebensführung je nach dem Grad ihrer Angemessenheit entweder konkrete Resultate des allseitigen Verstehens der Ordnung befördert oder behindert. Je mehr Einzelne zu einer verantwortlichen eigenen Lebensführung gelangen, der ein angemessenes Verstehen des Bedingungsverhältnisses zwischen Ordnung des Zusammenlebens und Lebensführung der Einzelnen zugrundeliegt, desto konkreter werden auch die Resultate des allseitigen Verstehens werden und desto mehr wird es auf diesem Boden zu einer Gestalt der Ordnung des Zusammenlebens kommen, die wiederum eine verantwortliche Lebensführung der Einzelnen auf dem Boden eines angemessenen Verstehens erleichtert.

Soweit die Bedeutung der Ordnung des Zusammenlebens für die verantwortliche, verstehende Lebensführung der Einzelnen und die Bedeutung der letzteren für die erstere.

Damit sind auch die Bedingungen für eine angemessene Bestimmung des summum bonum proprium und des summum bonum commune klar:

Das summum bonum proprium kann nur der Zustand völligen Zufriedenseins der Einzelperson sein, in dem sie auch ihre persönlichen Beiträge zum allseitigen Verstehen (Begreifen und Gestalten) der Ordnung des Zusammenlebens und damit ihre individuelle Stellung in diesem Verständigungsprozess und in der durch ihn begründeten Ordnung des Zusammenlebens genießt. Jede Bestimmung des summum bonum proprium ist abstrakt, die es allein als den undelegierbar individuellen Genuss des persönlichen Zufriedenseins ohne Einschluss dessen erfasst, was das unverwechselbare Individuum in der Gemeinschaft für die Gemeinschaft gewesen ist (und d. h. unvergänglich *ist*). Jede Bestimmung des summum bonum proprium ist abstrakt, die dieses als rein individuelle und private Situation des restlosen Zufriedenseins von isolierten Individuen erfasst. Personale Individuen können nicht aufgrund eines auf die Gemeinschaft rücksichtslosen Lebens restlos zufrieden sein.

Das summum bonum commune (publicum) kann nur diejenige Gestalt der Ordnung des menschlichen Zusammenlebens sein, die sich aus dem unübertrefflich angemessenen allseitigen Verstehen der den Menschen zu verstehen gegebenen Ordnung ihres Zusammenlebens ergibt und als solche auch allseits, also für jede Person, das angemessene Verstehen (Begreifen *und* Gestalten) der zu verstehenden Ordnung des Zusammenlebens und des jeweils zugemuteten undelegierbar eigenen Beitrags zum allseitigen angemessenen Verstehen der zu verstehen gegebenen Ordnung des Zusammenlebens erleichtert und nicht erschwert. Jede Bestimmung des summum bonum commune ist also unangemessen, die nicht ihre Bezogenheit auf das summum bonum proprium *und* ihre sachliche Differenz diesem gegenüber durchhält. Der erste Mangel herrscht überall dort, wo das summum bonum commune nicht als eine Ordnung des Zusammenlebens konzipiert und verfolgt wird, die auf ihr Verstandenwerden und ihr verstehendes Unterhalten- und Verbessertwerden durch *ausnahmslos alle* ihre personalen Glieder ausgerichtet ist und *um willen* dieses allseitigen Verstandenwerdens sowie *durch* es existiert. So etwa in Zuständen des Zusammenlebens, in denen das Verstandenwerden seiner Ordnung durch alle einer Machterhaltung zum Opfer gebracht wird, die nur durch das Verstehen der überwiegend Mächtigen getragen ist und seiner Erhaltung dient (die Gemeinschaft ist alles, die Einzelnen [mit Ausnahme der Führer und Mitglieder der Elite] sind nichts). Der zweite Mangel liegt überall dort vor, wo das summum bonum commune einfach als die *Summe* des realisierten summum bonum proprium konzipiert wird bzw. als die Annäherung an diesen Zustand: also als das Erreichtsein einer möglichst großen Menge faktischen Zufriedenseins einer möglichst großen Zahl der einzelnen Glieder des Gemeinwesens. Solche (im Utilitarismus gepflegten) Konzeptionen des summum bonum commune ersetzen den *Art*unterschied zwischen ihm und dem summum bonum proprium durch einen bloßen *Mengen*unterschied. Damit wird aber ipso facto auch die Eigenart des summum bonum proprium verkannt. Es wird verkannt, dass dieses im Zufriedensein über den je eigenen Beitrag zum allseitigen Verstehen der allseits zu verstehen gegeben *Ordnung* des Zusammenlebens besteht und dass es als solches nur erreicht werden kann unter der Bedingung, dass die Ordnung des Zusammenlebens solche Beiträge nicht verhindert, sondern erleichtert. Das summum bonum commune ist also in seiner *Art*verschiedenheit und als *Ermöglichungsbedingung* der Realisierung des summum bonum proprium nur dann angemessen konzipiert, wenn es als diejenige – auf allseitiges Verstehen gestützte und ihr dienende – Ordnung des Zusammenlebens konzipiert wird, die nicht ihrerseits das Zufriedensein aller einzelnen Mitglieder realisiert (Gulaschkommunismus), sondern die es allen Gliedern des Gemeinwesens ermöglicht und erleichtert, ihr persönliches definitives Zufriedensein zu verfolgen und zu realisieren (Ermöglichung und Erleichterung des „*persuit* of happiness"; also nicht der Herbeiführung der „real happiness" aller durch die Gemeinschaft – sondern eben ausschließlich durch die einzelnen Glieder der Gemeinschaft selbst im Rahmen und unter den Bedingungen der Ordnung der Gemeinschaft). Dem Gemeinwohl wird also nie durch Maßnahmen gedient, die direkt auf die Herbeiführung möglichst allseitigen faktischen Zufriedenseins zielen, sondern immer nur durch Aufrechterhaltung einer Ordnung, die es jedem Einzelnen erlaubt, ja möglichst leicht macht, zur eigenen Erkenntnis seines summum bonum proprium, seines persönlichen ultimativen Zufriedenseins, seiner Glückseligkeit, zu gelangen und deren Realisierung zu leben.

4. Das inhaltliche Kriterium des summum bonum commune

Die vorstehende Bestimmung des Verhältnisses zwischen summum bonum proprium und summun bonum commune bestimmt das letztere rein formal: Das summum bonum commune ist diejenige Ordnung des Zusammenlebens der Menschen, an der teilzunehmen und die zu pflegen jedem Einzelnen die Erkenntnis und Verfolgung seines summum bonum proprium erlaubt, und zwar erleichtert und nicht erschwert. Offen ist die Bedingung der angemessenen *inhaltlichen* Ausgestaltung des summum bonum commune als dieser Ordnung. *Was* muss in einer solchen Ordnung geregelt *sein?*

Die Antwort hierauf ist nun aber ebenfalls schon in den Bedingungen der formalen Korrektheit jeder Konzeption des summum bonum commune angelegt: Letzteres ist diejenige Ordnung des Zusammenlebens, in der alle diejenigen aufgabendifferenten Interaktionsweisen, deren Vollzug für die Erkenntnis und Verfolgung des ultimativen Zufriedenseins jeder einzelnen Person unverzichtbar ist – und zwar unverzichtbar aufgrund der universalen Bedingungen, die für das

Menschsein-in-Gemeinschaft überhaupt konstitutiv sind und alle geschichtlichen Variationen des menschlichen Zusammenlebens überdauern –, angemessen geregelt sind, und zwar jeweils in sich und in ihrem Verhältnis zueinander. Anders gesagt: Das summum bonum commune wird formal angemessen konzipiert, wenn es als eine solche Gestalt der Ordnung des Zusammenlebens von Menschen als innerweltlich-leibhafter Personen aufgefasst wird, die jeweils das Resultat des jeweils *tatsächlich erreichten allseitigen angemessenen Verstehens* derjenigen Ordnung dieses Zusammenlebens ist, welche diesem tatsächlich erreichten allseitigen Verstehen in den faktisch universalen Bedingungen des leibhaften Menschseins-in-Gemeinschaft *real vorgegeben* sind als diejenigen, die alle de facto angemessen *zu verstehen* haben.

Damit ist auch das inhaltliche Kriterium des summum bonum commune klar: In inhaltlicher Hinsicht ist es diejenige Gestalt der Ordnung des Zusammenlebens, die aufruht auf dem Resultat des *angemessenen* allseitigen Verstandenhabens und Verstehens der realen universalen Bedingungen des Menschseins-in-Gemeinschaft, die faktisch allen real vorgegeben sind als die von allen *zu-verstehenden* universalen Bedingungen des Zusammenlebens von Menschen. Das Kriterium dafür, dass bzw. wieweit eine erreichte Ordnung des Zusammenlebens tatsächlich das realisierte Gemeinwohl ist, besteht darin, dass bzw. wie weit diese Ordnung getragen und geprägt ist durch ein allseitiges angemessenes Verstehen (und Verstandenhaben) der universalen Bedingungen des Menschseins-in-Gemeinschaft, die allen einzelnen Personen vermöge der faktischen perennen Präsenz dieser Bedingungen real zu-verstehen vorgegeben sind.

Damit stellen sich drei Fragen: Kann und muss man von dem jeweiligen *erreichten* allseitigen Verstehen (Begreifen und Gestalten) der zu verstehen vorgegebenen Ordnung des Zusammenlebens der Menschen eben das *zu-verstehen vorgegebene* Menschsein-in-Gemeinschaft und, seine universalen Bedingungen und die ihnen entsprechende Ordnung unterscheiden (4.1.)? Wie sind diese dauernd gegenwärtigen und dadurch allen stets real zu-verstehen vorgegebenen Bedingungen des Menschseins-in-Gemeinschaft beschaffen und somit auch die ihnen entsprechende-Ordnung (4.2.)? Was sind die Bedingungen jeder Gestalt der Ordnung des Zusammenlebens, welche auf dem Resultat eines allseitigen angemessenen Verstehens der faktisch zu-verstehen vorgegebenen universalen Bedingungen des Menschseins-in-Gemeinschaft und seiner Ordnung aufruht (4.3.)?

4.1. Dass man von dem jeweils erreichten realen allseitigen Verstehen (Begreifen und Gestalten) der Ordnung des Zusammenlebens der Menschen die faktisch *zu-verstehen vorgegebenen* universalen Bedingungen des menschlichen Zusammenlebens (Menschseins-in-Gemeinschaft) und die ihnen entsprechende Ordnung unterscheiden kann und muss, scheint man zunächst bestreiten zu müssen.

Und zwar unter Hinweis auf das Faktum, dass wir aus dem Kontinuum unserer realen Verstehensaktivität nicht herauskommen und dass also auch jedes mögliche Konzept der uns *zu-verstehen* vorgegebenen Bedingungen des Menschseins-in-Gemeinschaft und der ihm entsprechenden Ordnung uns diesen Sachverhalt, der uns *zu verstehen vorgegebenen* ist, stets nur als schon durch uns *verstandenen* bietet.

Diese Hinweise sind zutreffend. Sie reichen aber zur Bestreitung der Möglichkeit und Notwendigkeit jener Unterscheidung nicht aus. Vielmehr sind sie Elemente einer Beschreibung der Realität unseres Verstehens (realen Begreifens und Umgehens mit Realem), die in mehreren Hinsichten der Vervollständigung (Konkretisierung) bedarf:

Es ist nicht logisch ausgeschlossen, sondern möglich, dass wir *innerhalb* unserer eigenen Verstehensaktivität, also *verstehend,* Unterschiede machen zwischen den unsere Verstehensaktivität leitenden Intentionen und damit auch ihren Resultaten. Es ist nicht logisch ausgeschlossen dass *im* Kontinuum unserer Verstehensaktivität Resultate auftreten, die von verschiedener Art sind, weil sie sich unterschiedlichen Verstehensintentionen, unterschiedlichen Richtungen unseres Verstehenwollens, verdanken. Anlass, mit solchen Unterschieden innerhalb unserer Verstehensaktivität und innerhalb ihrer Resultate zu rechnen und sie ernst zu nehmen, besteht immer dann, wenn er uns durch unser eigenes Erleben unserer Verstehensaktivität gegeben wird. Und das geschieht immer wieder - was man sich folgendermaßen klar machen kann:

Offenkundig meint die Rede vom Kontinuum unserer Verstehensaktivität nichts anderes als die Rede vom Kontinuum unserer Selbstbestimmungsaktivität. Diese - und somit auch unsere kontinuierliche Verstehensaktivität - präsentiert sich uns als in der oben beschriebenen Weise relativ und radikal fremdbestimmt. Somit kann sich unser Verstehenwollen wenigstens auf drei unterschiedliche Arten von Sachverhalten richten. a) Es kann sich richten auf die Sphäre dessen, was wir allein durch unsere eigene Verstehensaktivität realisieren: auf die Sphäre unserer Werke (der Werke unseres Begreifens und Gestaltens von Realem). b) Diese Sphäre liegt innerhalb der Sphäre dessen, was wir durch unsere Verstehensaktivität nur *mit*zubestimmen haben (also innerhalb der Sphäre dessen, was unsere Selbstbestimmungsaktivität in relativer Weise fremdbestimmt). Das ist die Sphäre dessen, was jeweils durch den uns umgreifenden sozialen und vorsozialen Prozess geworden ist und im kontinuierlich Werden verbleibt; es ist die Sphäre der (dem ständigen Wandel unterliegenden) je besonderen innerweltlichen Situationen, die jeweils die Ausgangsbedingungen unseres Wirkens und unserer Werke ausmachen. c) Diese Sphäre liegt ihrerseits innerhalb der Sphäre dessen, wodurch wir unsere Selbstbestimmungsaktivität (Verstehensaktivität) radikal fremdbestimmt finden. Es ist die Sphäre derjenigen Bedingungen, die alle innerweltlichen Situationen, die wir durch unsere Verstehensaktivität mitbestimmen und all unser Wirken und seine Effekte *überdauert.* Auch auf diese Sachverhalte kann sich unser Verstehenwollen richten. Auch sie haben wir zu begreifen, und auch mit ihnen haben wir umzugehen. Sie sind angemessen begriffen, wenn sie als Realität erfasst werden, die nicht unser Werk ist, auch nicht von uns mitzubestimmen ist, sondern als Realität, die von unserer Verstehensaktivität nichts erheischt, als dass letztere der von uns nicht zu beeinflussenden Eigenart der ersteren gerecht wird.

Diese drei verschiedenen Richtungen sind unserem Verstehenwollen möglich. Sie sind unserem Verstehenwollen durch das, was wir zu verstehen haben, eröffnet. In jeder Richtung resultiert unser Verstehenwollen in einem Verstandenhaben oder Nichtverstandenhaben. Aber jeweils in einem Verstandenhaben von Sachverhalten unterschiedlicher Art: In Richtung a) im Verstandenhaben (oder: Nichtverstandenhaben) unseres Wirkens und unserer *Werke.* In Richtung b) im Verstandenhaben (oder: Nichtverstandenhaben) dessen, was durch uns mitbestimmt, mitgestaltet werden *kann.* Und in Richtung c) eben im Verstandenhaben (oder: Nichtverstandenhaben) dessen, was wir überhaupt dauernd *zu verstehen haben,* also dessen was uns durch die Faktizität der Dauer des Zusammenlebens von Menschen, also des Zusammenlebens von uns und unseresgleichen, dauernd *zu verstehen gegeben* ist und als solches von uns *nicht* mitgestaltet werden *kann.* Das Verstandenhaben dieses Sachverhaltes ist das Verstandenhaben, dass und als was er uns zu verstehen *vor*gegeben ist. Und dieses Verstandenhaben dessen, was uns zu verstehen *vor*gegeben ist, schließt ipso facto auch ein, dass dieses uns zu verstehen *Vor*gegebene nicht ein Ding an sich ist, außerhalb des für uns Zugänglichen, sondern dass es ein Sachverhalt ist, der für uns als durch uns *zu-erkennen* da ist: nämlich als die Bedingung und Grenze (man könnte auch sagen: der Horizont) allen uns und unseresgleichen möglichen Verstehens, die innerhalb des uns und unseresgleichen möglichen Verstehens für dieses da ist. Das ist der Möglichkeitsgrund jeder Art von Transzendentalphilosophie, der auch durch jede Art von Transzendentalphilosophie in Anspruch genommen und bezeugt wird.

Somit schließt also die Tatsache, dass wir aus dem Kontinuum unseres Verstehens nicht herauskönnen, nicht aus, sondern ein, dass wir verstanden haben können, was uns und allen unseresgleichen mit den überdauernden und insofern universalen Bedingungen des Menschseins-in-Gemeinschaft zu-verstehen *vor*gegeben ist – und dies jeweils mehr oder weniger angemessen.

Zu diesem uns zu verstehen Vorgegebenen, das wir immer schon irgendwie, mehr oder weniger, als solches (nämlich zu- verstehen Vorgegebenes) verstanden haben, gehört das Zusammenleben der Menschen als innerweltlich-leibhafter Personen. Und zwar als ein dauerndes. Die Realität der Dauer des Zusammenlebens der Menschen ist der Rahmen, das Medium und insofern auch der Grund der Möglichkeit und der Unvermeidlichkeit menschlicher Geschichte.[7] Die Dauer des Zusammenlebens schließt ein, dass dieses Zusammenleben dauernd unter bestimmten Bedingungen steht, die nach einer ihnen entsprechenden Ordnung verlangen. Indem uns zu verstehen vorgegeben ist die Realität der *Dauer des Zusammenlebens* von Menschen als innerweltlich-leibhafter Personen, ist uns ipso facto auch die dadurch *verlangte* Ordnung dieses Zusammenlebens vorgegeben. Und zwar als die Ordnung des Zusammenlebens von innerweltlich-leibhaften *Personen*, die als solche von den nach ihr zusammenlebenden Personen zu-verstehen ist. Die von den universalen Bedingungen ihres Zusammenlebens verlangte Ordnung ist den Menschen als eine durch sie zu-verstehende dauernd vorgegeben. Das heißt zweierlei zugleich:

- Es gibt keinen möglichen geschichtlichen Zustand des menschlichen Zusammenlebens, in dem nicht in der Gegenwärtigkeit der überdauern Bedingungen des Menschseins-in-Gemeinschaft den Menschen auch die dadurch verlangte Ordnung ihres Zusammenlebens als Personen zu-verstehen vorgegeben wäre. Und weil die Zumutung dieses Verstehens der von den universalen Bedingungen des Menschseins-in-Gemeinschaft verlangten Ordnung des menschlichen Zusammenlebens dauernd und unabweisbar ist, deshalb gilt weiterhin:

- Es gibt keinen möglichen geschichtlichen Zustand des menschlichen Zusammenlebens, in dem das menschliche Zusammenleben nicht eine Gestalt besäße, die von den Resultaten des allseitigen Verstehens dieser verlangten Ordnung abhängt und mit den Veränderungen der Resultate dieses Verstehens (Begreifens und Gestaltens) selbst variiert. Jeder dieser Gestalten ist das Resultat eines allseitigen Verstehens *dieser zu-verstehen vorgegebenen verlangten* Ordnung. Keine ist diese zu-verstehen vorgegebene verlangte Ordnung selbst.[8]

Somit ist die erste Frage mit einem Ja zu beantworten: Man kann und muss von dem jeweils erreichten allseitigen Verstehen (Begreifen und Gestalten) der zu-verstehen vorgegebenen Ordnung des Zusammenlebens der Menschen und den daraus resultierenden variierenden Gestalten der Ordnung des menschlichen Zusammenlebens diejenige Ordnung unterscheiden, deren Verlangtsein in

[7] Hierzu vgl. E. Herms, Theologische Geschichtsschreibung, in: Kirchliche Zeitgeschichte 10 (1997) 305–330.

[8] Dies übersehen zu haben, macht den Grundfehler der evangelischen Ordnungstheologie im deutschsprachigen Raum in der Zwischenkriegszeit aus.

den universalen, überdauernden Bedingungen des Menschseins-in-Gemeinschaft eingeschlossen und mit diesen auch dauernd allen zu-verstehen gegeben ist. Diese Gestalten realisieren das summum bonum commune, wenn und soweit sie von einem angemessenen Verständnis der zu-verstehen vorgegebenen verlangten Ordnung getragen sind (unterhalten werden).

4.2. Wie ist diese Ordnung, die von den perenn zu-verstehen vorgegebenen überdauern(universalen) den Bedingungen des Menschseins-in-Gemeinschaft verlangt wird, beschaffen?

4.2.1. Jedenfalls ist sie eine Ordnung des dauernden Zusammenlebens von *Personen* und somit eine Ordnung, die diesen zusammenlebenden Personen *zu-verstehen* vorgegeben ist, also eine zugemutete Ordnung, eine Ordnung, die durch die zusammenlebenden Personen selbst verstehend zu unterhalten ist. Vorgegeben ist die Ordnung als *Aufgabe*[9] ihrer angemessenen Unterhaltung, ihrer Korrektur und Verbesserung.

4.2.2. Weiterhin ist sie zu-verstehen vorgegeben als eine Ordnung für das Zusammenleben von *innerweltlich-leibhaften* Personen. Um die Dauer des Zusammenlebens von *derartigen* Individuen zu begründen, muss sie mehrere Leistungen zu gleicher Zeit erbringen – nämlich, wie ich an anderem Ort verschiedentlich gezeigt habe,[10] vier:

a) Sie muss die verantwortlich kooperative Sicherung des Stoffwechsels der leibhaften Individuen leisten.

b) Das kann sie nur, wenn sie zugleich die Kooperation regelt, die für die Sicherstellung der den Stoffwechsel sichernden Kooperation gegen störende Gewaltanwendung von außerhalb oder im Inneren des Gemeinwesens sorgt.

Dieses Zusammenwirken ist als ein Zusammenwirken von Personen zu regeln, die alle verantwortlich interagieren, d. h. geleitet von Gründen, die sich auf die eigenen, aber mit anderen geteilten zielwahlleitenden und wegewahlleitenden praktischen Gewissheiten der beteiligten Personen stützen. Solche Gewissheiten werden erlangt, erweitert und stabilisiert durch Kommunikation. Kommunikation von praktischen Gewissheiten vollzieht sich ebenfalls durch einschlägig gere-

[9] Daher ist die Lehre von den „Schöpfungsordnungen" konkret – mit D. Bonhoeffer – nur als Lehre von den ursprünglichen „Mandaten" des menschlichen Zusammenlebens durchzuführen. Vgl,. dazu E. Herms, Die Lehre von der Schöpfungsordnung, in: ders., Offenbarung und Glaube, 1992, 431–456.

[10] E. Herms, Grundzüge eines theologischen Begriffs sozialer Ordnung, in: ders., Gesellschaft gestalten, 1991, 56–94; weiter ausgeführt in: ders., Kirche in der Zeit, in: ders., Kirche für die Welt, 1995, 231–317; zu einer präzisierenden Korrektur vgl.: ders., Grundaufgaben des Zusammenlebens, in: ders., Kirche und Gesellschaft, 2011, 411–414.

geltes Interagieren. Auch sie muss also durch die zugemutete (zu-verstehen vorgegebene) Ordnung des Zusammenlebens geregelt werden. Die immer und überall zu-verstehen vorgegebene, durch die universalen Bedingungen des Menschseins-in-Gemeinschaft verlangte Ordnung des Zusammenlebens von innerweltlich-leibhaften Personen muss also zugleich mit den beiden schon genannten Leistungen zwei weitere auf Dauer erbringen:

c) Sie muss die kommunikative Gewinnung, Erhaltung und Erweiterung von wegewahlleitenden Gewissheiten auf Dauer sicherstellen, also regeln.

d) Und schließlich muss sie auch diejenige Interaktion regeln, durch die alle Glieder der Gemeinschaft eine aus Kommunikation stammende und nach Kommunikation verlangende gemeinsame zielwahlorientierende Gewissheit erlangen: eine gemeinsame Gewissheit über das summum bonum commune als Möglichkeitsbedingung des summum bonum proprium und über das summum bonum proprium unter Einschluss eines unverwechselbaren Beitrags zur Realisierung des summum bonum commune.

Die durch die zu-verstehen vorgegebenen universalen Bedingungen des Menschseins-in-Gemeinschaft verlangte Ordnung des menschlichen Zusammenlebens muss die genannten vier Leistungen erbringen, weil deren geregelte Erbringung wesentlich ist für die *Dauer* des Zusammenlebens innerweltlich-leibhafter Personen. Das Verlangtsein einer Ordnung mit genau diesen Leistungen ist begründet im Wesen des Zusammenlebens innerweltlich-leibhafter Personen. Das aber heißt: Die Dauer des Zusammenlebens innerweltlich-leibhafter Personen schließt das Verlangtsein einer Ordnung ein, welche diese vier Leistungen, die sämtlich im Wesen des Zusammenlebens von innerweltlich-leibhaften Personen begründet sind, als gleichursprüngliche und irreduzible erbringt. Verlangt ist die Ordnung also als eine solche, in der eine zwar asymmetrische, aber durchgehende wechselseitige Abhängigkeit der Erbringung jeder der genannten Leistungen von der Erbringung aller anderen herrscht.

Damit ist aber die Ordnung auch als eine solche verlangt die stets zweierlei zugleich sicherstellt:

– das allseitige Zusammenspiel zwischen den gleichursprünglichen und daher auch stets gleichzeitig realen, omniinterdependenten Weisen der geregelten Erbringung der skizzierten vier Leistungen und

– die natürliche Hierarchie zwischen diesen aufgabenverschiedenen Leistungen, die in der Asymmetrie ihrer Bezogenheit aufeinander gründet.

Letzteres ist von besonderer Wichtigkeit und daher kurz genauer zu betrachten:

Sicherung des Stoffwechsels und Sicherung dieser Kooperation gegen gewaltsame Störungen bedingen sich gegenseitig. Aber dieser Zirkel hat einen eindeutigen Richtungssinn: Er fußt in der Sicherstellung der Ungestörtheit der Sicherstellung des Stoffwechsels (anders gesagt: Die Grenze des Systems muss gegeben sein, um reproduziert – u. U. auch verschoben – zu werden) (a). Beides vollzieht sich unter Menschen als innerweltlich-leibhaften Personen in der Weise des allseitigen Verstehens, also in der Weise verantwortlicher – also auch nach Gründen aus praktischer Gewissheit verlaufenden – Kooperation. Daher bedingen sich die Kommunikation von interaktionsleitender Gewissheit und die Sicherstellung der Ungestörtheit des Stoffwechsels gegenseitig. Aber auch dieser Zirkel hat einen eindeutigen Richtungssinn, er fußt im allseitigen Verstehen der allseits zu-verstehen gegebenen dauernden Bedingungen der gemeinsamen Lebensgegenwart. Es ist nicht die Ungestörtheit des Stoffwechsels selbst, die deren personalen Vollzug (ihren Vollzug als verantwortliche Kooperation) begründet, sondern dessen Gestütztsein auf allseitiges Verstehen der allseits zu-verstehen gegeben gemeinsamen Lebensgegenwart (b). Kommunikation von zielwahl- und von wegewahlleitender Gewissheit bedingen sich gegenseitig. Auch dieser Zirkel hat einen unumkehrbaren Richtungssinn. Die Kommunikation von wegewahlleitender Gewissheit ist immer schon geleitet von irgendeiner irgendwie kommunizierten, jedenfalls gemeinsamen Gewissheit über das summum bonum proprium und commune. In dieser gründet das Ethos, das immer auch die entsprechende Kommunikation wegewahlleitender Gewissheit einschließt und die Weise der verantwortlich-kooperativen Sicherstellung der Ungestörtheit der verantwortlich-kooperativen Sicherstellung des Stoffwechsels (c). – Somit ist die verlangte Ordnung also eine solche, die dem unumkehrbaren Richtungssinn der durchgehenden wechselseitigen Bedingtheit der vier aufgabenspezifischen Kooperationsweisen Rechnung trägt – und d. h. der *faktischen* Führungsposition der Kommunikation von zielwahlleitender Gewissheit. Daran, dass und wie *diese* Zumutung (einer Ordnung, in der die Kommunikation von Zielwahl leitender Gewissheit stets die faktische Führung inne hat) erkannt und anerkannt (übernommen) wird, entscheidet sich, ob und wie die reale Ordnung jedem Einzelnen die eigene Erkenntnis und Verfolgung seines summum bonum proprium ermöglicht, erleichtert oder erschwert.

4.2.3. Die Ordnung, die durch die überdauernden und daher dauernd zu-verstehen gegebenen Bedingungen des Menschseins-in-Gemeinschaft verlangt ist, hat die gleichzeitige Erbringung der vier vorstehend genannten Leistungen *auf Dauer* zu sichern, also stets in einer *Generationen überdauernden* Weise. Darin ist zweierlei eingeschlossen:

a) In der intergenerationellen Dauer kann das allseitige Verstehen der zu verstehen vorgegebenen Ordnung verbessert - genauer, tiefer, umfassender - werden. Es kann Öffentlichkeiten von wachsendem Umfang prägen. Das schließt die reale Möglichkeit ein, dass sich umfangsverschiedene Ebenen der Ordnung aufbauen - über der lokalen (alltagsweltlichen) Öffentlichkeit eine regionale Öffentlichkeit, darüber eine gesamtgesellschaftliche und darüber schließlich eine globale Öffentlichkeit - von denen jede sich durch fortschreitende Aufgaben- und Arbeitsteilung funktional ausdifferenziert mit den entsprechenden Ordnungen der Reintegration zwischen den verschiedenen Ebenen und Aufgabenbereichen.[11]

b) Diese Entwicklung kann in aufsteigender oder absteigender Linie verlaufen. Der tatsächliche Verlauf hängt davon ab, ob und wieweit sich das jeweils erreichte tatsächliche allseitige Verstehen der Ordnung, die durch die zu-verstehen vorgegebenen Bedingungen des Zusammenlebens verlangt ist, selbst auf die jeweils folgenden Generationen tradiert. Und diese Leistung der Selbsttradition von erreichtem allseitigem Verstehen der verlangten gegebenen Ordnung hängt davon ab, ob und wieweit die Gesamtordnung einerseits überhaupt geeignete Sozialisationsinstitutionen unterhält, in denen die späteren Generationen Anschluss an das von den vorangegangenen Erreichte gewinnen, und zugleich andererseits davon, ob und wieweit die Gesamtordnung die Arbeit dieser Institutionen unterstützt oder u. U. auch permanent konterkariert.[12]

4.3. Damit ist auch klar, was die notwendigen Bedingungen dafür sind, dass eine Gestalt der Ordnung des Zusammenlebens überhaupt das summum bonum commune realisiert, und dafür, in welcher Weise und in welchem Umfang sie dies tut: Sie tut es dann und insoweit, wenn sie und soweit wie das erreichte allseitige Verstehen des menschlichen Zusammenlebens (das allseitige Begreifen des menschlichen Zusammenlebens und den dadurch geleitete Umgang mit ihm) die zu-verstehen vorgegebene Ordnung und ihre vorstehend beschriebenen wesentlichen Strukturmomente tatsächlich angemessen erfasst.

5. Das summum bonum commune als Leithorizont eines jeden Ethos

Sofern unser Verstehen sich überhaupt auf das richtet und stützt, was uns zuverstehen vorgegeben und zugemutet ist, existieren seine Irrtümer immer nur an seiner Wahrheit. Somit ist ausgeschlossen, dass das jeweils erreichte, reale allseitige Verstehen der Ordnung, die durch die allseits zu-verstehen gegebenen uni-

[11] Dazu vgl. E,. Herms, Kirche in der Zeit, in: ders., Kirche für die Welt, 1995, 231–317.
[12] Vgl. E. Herms, Tradition als Thema der Sozialethik, in: MJTh 23 (2011) 141–156.

versalen Bedingungen des Zusammenlebens verlangt ist, de facto *überhaupt* nicht und *in keiner Weise* angemessen ist. Wohl aber ist stets damit zu rechnen, dass es de facto mehr oder weniger grundlegende, umfangreiche und schwerwiegende Einseitigkeiten und/oder Irrtümer aufweist, und damit, dass es entweder bei diesen beharrt oder sie durch die Erfahrung und Anerkennung der Erforderlichkeit von Korrekturen durch eine Ordnung, die durch die universalen Bedingungen des Zusammenlebens verlangt wird, überwindet oder aber auch, dass es durch Unachtsamkeit oder Verführung alten oder neuen Irrtümern und Einseitigkeiten anheimfällt.

Dies alles ändert nichts daran, dass jedes reale Zusammenleben von Menschen von einem faktischen Ethos getragen ist und dass zu den dieses Ethos fundierenden und tragenden zielwahlleitenden Gewissheiten auch stets de facto irgendeine Gewissheit über das summum bonum commune als einer unabweisbaren Bedingung des summum bonum proprium zählt.

Das gilt jedenfalls dann, wenn man die hier einleitend vorgenommenen Klarstellungen über das, was die Rede von „Ethos" und „Ethik" meint, nicht für überflüssig hält, sondern beherzigt.

6. Das summum bonum commune als Leitkategorie jeder Sozialethik

Dann ist aber auch nicht mehr erfolgreich zu bestreiten, dass die ethische Reflexion, die auf dem Boden eines gegeben Ethos dieses zu ausdrücklicher Reflektiertheit erhebt, in jedem Falle auf die in den tragenden handlungsleitenden Gewissheiten dieses Ethos auch auf eine faktische Gewissheit über das summum bonum commune stößt, also auf eine faktische Gewissheit über diejenige Ordnung des Zusammenlebens, an der teilzunehmen und die zu pflegen (zu erhalten oder zu verbessern) eine notwendige Bedingung für die Realisierung des summum bonum proprium (seines ultimativen persönlichen Zufriedenseins) ist.

Somit kann jede Ethik, die auf dem Boden eines Ethos sich die Ethosgemäßheit von einzelnen Wahlen – seien diese nun die Wahl eines einzelnen Verhaltens oder die Wahl einer Regel für Verhalten, seien sie bereits in der Vergangenheit vollzogen oder erst jetzt bzw. später zu vollziehen – reflektiert und beurteilt,[13] nicht umhin, diese Entscheidung (= Wahl) stets sowohl unter individualethischem als auch unter sozialethischem Gesichtspunkt zu betrachten. Und wenn sie ihn unter sozialethischem Gesichtspunkt betrachtet, kann sie nicht umhin, seine Ethosgemäßheit am Maßstab derjenigen faktischen Überzeugung (prakti-

[13] Zur Struktur der ethischen Urteilsbildung vgl. E. Herms, Grundlinien einer ethischen Theorie der Bildung von ethischen Vorzüglichkeitsurteilen, in: ders., Gesellschaft gestalten, 1991, 44–55.

schen Gewissheit) vom summum bonum commune zu beurteilen, die im jeweiligen Ethos faktisch herrscht.

Diese Funktion von Ethik setzt voraus, dass sie, die Ethik, die in dem Ethos, auf dessen Boden sie steht, faktisch wirksamen handlungsleitenden Gewissheiten im Zusammenhang erhoben hat. Dadurch bringt sie das reflektierte Ethos zu einem Begriff seiner selbst, der zu einer Stabilität beiträgt. Ethik hält dann in dem Begriff des in ihr reflektierten Ethos als einem Ganzen auch die für dieses Ethos wesentliche Überzeugung vom summum bonum commune fest. Sie erfasst diese Überzeugung, handhabt und propagiert sie, als die Leitkategorie des in ihr reflektierten Ethos als eines sozialen Ethos und als die Leitkategorie ihrer selbst als der Sozialethik dieses Ethos.

Offenkundig kann die Handhabung dieser Leitkategorie nicht umhin, unter Umständen zu der Erkenntnis und zu dem Urteil zu gelangen, dass einzelne reale Interaktionen oder auch Interaktionsregeln nicht ethosgemäß sind – sei es, weil sie in der Orientierung an den für das bestimmte Ethos wesentlichen handlungsleitenden Gewissheiten einem Fehler in der ethischen Urteilsbildung unterliegen, sei es, weil sie überhaupt auf dem Boden eines ganz anderen Ethos und seiner Zielüberzeugungen stehen.

7. Das summum bonum commune im Streit der koexistierenden Ethosgestalten und Ethiken

Damit rückt das Faktum in den Blick, dass im menschlichen Zusammenleben Situationen auftreten können und auftreten, in den unterschiedliche Ethosgestalten und Ethiken zugleich nebeneinander existieren.

Auch in solchen Situationen bleibt es dabei, dass Ethik die Selbstreflexion eines bestimmten Ethos und damit auch dessen individual- und sozialethischen Leitüberzeugungen verhaftet bleibt. Zwar erstreckt sich ihr Urteil nicht nur auf Interaktionen, die auf dem Boden des von ihr reflektierten Ethos stehen, sondern auf menschliche Interaktionen überhaupt. Aber dabei bleibt sie immer in inhaltlicher Hinsicht bestimmten individual- und sozialethischen Leitkategorien verbunden, eben denen, die für ihr eigenes Basisethos wesentlich sind.

Weil das so ist, steht jede Situation, in der unterschiedliche Ethosgestalten zugleich nebeneinander gelebt werden, also jede ethisch pluralistische Situation,[14]

[14] Hierzu vgl. E. Herms, Pluralismus aus Prinzip, in: ders., Kirche für die Welt, 1995, 467–485; ders., Vom halben zum ganzen Pluralismus, ebd., 388–431; ders., Politik und Recht im Pluralismus, 2008; darin besonders: Wahrheitsanspruch und Gewaltverzicht, 23–60, sowie: Pluralismus und Pistionalität, 317–344; ders., Die christliche Gewißheit als Grund von Toleranz, in: ders., Kirche in der Gesellschaft, 2011, 285–314; ders., Offenbare Wahrheit – Funda-

vor folgender Alternative: Entweder kommt es zu einem Verdrängungs- oder Unterordnungsbestreben zwischen den koexistierenden Ethosgestalten oder zu einer verständigungsgestützten Konvivenz und Kooperation.

Dies letztere ist möglich, wenn und soweit die beteiligten Ethosgestalten und Ethiken mit dreierlei Ernst machen:

a) damit, dass sie selbst sich in der Differenz zwischen einem bestimmten Verstehen und Verstandenhaben der zu-verstehen vorgegebenen Realität des menschlichen Zusammenlebens und seiner universalen Bedingungen bewegen, und

b) damit, dass, in das zu-verstehen vorgegebene Zusammenleben der Menschen und seiner universalen Bedingungen auch diejenigen Gemeinschaften hineingehören, welche diese universalen Bedingungen anders verstehen, und zwar

c) unbeschadet ihres abweichenden Verstehens dennoch als *voll berechtigte*[15] Glieder des zu verstehen vorgegebenen Zusammenlebens.

Wo diese Voraussetzungen erfüllt sind, wirkt sich die Erfahrung einer Ethosgestalt und einer Ethik, dass sie mit anderen Ethosgestalten und mit anderen Ethiken koexistiert, als Antrieb zu einer Erweiterung und Konkretisierung ihrer eigenen Überzeugungsbestände aus. Nämlich zur Besinnung darauf, welche Achtung der anderen durch das eigene Verstehen der zu-verstehen vorgegebenen Realität des umfassenden menschlichen Zusammenlebens und seiner universalen Bedingungen möglich und geboten ist und wieweit im Horizont des eigenen Verstehens der zu-verstehen vorgegebenen Realität des umfassenden menschlichen Zusammenlebens und seiner universalen Bedingungen ein gemeinsames Verstehen dieser allen zu-verstehen vorgegebenen Realität möglich ist.

Das hat dann unvermeidlich gerade für die ethosspezifische Überzeugung vom summum bonum commune Auswirkungen: Denn dieses kommt dann in den Blick als diejenige Ordnung des Zusammenlebens, die es jeder menschlichen Person ermöglicht, und zwar nicht erschwert, sondern erleichtert, zur Erkenntnis und Verfolgung ihres summum bonum proprium zu gelangen, und dies nicht

ment interpersonaler Selbstbestimmung, Kommunikation und gewaltfreier Konfliktlösung, ebd., 313–335.

15 Dass Gemeinschaften, die mehr oder weniger unterschiedliche Gesamtverständnisse des Realen kommunizieren, Gleichheit vor dem *Recht* eingeräumt wird, vergleichgültigt nicht die Wahrheitsfrage. Denn indem Recht Anerkennung über Überzeugungsgrenzen hinweg fordert, schafft es und erhält es gerade den Frieden äußerlich aufrecht, der für den gewaltfreien Austrag der Wahrheitsfrage erforderlich ist.

nur durch die Kommunikation von zielwahlleitender Gewissheit innerhalb der eigenen Ethosgemeinschaft, sondern auch in allen anderen, die ebenfalls die drei oben genannten Bedingungen erfüllen, also mit der Differenz zwischen der Ordnung, die durch die allen zu-verstehen vorgegebenen universalen Bedingungen des Menschseins-in-Gemeinschaft verlangt ist, und dem eigenen Verstehen und Verstandenhaben Ernst machen.

Das kann man sich exemplarisch am sozialen Ethos des Christentums und an der christlichen Sozialethik klar machen.

8. Das summum bonum commune als Leitkategorie der christlichen Sozialethik

Für diese christliche Auffassung des summum bonum commune sind vier Züge wesentlich:

Erstens die Unterscheidung zwischen dem christlichen Verstehen der Ordnung, die durch die allen Menschen zu-verstehen vorgegebenen Bedingungen des Zusammenlebens verlangt ist, und dieser selbst. Letztere ist allen zu-verstehen vorgegeben, wird aber nicht von allen christlich verstanden.

Zweitens: Grundlegend für dieses christliche Verstehen der Ordnung, die durch die universalen Bedingungen des Menschseins-in-Gemeinschaft verlangt ist, ist der durch das Lebenszeugnis Christi und das Evidentwerden der Wahrheit dieses Lebenszeugnisses offenbar und gewiss gewordene Charakter der zuverstehen vorgegebenen universalen Bedingungen des Menschseins-in-Gemeinschaft: Diese werden im Lichte dieses Erschließungsgeschehens (dieser Offenbarung) sichtbar als die aus dem erwählenden Wollen und Wirken der Welt schaffenden Allmacht stammende Gewährung von Gemeinschaft dieses schaffenden Personseins (Gottes) mit seinem geschaffenen Ebenbild (den Menschen), die von sich aus und in sich selbst aus ist auf die Realisierung ihrer vollendeten, über jeden Irrtum hinausgetragenen und damit auch versöhnten Gestalt.

Drittens: Damit ist das allen Menschen zu verstehen Vorgegebensein der Ordnung ihres Zusammenlebens als innerweltlich-leibhafter Personen, durch das ihre Lebensgegenwart als Lebensgegenwart von auch ihrerseits verantwortlich wollenden und wirkenden Personen konstituiert ist, die erste und schlechthin fundamentale Äußerung des auf alle Menschen zielenden Gemeinschaftswillens des Schöpfers. Sie ist als dieses erste und grundlegende Wort Gottes in sich selbst der Anfang einer Geschichte des aufklärenden, fortbildenden Angeredetwerdens allen geschaffenen Personseins durch das schaffende, durch das das ultimative Zufriedensein des geschaffenen Personseins in der vollendeten Gemeinschaft mit dem schaffenden Personsein Gottes heraufgeführt wird.

Für das Christentum wesentlich ist *diese* teleologische Sicht des zu-verstehen Vorgegebenseins der universalen Bedingungen des Zusammenlebens der Menschen und der dadurch verlangten Ordnung. Diese Gewissheit über Ursprung und Ziel des zu-verstehen Vorgegebenseins des menschlichen Zusammenlebens, seiner universalen Bedingungen, prägt das aus ihm lebende christliche Verstehen (Begreifen und Pflegen) der durch sie verlangten Ordnung. Es zielt kontinuierlich auf eine Gestalt dieser Ordnung, in der die eigene Pädagogie des Schöpfers *ungehindert*[16] zum Zuge kommen kann.

Für die durch dieses Verstehen geprägte Ordnungsgestalt ist zweierlei charakteristisch: a) Alle Ethosgestalten und Ethiken, alle Weisen des Verstehens (Begreifens und Pflegens) der allen Menschen zu-verstehen vorgegebenen universalen Bedingungen des Zusammenlebens und der dadurch verlangten Ordnung des Zusammenlebens von Personen sind als von der Realisierung des göttlichen Ratschlusses umgriffen und getragen zu respektieren. b) Ziel des christlichen Verstehens dieser Ordnung ist stets eine geschichtliche Gestalt der Ordnung, die es allen nicht erschwert, sondern erleichtert, von dem Anredecharakter des zu verstehen Vorgegebenseins des menschlichen Zusammenlebens, seiner Dauer und seiner Ordnung, erreicht zu werden, der in dieser Anrede artikulierten Verheißung inne zu werden und die Erfüllung dieser Verheißung zu erfahren. Das ist die Gestalt einer Ordnung für alle, nicht nur für Christen, in der es unter anderem deshalb leicht und nicht schwierig ist, dem Schöpferzeugnis des Logos incarnatus zu begegnen, es zu verstehen, von seiner Wahrheit ergriffen und gebildet zu werden.

Viertens: Weil die christliche Sozialethik mit dem ihr durch das Christusgeschehen erschlossenen Ursprung und Ziel des zu verstehen Vorgegebenseins der universalen Bedingungen des menschlichen Zusammenlebens und der dadurch verlangten Ordnung Ernst macht, stellt sie ihr eigenes und alles menschliche Verstehen (also Gestalten) dieser Ordnung unter ein relativierendes Vorzeichen: Was immer nur erreicht werden kann, ist das summum bonum commune *temporale*, das summum bonum commune *auf Erden*.[17] Es ist aus der Sicht des Christentums nie die Ordnung, an der teilzunehmen und die zu pflegen schon das summum bonum proprium als Zustand des ultimativen Zufriedenseins *in* dieser

[16] Die Pädagogie des Schöpfers erreicht auf jeden Fall ihr Ziel. Aber es macht einen Unterschied, ob und in welchem Ausmaß sie dies nur im richtenden Scheiternlassen von menschlichen Irrgängen oder in der Bestätigung eines ihr angemessenen Vorgehens von Menschen tut.

[17] Klassisch vorgetragen ist diese Einsicht in: F. Schleiermacher, Über den Begriff des Höchsten Gutes. Erste Abhandlung (1827), in: KGA I/11, 535–554; ders., Über den Begriff des Höchsten Gutes. Zweite Abhandlung (1830), in: KGA I/11, 657–678.

Ordnung gewähren könnte.[18] Ultimatives Zufriedensein erwarten die Christen erst davon, dass das die Menschen anredende Handeln des Schöpfers sein Ziel erreicht hat: also erst von derjenigen Gegenwart, in der dieses Wort ganz gehört, in seiner Wahrheit ganz offenbar und aufgrund dessen von uns auch ganz bejaht werden kann, also erst vom Vollendetsein der Gemeinschaft des schaffenden mit dem geschaffenen Personsein, also Gottes mit den Menschen, das nur durch ihre Wiedergeburt ins ewige Leben erreicht wird.[19]

[18] Das ist der Unterschied der christlichen Gemeinwohlperspektive zu allen Perspektiven auf einen innergeschichtlichen Vollendungszustand des menschlichen Zusammenlebens, die in der europäischen Neuzeit Furore gemacht haben.

[19] Zu dieser eschatologischen Perspektive evangelischer Sozialethik vgl. David Löfgren, Die Theologie der Schöpfung bei Luther, 1960, dort bes. 89ff., 272ff.

Notger Slenczka

GEMEINWOHLORIENTIERUNG ZWISCHEN SELBSTINTERESSE UND GEMEINSINN

Theologiegeschichtliche Bemerkungen in systematischer Absicht

0. Vorbemerkung

0.1. Fragestellung. Dass ein Dogmatiker zur Diskussion über ein eindeutig sozialethisches Thema beiträgt, kann nicht nur mit dem Verweis auf Planungskontingenzen oder auf den Ethik und Dogmatik zusammenfassenden übergreifenden Fachtitel ‚Systematische Theologie' entschuldigt werden, sondern muss sich durch einen Fachbezug rechtfertigen. Der erste Fachbezug liegt darin, dass ein historischer Beitrag vorzusehen war; ich halte die Theologiegeschichte im Kontext ihrer philosophiegeschichtlichen Hintergründe für einen Teil der Systematischen Theologie jedenfalls dann, wenn diese Erinnerung an vergangene Positionen von einem Interesse an Sachfragen geleitet ist, die inhaltlichen, auch in der Gegenwart relevanten Problemkonstellationen entspringen. Unter diesem Vorbehalt ist ein theologiegeschichtliches Orientierungsinteresse durchaus für das folgende leitend.

Die ‚relevante Problemkonstellation', die damit gefragt ist, liegt im Zusammenhang der drei Begriffe, die ich als Überschrift gewählt habe[1] und die das in Frage stehende ethische Problem des ‚Gemeinwohls' in eine güterethische und in eine tugendethische Perspektive stellen: Während das Stichwort ‚Gemeinwohl' das Gut bezeichnet, auf das menschliches Handeln ausgerichtet ist bzw. ausgerichtet sein kann oder soll, gehört der Begriff ‚Gemeinsinn' in den Zusammenhang einer tugendethischen Reflexion. Während der erste Begriff einen möglicher- oder idealweise im Handeln intendierten Zustand eines Gemeinwesens meint, hebt der zweite Begriff auf eine Haltung oder Gesinnung ab, die derjenige unterhält, der sein Handeln durch diesen Zustand bestimmen lässt. Dabei kommt es unter diesem Begriff ‚Gemeinsinn' in der Tat nicht primär auf bestimmte Handlungsoptionen an, sondern auf die handlungsleitende Gesinnung – der Wortbestandteil ‚-sinn' kommt von althd. ‚sinan – zielen auf'[2] und bezeichnet ei-

[1] Stichwortgeber war mir der Titel des vierbändigen Forschungsberichtes: H. Münkler u. a. (Hgg.), Gemeinwohl und Gemeinsinn, 4 Bde., Berlin 2001–2002.

[2] Grimmsches WB ad vocem.

ne der Handlung vorausgehende und sie bestimmende Orientierung des Lebensvollzuges. Wir befinden uns damit im Bereich der sei es angeborenen, sei es erworbenen Grundhaltungen, der habitus, damit eben im Kontext einer Tugendethik, damit wiederum im Kontext der Erziehung, denn, wie man bei Aristoteles und auch schon in Platons Beschreibung der Erziehung der Wächter und Philosophen lernen kann:[3] habitus erwirbt man durch Gewöhnung, die durchschnittlicherweise fremdinduziert ist. Im Blick ist das Verhältnis eines Schülers zum Pädagogen, der den Schüler so lange zu einem bestimmten Umgang mit der eigenen Triebausrichtung anhält, bis dieser in der Lage ist, selbständig, regelmäßig und vor allem gern und mühelos in einer Vielzahl von Situationen das rechte Maß zu treffen.

02. Gemeinwohl/Gemeinsinn und Eigennutz – Probleme. Die am Gemeinwohl orientierte Tugend des ‚Gemeinsinns' wird im durchschnittlichen Gerede dem Eigennutz oder dem Selbstinteresse entgegengesetzt – interessanterweise bezeichnet ‚Eigennutz' in einem das handlungsleitende Gut und die Gesinnung, bildet also bereits im Begriff die Selbstreferentialität der entsprechenden Handlungsstruktur ab. Der Problematik dieser Entgegensetzung wird man ansichtig, wenn man beispielsweise auf die entsprechenden Formulierungen im Parteiprogramm der NSDAP von 1920 erinnert, in dem es heißt:

> „Erste Pflicht jedes Staatsbürgers muß sein, geistig oder körperlich zu schaffen. Die Tätigkeit des einzelnen darf nicht gegen die Interessen der Allgemeinheit verstoßen, sondern muß im Rahmen des Gesamten und zum Nutzen aller erfolgen."[4]

Im Folgenden werden dann nicht nur die Einziehung von Kriegsgewinnen, sondern umfangreiche wirtschaftliche Umverteilungs- und Verstaatlichungsmaßnahmen bis hin zur Beteiligung an Unternehmensgewinnen gefordert sowie das Verbot von Printmedien, „die gegen das Gemeinwohl verstoßen"[5]

Und der berühmte, mit seinem Bekenntnis zum ‚positiven Christentum' für die Kirchen aller Konfessionen im Umfeld von 1933 so verführerische Punkt 24 des Programms lautet in voller Länge:

[3] Platon, rep. III 376 c – 412 b; Aristoteles, Ethica Nicomachea, ed. Ingram Bywater, Oxford 1890 u. ö.; Übers.: E. Rolfes, Nikomachische Ethik, hg. v. Günther Bien, Hamburg [4]1985, II,1 (1103 a 14 – 1103 b 25). Ich zitiere den Text im Folgenden als EthNik und verfahre mit der Zitierweise wie unten (Anm. 15) für die 'Politik' notiert. Dazu N. Slenczka, Was heißt 'gut'? Plädoyer für eine deskriptive christliche Ethik, in: F. W. Horn (u .a.) (Hgg.), Ethische Normen des frühen Christentums, Tübingen 2013, 155–175, hier 158.

[4] Sog. 25-Punkte-Programm der NSDAP; Punkt 10, zit. nach: http://www.dhm.de/lemo/-html/dokumente/nsdap25/ (zuletzt eingesehen 21.06.2014).

[5] Ebd. Punkt 23

„Wir fordern die Freiheit aller religiösen Bekenntnisse im Staat, soweit sie nicht dessen Bestand gefährden oder gegen das Sittlichkeits- und Moralgefühl der germanischen Rasse verstoßen. Die Partei als solche vertritt den Standpunkt eines positiven Christentums, ohne sich konfessionell an ein bestimmtes Bekenntnis zu binden. Sie bekämpft den jüdisch-materialistischen Geist in und außer uns und ist überzeugt, dass eine dauernde Genesung unseres Volkes nur erfolgen kann von innen heraus auf der Grundlage: Gemeinnutz vor Eigennutz."[6]

Dieser Punkt 24 ist darum besonders interessant, weil er den Kirchen in dieser Überordnung einer Orientierung am Gemeinwohl über die Orientierung am je eigenen Wohl eine Rolle zuschreibt: Die religiösen Bekenntnisse werden im ersten Satz unter den begrenzenden Vorbehalt des Lebensinteresses das Staates und das „Sittlichkeits- und Moralgefühl der germanischen Rasse" gestellt, haben unter dieser Voraussetzung aber offensichtlich eine Funktion als Gegeninstanz zum „jüdisch-materialistischen Geist in und außer uns" und hat einen Beitrag zu leisten zur „Genesung unseres Volkes von innen heraus"; die den Kirchen zugeschriebene Rolle ist die Pflege einer nichtmaterialistischen Gesinnung, die am Gemeinnutz orientiert ist. Inhaltlich ist der Gemeinnutz bestimmt und begrenzt durch die Instanz des ‚Volkes'.

Man könnte dies nun durch entsprechende programmatische Fixierungen der realsozialistischen Regime begleiten, die sich die Erziehung ihrer Bürger zur ‚sozialistischen Persönlichkeit' zur Aufgabe gemacht hatten und die Normen, an denen sich diese Persönlichkeiten orientieren sollten, etwa in den „10 Geboten der sozialistischen Moral und Ethik" formulierten, die seit 1963 Bestandteil des Parteiprogramms der SED waren;[7] 1976 wurden diese Einzelnormen im zweiten Parteiprogramm durch die Formulierung ersetzt, dass die Parteimitglieder verpflichtet seien, „die Normen der sozialistischen Moral und Ethik einzuhalten und die gesellschaftlichen Interessen über die persönlichen zu stellen"[8] – eine klare Aufnahme der Gemeinwohlorientierung.

Es geht nicht darum, das Konzept des ‚Gemeinwohls' oder des ‚Gemeinnutzens' schon in diesen einleitenden Überlegungen zu diskreditieren, sondern auf das Problempotential aufmerksam zu machen, das dieser Begriff in sich schließt und das die Eltern des Grundgesetzes dazu bewegt hat, die als staatliches Handeln unmittelbar bindende Individualrechte gefassten Grundrechte nicht mit einem allgemeinen Gemeinwohlvorbehalt zu versehen, sondern sie in Einzelfällen

[6] Ebd. Punkt 24 (aaO.).

[7]http://www.ddr-wissen.de/wiki/ddr.pl?Zehn_Gebote_der_sozialistischen_Moral_und_-Ethik (eingesehen 29.06.2014).

[8] Protokoll der IX. Parteitages der Sozialistischen Einheitspartei Deutschland, Berlin 1976, 279.

lediglich unter den formalen Vorbehalt der Einhaltung der für alle geltenden Gesetze und der Verfassung zu stellen oder als durch allgemeine Gesetze bestimmbar zu markieren; lediglich in Art. 14, der das Privateigentum und das Erbrecht garantiert wird unter der programmatischen Wendung „Eigentum verpflichtet“ gefordert, dass der „Gebrauch“ des Privateigentums „zugleich dem Wohle der Allgemeinheit“ zu dienen habe. Diese Formulierung führt hier das Gemeinwohlprinzip ein, wobei einer Lektüre des Artikels im Ausgang von Adam Smiths These, dass gerade mit dem Verfolg des Eigeninteresses dem Gemeinwohl am besten gedient ist, nichts entgegensteht. Abgesehen davon aber ist mit dem Grundgesetz ein Verständnis des Verhältnisses von Individuum und den Interessen der Allgemeinheit etabliert, in dem die Wahrung der Individualrechte gegen Übergriffe des Allgemeinen zum Zweck staatlichen Handelns und zur raison d'être des Staates erhoben wird.

0.3. Gemeinsinn. Unbeschadet dessen hat der Staat in allen seinen Organen ein Interesse an einer Grundorientierung seiner Bürgerinnen und Bürger am Gemeinwohl. Um mit dem Bereich einzusetzen, den Platon und Aristoteles als den Ursprung des Gemeinsinns betrachten, nämlich der Erziehung: Die Bestimmungen über die Ziele der schulischen Ausbildung notieren in allen Bundesländern als Zweck der schulischen Bildung in der einen oder anderen Formulierung die Erziehung zur Gemeinwohlorientierung – hier nur die entsprechende Formulierung aus dem Berliner Schulgesetz:

> „Ziel muss die Heranbildung von Persönlichkeiten sein, welche fähig sind, der Ideologie des Nationalsozialismus und allen anderen zur Gewaltherrschaft strebenden politischen Lehren entschieden entgegenzutreten sowie das staatliche und gesellschaftliche Leben auf der Grundlage der Demokratie, des Friedens, der Freiheit, der Menschenwürde, der Gleichstellung der Geschlechter und im Einklang mit Natur und Umwelt zu gestalten. Diese Persönlichkeiten müssen sich der Verantwortung gegenüber der Allgemeinheit bewusst sein, und ihre Haltung muss bestimmt werden von der Anerkennung der Gleichberechtigung aller Menschen, von der Achtung vor jeder ehrlichen Überzeugung und von der Anerkennung der Notwendigkeit einer fortschrittlichen Gestaltung der gesellschaftlichen Verhältnisse sowie einer friedlichen Verständigung der Völker.“[9]

Das Ziel der Schulbildung ist eben nicht nur die Vermittlung fachlicher Kenntnisse, sondern diese ist eingebettet in einen umfassenden Erziehungsauftrag, der einerseits auf die Ausbildung eigenständiger Persönlichkeiten, andererseits aber auf die Pflege einer Respektes vor den Anliegen der Gemeinschaft und des fried-

[9] Schulgesetz für das Land Berlin [28.06.2010] § 1 [http://www.berlin.de/imperia/md/-content/sen-bildung/rechtsvorschriften/schulgesetz.pdf?start&ts=1303211502&file=schulgesetz.pdf; zuletzt 02.03.2013]

lichen Zusammenlebens in dieser Gemeinschaft abzielt. Die Klassen- und Schulgemeinschaft wird in manchen pädagogischen Programmen als Bezugsgröße zur Ausbildung des Gemeinsinns und damit als handlungsorientierende Gemeinschaft jenseits der Familie und diesseits staatlicher Institutionen angesehen – ich komme darauf zurück. Jedenfalls ist damit deutlich, dass das aristotelische oder auch platonische Anliegen einer Erziehung zum Gemeinsinn auch unter dem Vorzeichen eines liberalen, am Lebensinteresse des Individuums orientierten Verständnisses staatlichen Handelns mitnichten aufgegeben ist; dass diese Erziehung Momente der heteronomen Konditionierung in sich schließt, ergibt sich aus den Hinweisen vieler Leitbilder von Schulen, die auf die Durchsetzung von Ordnungen im Interesse des Schulauftrages verweisen. Und es ist zudem deutlich, dass die Erziehung zum Gemeinsinn nicht einfach eine blumige Formulierung bleibt: Im Land Berlin ist sie dem Fach Ethik im Besonderen zugewiesen (aaO. § 12 Abs. 6); sieht man sich die entsprechenden Bestimmungen in anderen Ländern an, so führt ein unvollständiger Überblick darauf, dass die den Religionsunterricht regelnden Paragraphen jeweils auf die Zuständigkeit der Religionsgemeinschaften verweisen, während sich in den Paragraphen zum Fach Ethik jeweils Bestimmungen finden, die dem Fach u. a. die Erziehung zur Gemeinwohlorientierung zur Aufgabe machen.[10] Damit ist deutlich, dass der Staat, der sich im Grundgesetz die aufsichtliche Zuständigkeit für das Schulwesen sichert (GG Art. 7.1), mit dem staatlichen Ethikunterricht ein Instrument in der Hand behält, das der Erziehung zum Gemeinsinn dient.[11]

Damit wird ferner deutlich, dass auch ein westlich-liberales Gemeinwesen nicht auf die habituelle Ausrichtung der Individuen auf das Gemeinwohl und auf entsprechende Konditionierungsinstitutionen verzichten kann.[12] Weder die Forderung der Gemeinwohlorientierung noch die Erziehung zu Gemeinsinn ist ein abgrenzendes Typenmerkmal totalitärer Regime. Eine nähere Betrachtung würde vermutlich darauf führen, dass der Typenunterschied zum einen natür-

[10] Etwa: Schulgesetz für den Freistaat Sachsen (http://www.revosax.sachsen.de/Details.-do?sid=1231013891432; zuletzt 02.032013), § 18 und 19 („Im Fach Ethik werden den Schülern religionskundliches Wissen, Verständnis für gesellschaftliche Wertvorstellungen und Normen sowie Zugang zu philosophischen und religiösen Fragen vermittelt." [§ 19.2]); allerdings wird in der Darstellung der Schulziele ausführlich der christlichen Grundlagen der Erziehungsziele gedacht (§ 1).

[11] Damit wird die Problematik des staatlichen Ethikunterrichts sichtbar, deren Wahrnehmung der Gewährleistung eines konfessionellen Religionsunterrichts (nicht nur christlicher Prägung) an staatlichen Schulen zugrundeliegt – vgl. nur: Axel von Campenhausen, Der heutige Verfassungsstaat und die Religion, in: ders., Gesammelte Schriften II, Tübingen 2014, 3–36, hier bes. 29-32.

[12] So schon D. Sternberger, Das allgemeine Beste, in: ders., 'Ich wünschte ein Bürger zu sein', Frankfurt 1967, 170–190, hier 190.

lich in der Frage der inhaltlichen Bestimmung des ‚Gemeinwohls' liegt, zum anderen aber in der klaren Überordnung des wie immer bestimmten Gemeinwohls über das individuelle Wohlergehen in den einschlägigen Texten aus dem Kontext totalitärer Staaten, denen das eigentümliche ‚zugleich' in GG Art 14.2 gegenübersteht: Es wird hier eben nicht das Gemeinwohl dem Privatinteresse entgegengestellt und übergeordnet, sondern eine Vereinbarkeit behauptet, deren stärkste Form doch vermutlich so aussehen würde, dass im Verfolg des wohlverstandenen Eigeninteresses das Gemeinwohl zum Tragen kommt und umgekehrt.

0.4. Fragen. Insgesamt ist damit deutlich, dass das Stichwort ‚Gemeinwohl' in dieser Perspektive eine Fülle von Fragen aufwirft, die von konkreten zu deutlich allgemeineren Fragestellungen reichen: Es stellt sich zum einen natürlich in concreto die Frage nach der Definition des Gemeinwohls und nach den Kriterien, an denen sich das Gemeinwohl bemisst; es ist nicht nur im Blick auf die genannten Beispiele totalitärer Staaten deutlich, dass diese Frage weitreichende weltanschauliche Implikationen hat: Das bonum commune kann sich entweder an den mehr oder weniger messbaren utilitaristischen Kategorien des esse und des (wirtschaftlichen) bene esse der jeweiligen Gemeinschaft richten, oder im anderen Extrem an der Idee des Guten orientieren, von der geleitet die Philosophen nach Platon den Staat organisieren und lenken.[13] Und es ist ein Unterschied, ob diese Gemeinwohlkriterien sich an Formalstrukturen einer kollektiven Willensbildung orientieren und lediglich diese Formalstrukturen als normativ betrachten, oder ob die Definition des Gemeinwohls sich an außerhalb der kollektiven Willensbildung gewonnenen inhaltlichen Vorgaben für die Gestaltung der jeweiligen Gemeinschaft bzw. ihrer Entwicklung im Umfeld anderer Gemeinschaften bemisst - etwa an einem Kosmos- oder Geschichtsmodell oder Ähnlichem.[14]

Entsprechend ist selbstverständlich festzuhalten, dass sich analoge Fragen auch mit Bezug auf das ‚Selbstinteresse' oder den Eigennutz stellen: Der pejorative, individuell-utilitaristische Beiklang, den der Begriff hat, ist nicht unentrinnbar - ein Individuum kann sittlich höchststehende Instanzen gegen die durchschnittliche Definition des Gemeinwohls geltend machen und gerade im Beste-

[13] Platon, resp. VI, bes. 500 b 6– 502 a 2.

[14] Hier wäre eigentlich der Ort für eine ausführlichere Rezeption und Diskussion der Positionen von M. Nussbaum (Gerechtigkeit oder Das Gute Leben, Frankfurt 1999), A. MacIntyre (After Virtue. A Study in Moral Theory, Notre Dame ²1984) einerseits und J. Habermas (Der philosophische Diskurs der Moderne, Frankfurt 1985; Faktizität und Geltung, Frankfurt 1992) andererseits. Es könnte ebenso gut die Diskussion zwischen kommunitaristischen und liberalen Modellen einer wohleingerichteten Gesellschaft einbezogen werden (J. Rawls, A Theory of Justice, Cambridge 1971/1975 [rev. 1999]; M. Walzer, Sphären der Gerechtigkeit. Ein Plädoyer für Pluralität und Gleichheit, Frankfurt [1992] 2006).

hen beispielsweise auf bestimmten Gerechtigkeitsvorstellungen oder auf Individualrechten als Störfaktor für das Gemeinwohl wahrgenommen werden, ohne das auch tatsächlich zu sein.

Damit hängt die Frage nach der Definitionshoheit über das jeweilige bonum zusammen: Es ist ein Unterschied, ob sich die Einsicht in das Gemeinwohl und seine Kriterien im öffentlichen und idealerweise gleichberechtigten Diskurs durchsetzt oder der besonderen Einsichtsfähigkeit in den Gang der Geschichte entspringt, die politische oder religiöse Führer (oder auch ein widerständiges einzelnes Subjekt auf der Basis seiner religiösen oder weltanschaulichen Bindung) in Anspruch nehmen und geltend machen.

Die Gegenüberstellung von Gemeinwohl und Eigennutz und die entsprechende habituelle Antithese von Gemeinsinn und Eigennutz weist allerdings noch in eine andere Richtung, nämlich in die Richtung der grundsätzlichen anthropologische Frage nach dem Verhältnis von Individualität und Sozialität und nach den Grundlagen einer Verpflichtung zum Gemeinsinn bzw. zu gemeinwohlorientiertem Handeln. Hier stehen zwei antithetische Grundmodelle zur Verfügung und zur Diskussion das eine betrachtet das Individuum als grundsätzlich gemeinschaftsorientiert und gemeinschaftsverpflichtet, während die andere Option die Gemeinschaft als dem Zweck des Individuums verpflichtet betrachtet – wobei diese Alternative nicht exklusiv ist, sondern die antithetischen Pole markiert, zwischen denen sich eine Fülle von Optionen bewegt.

An dieser Frage ist die weiterführende und deutlich interessantere Frage festgemacht, wie sich die Gemeinwohlorientierung zum individuellen Selbstinteresse verhält und wie sie begründet wird: Ist die Gemeinwohlorientierung Gegeninstanz des Selbstinteresses, oder ist die Gemeinwohlorientierung das wohlverstandene (manchen Individuen aber nicht einsichtige) Selbstinteresse, so dass Gestalten der Gemeinwohlverpflichtung denkbar sind, in denen das Selbstinteresse nicht frustriert, sondern gerade gewahrt wird und zur Geltung kommt auch dann, wenn möglicherweise das Individuum aus mangelnder Einsicht in diesen Zusammenhang sich in seinem Selbstinteresse frustriert fühlt. Dabei sind grundsätzlich drei Modi dieses Gedankens vorstellbar und auch faktisch vertreten worden:

- entweder geht es um den letztlich individuell utilitaristischen Nachweis, dass in der Orientierung am allgemeinen Wohl das individuelle Wohl am wirkungsvollsten zur Geltung kommt;

- oder es geht um den Nachweis, dass gerade in der Orientierung am individuellen Wohlergehen das Allgemeine zu seinem Recht kommt – die ‚unsichtbare Hand' Adam Smiths;

- oder es geht um den Nachweis, dass das Individuum selbst ursprünglich vergemeinschaftet ist, somit im sozialwidrigen Verhalten sich nicht nur in seinen Interessen schädigt, sondern sich auch dann verfehlt, wenn es seine Interessen erfolgreich durchsetzt. Die These wäre dann die, dass im gemeinwohlorientierten Handeln bzw. einer handlungsleitenden Gesinnung das Individuum zu sich selbst kommt - es fallen hier sofort Positionen ein, die mit dem Titel der ‚Vernunft' nicht einfach die Fähigkeit zum Verfolg von subjektiven Zwecken meint, sondern eine Orientierung am Allgemeinen und entsprechenden ‚für alle geltenden' Verbindlichkeiten: Kants Zuordnung von Rechts- und Tugendlehre in der Metaphysik der Sitten wäre hier ebenso zu erinnern wie Hegels Verhältnisbestimmungen von Individualität und Allgemeinheit.

0.5. Vorgehen. Auch diese Auswahl aus den vielen weiteren Aspekten des Themas kann im Folgenden selbstverständlich nicht vollständig, und auch nur einige davon können nicht umfassend behandelt werden; dieser Vorbehalt und die Verpflichtung, auch eine historische Orientierung beizustellen, erlaubt es, auf exemplarische Positionen geleitet von einer systematischen Absicht zuzugreifen. Ich gehe im Folgenden so vor, dass ich zunächst den Begriff des ‚bonum commune' an dem Ort aufsuche, von dem her er sich in die abendländische Sozialtheorie und -ethik eingeschrieben hat, nämlich in der aristotelischen Politik; nach meinem Dafürhalten ist diese Sozialtheorie begründet in den Büchern über die Freundschaft, die Aristoteles in der Nikomachischen Ethik bietet, wo er ebenso ausdrücklich auf die Themen der ‚Politik' verweist, wie er von der Politik aus das Thema der ‚Freundschaft' aufnimmt. Ich werde versuchen, zu zeigen, dass der Gewinn dieser Position darin liegt, dass Aristoteles einerseits eine normative Bestimmung des ‚Gemeinwohls' anstrebt, andererseits eine ursprüngliche Sozialität des Individuums zur Sprache bringt und damit die Frage nach den Bedingungen, unter denen sich diese Sozialität verwirklicht, stellt und zugleich offen lässt.

Ich werde in einem zweiten Schritt zu Gogarten greifen und nachzeichnen, wie hier unter dem Eindruck, dass die spezifisch modernen Individualisierungsprozesse katastrophale Folgen für die Gemeinschaftsorientierung dieser Individuen haben, der Versuch unternommen wird, in Auseinandersetzung mit kapitalistischen und mit sozialistischen Gesellschaftsmodellen diese ursprüngliche Sozialität zu reformulieren. Ich werde die Gründe für die Anfälligkeit dieser Modelle für autoritäre Konzepte ausweisen; dabei wird sich dann auch die Problematik einer theologischen Deutung der ursprünglichen Sozialität deutlich zeigen.

Ich werde drittens von dort aus zurückgehen ins 19. Jh. und am Beispiel Ritschls zu zeigen versuchen, dass und wie hier in der protestantischen Theologie mit einigem Erfolg der Versuch unternommen wird, die Einbindung in Verhältnisse der Sozialität so zu reformulieren, dass Gemeinwohl und Selbst-Zweck zu einem Ausgleich kommen und zugleich der christliche Glaube in einer sehr bedenkenswerten Weise als Instanz der Vermittlung von Selbstzweck und Gemeinwohl zu stehen kommt.

Damit bleibt diese Orientierung deutlich im binnentheologischen Bereich und macht auf dort erarbeitete Beiträge zur Debatte aufmerksam, die schon in ihrem Entstehungskontext deutlicher als hier markiert und eingelöst außertheologische Diskurse aufgenommen und weitergetrieben haben.

1. Aristoteles und das ‚Gemeinwohl'

Die erste Staats- und Rechtstheorie, in der das Phänomen des ‚κοινὸν συμφέρον – des gemeinsamen Vorteils' explizit thematisiert und problematisiert wird, findet sich bekanntlich bei Aristoteles und wird aus seiner ‚Politik' in die mittelalterlichen und neuzeitlichen Staatstheorien übernommen. Alle neuzeitlichen Staatsvertragstheorien bis hin zur Rousseau'schen Genealogie der Vergemeinschaftung des Menschen[15] gehen auf die Zuordnung von Individuum, Hausgemeinschaft, Zweckgemeinschaften und Polis bei Aristoteles zurück; gerade wegen seines uneindeutigen Schillerns war der von ihm explizit eingeführte Begriff des ‚Gemeinwohls' mindestens ebenso wirkungsvoll. Es ist daher sinnvoll, bei ihm einzusetzen, den Fokus aber etwas weiter zu fassen und nach den Hintergründen dieser Lehre vom Gemeinwohl zu fragen, die ich in der in diesem Zusammenhang zu wenig beachteten Grundlegung menschlicher Sozialität erkenne, die Aristoteles in den eigentümlichen Büchern von der Freundschaft bietet, deren Auftauchen in der Nikomachischen Ethik zuweilen zu Fragen nach der Absicht der Behandlung dieser angeblichen Tugend Anlass gibt, die zu den anderen Tugenden so eigentümlich schlecht passen.[16] Ich werde dazu im ersten Abschnitt ein paar Worte sagen. Es wird sich hier schon im Rahmen der vor- und

[15] Aristoteles, Politik, ed. W. D. Ross, Oxford 1957 (repr. 1973); Übers.: E. Rolfes, Hamburg [4]1981 (Nachdruck 1990) I,2. Ich zitiere im Folgenden mit 'Politik'und der Buch- und Kapitelangabe; nur dann, wenn es unumgänglich ist, füge ich (in Klammern) die üblichen Spalten und Zeilen der Bekker'schen Ausgabe an. Wo diese und weitere Übersetzungen im Folgenden zitiert werden, wurden sie nötigenfalls stillschweigend nach dem Original korrigiert. Zur Wirkung etwa: J. J. Rousseau, Discours sur l'inégalité parmi les hommes [1755], frz.-dt. Ausgabe hg. v. H. Meier, Paderborn u. a. [3]1993; dasselbe gilt etwa für die Darstellung des Staates im ersten Buch des 'Defensor Pacis' des Marsilius von Padua, dazu: V. Syros, Die Rezeption der aristotelischen politischen Philosophie bei Marsilius von Padua, Leiden 2008.

[16] Im Bereich der protestantischen Theologie sind diese Bücher zur Freundschaft in neuerer Zeit m. W. nur bei Udo Kern, Liebe als Erkenntnis und Konstruktion der Wirklichkeit. 'Erinnerung' an ein stets aktuales Erkenntnispotential, Berlin u. a. 2001, 91f, aufgenommen worden.

außerchristlichen Ethik des Aristoteles ein Problem zeigen, nämlich die Frage nach den Konstitutionsbedingungen eines sozialfähigen - gemeinwohlorientierten - Individuums.

1.1. Die Staatsgestalten und deren ‚Fehlformen'. Die Denkfigur und der Begriff des Gemeinwohls hat seinen festen Ort in der Staatslehre durch Aristoteles erhalten; einschlägig ist Buch III der Politik, in der er die drei Verfassungs- bzw. Herrschaftsformen in wohlgeordnete und entartete Gestaltungen derselben unterscheidet anhand des Kriteriums, ob die Ausübung der Herrschaft auf das ‚κοινόν - gemeinsame' oder das ‚ἴδιον - je eigene' ‚συμφέρον - Nützliche' abzielt:[17] Die Herrschaft im Staat wird entweder von einem, von einer kleinen Zahl, oder von einer Vielheit ausgeübt; die jeweiligen ‚παρεκβάσεις - Fehlgestaltungen' unterscheiden sich von den wohlgeordneten Verfassungen dadurch, dass sie am συμφέρον der jeweiligen Herrscher und nicht am ‚κοινὸν συμφέρον - am Gemeinwohl' orientiert sind (III,7)[18]. Das sind darum Fehlentwicklungen, weil der Staat eben, wie Aristoteles programmatisch festhält, eine „Gemeinschaft von Freien" ist.[19] Durch die Orientierung der Herrschaft am Eigennutz der Regierenden werden die Teilhaber an der staatlichen Gemeinschaft am συμφέρον nicht beteiligt und somit als Nichtbürger - Metöken oder gar Sklaven - behandelt.

1.2. Das συμφέρον. Die Bestimmung des συμφέρον bei Aristoteles selbst ist komplex, da sie mit der Zweckbestimmung des Staates zusammenhängt - und die ist in den unterschiedlichen einschlägigen Aussagen in der ‚Politik' alles andere als eindeutig.[20] Auf der einen Seite und grundlegend betrachtet Aristoteles den Menschen als ein auf Gemeinschaft angelegtes Lebewesen; es ist daher nicht die pure Bedürftigkeit, die den Zusammentritt von Individuen zu einem Gemeinwesen motiviert wie in vielen späteren Vertragstheorien: Ausdrücklich hält er fest, dass die natürliche Anlage des Menschen auf Sozialität hin ihn auch ohne das

[17] Zum Folgenden vgl. Aristoteles, Politik III,7 (hier bes. 1279 a 17–21); diese Überlegungen in Buch III sind dann die Grundlage für die Unterscheidung der Verfassungsformen in Buch IV und die Beschreibung der wechselseitigen Übergänge der Verfassungsformen in Buch V, aber auch für die Beschreibung der besten Verfassung in Buch VII. Ich entlaste mich von einem auch nur annähernd vollständigen Abgleich mit der Sekundärliteratur; vgl.: A. W. Price, Friendship, in: O. Höffe (Hg.), Aristoteles, Nikomachische Ethik, Berlin 1995, 229–251; U. Wolf, Aristoteles' 'Nikomachische Ethik', Darmstadt 2002; O. Höffe, Aristoteles. Politik, in: M. Brocker (Hg.), Geschichte des politischen Denkens. Ein Handbuch, Frankfurt 2007, 31–46. Dort weitere Lit.

[18] Politik III,7; vgl. EthNik VIII,12 (1160 b 3–5).

[19] Aristoteles, Politik III,6 (1279 a 21).

[20] Zum Folgenden vgl.: neben III,6 und Kontext auch I,2 und VII,1 und ff.

Angewiesensein auf Hilfe zur Gemeinschaftsbildung motiviert; diese Anlage besteht ,φύσει – von Natur aus'.[21]

> „Die Zweckbestimmung des Staates ist das Leben selbst, und zwar genaugenommen nicht die institutionelle Sicherung der Grundbedürfnisse, sondern ,τὸ ζῆν καλῶς – das gut Leben'."[22]

Damit tritt nun das staatliche Leben unter die Frage nach dem ἀγαθόν – und genau dies ist die Eigentümlichkeit der Sozialtheorie des Aristoteles insgesamt: dass er sie im Rahmen der Frage nach der im Menschen angelegten Zweckbestimmung verhandelt, unter der Frage also, in welchem Lebensvollzug der Mensch ,εὐδαιμονία – die Ruhe der Erfüllung' dadurch findet, dass er sein ,ἀγαθόν – Strebeziel' erreicht.[23] Das dem Menschen und seiner Naturanlage gemäß Strebeziel hatte er bereits in den ersten Büchern der Nikomachischen Ethik bestimmt: Es ist die Moderierung aller Triebe unter das Maß der Vernunft, die sich in der Fähigkeit, in der Vielzahl der Situationen, in denen diese Strebungen engagiert sind, mühelos, gern und beständig das rechte Maß zu treffen.[24] Diese erworbene Fähigkeit sind die Tugenden.[25]

1.3. Der Staat und das ,ζῆν καλῶς'. Aristoteles ist nun der Meinung, dass es der Zweck des Staates ist, diesen Lebensvollzug zu fördern.[26]

In einem entscheidenden Abschnitt der Politik, nämlich in III,9, stellt Aristoteles die Frage, wodurch nun eigentlich eine Ansammlung von Menschen zu einer Polis werden; er weist darauf hin, dass weder die räumliche Nähe noch das Bestehen vertraglich oder gesetzlich abgesicherter Heirats- und Handelsbeziehungen noch die wechselseitige wirtschaftliche Ergänzung oder Waffenhilfe eine Gemeinschaft zu einer Polis mache, sondern:

> „Man sieht also, dass der Staat keine Gemeinschaft bloß dem Orte nach oder nur zum Schutze wider gegenseitige Beeinträchtigungen und zur Pflege des Tauschverkehrs ist, sondern dass dies zwar da sein muß, wenn ein Staat vorhanden sein soll, dass aber, auch wenn alles da ist, noch kein Staat vorhanden ist, sondern als ein solcher erst zu gelten hat: die Gemeinschaft in einem guten Leben unter Häusern und Geschlechtern zum Zwecke eines vollkommenen und sich selbst genügenden Daseins ἡ τοῦ εὖ ζῆν κοινωνὶα καὶ ταῖς

[21] Vgl. III,6 (1278 b 19), vgl. I,2 (insgesamt, bes. aber 1253 a 1–4).
[22] Vgl. nur: I,2 (1252 b 27–1253 a 1). Vgl. VII,1–3.
[23] Vgl. Politik III,6 und III,9.
[24] Vgl. nur: EthNik I,13; II,5–8.
[25] Ebd., vgl. II,1, 4 und 5.
[26] Politik III,9.

οἰκίαις καὶ τοῖς γένεσι, ζωῆς τελείας χάριν καὶ αὐτάρκους ... Das ist, wie gesagt, das zufrieden [εὐδαιμόνως] und gut/schön [καλῶς] Leben."[27]

Die zuvor aufgezählten Elemente des gemeinsamen Ortes, vertraglicher Bindungen und subsidiären Beziehungen (Handel/Heiratsbündnisse) sind also notwendige, aber keine zureichenden Bedingungen, da dies nicht der eigentliche Zweck des Staates ist; alles das, was unter dem Begriff des ‚συμφέρον' an Annehmlichkeiten gefasst sein kann, ist nur das Mittel zu seinem eigentlichen Zweck: Die Gemeinschaft eines ‚εὐ ζῆν– eines gut Lebens' zu realisieren.[28]

Und in genau diesem Zusammenhang nimmt Aristoteles nun Bezug auf das Phänomen der Freundschaft, dem er immerhin zwei Bücher seiner Nikomachischen Ethik widmet und die ich für das Zentrum seiner Sozialtheorie halte:

> „Freilich wird dieses sich da nicht finden können, wo man nicht einen und denselben Ort bewohnt und Ehebündnisse miteinander schließt, und daher entstanden in den Staaten Schwägerschaften ... Opfergenossenschaften und gesellige Gemeinschaften. Die sind das Werk der Freundschaft; denn es ist Freundschaft, wenn man sich entschließt, zusammen zu leben."[29]

1.5. Freundschaft (φιλία). Diese Bezugnahme auf die Freundschaft als Fundament der Staatsgemeinschaft ist interessant. Denn Aristoteles scheint der Meinung zu sein, dass die Freundschaftsbeziehungen, die sich in einem engen Zusammenleben und in gegenseitigem Wohlwollen und Wohltun realisieren, die Grundlage für die Polisgemeinschaft darstellen -und diesen Bezug stellt er auch in den entsprechenden Büchern der Nikomachischen Ethik explizit her.[30] Greift man nämlich nun nach den beiden Büchern über die Freundschaft, so wird deutlich, dass der Begriff der Freundschaft selbst ‚πολλαχῶς – vieldeutig' ist.[31] Denn Aristoteles unterscheidet eben auch in den Büchern über die Freundschaft die Motive oder Zwecke, die Freundschaftsverhältnisse – die Lebensgemeinschaft und das wechselseitige Wohltun[32] – begründen, und er unterscheidet gemäß den drei Lebensformen drei Motive: den Lustgewinn; den Nutzen; das Gutsein.[33] Diese Motive geben jeweils an, was in der Freundschaft vom anderen erwartet bzw. ihm gegeben wird. Denn Freundschaft ist wesentlich begründet auf Gleichheit, oder auf den Ausgleich von Ungleichheit; eine beiderseits auf Lust oder auf Nutzen

[27] Politik III,9 (1280 b 19–35 und 1281 a 1f).

[28] So auch Politik VII,1–2.

[29] Politik III,9 (1281a 35f und 38–40).

[30] Vgl. nur: EthNik VIII,1 (bes. 1155 a 23–28; VIII,11-15; vgl. IX,6.

[31] Vgl. EthNik VIII,3 (1156 a 6–8).

[32] Ebd. VIII,1 (1156 a 1–5) und I,6 (1157 b 19f).

[33] Vgl. EthNik VIII, 3–7; vgl. zu den Lebensformen I,3 und die Diskussion im folgenden Verlauf des Buches.

begründete Freundschaft wird auf dieser Basis Gleichheit herstellen wollen oder müssen - oder sie wird zugrundegehen.

Aristoteles betrachtet natürlich auch hier die Freundschaft auf der Basis des tugendhaften Lebensvollzugs - des Gutseins - als die höchste Form der Freundschaft, und zwar deshalb, weil diese Gestalt der Freundschaft selbstinteressefrei ist. Gänzlich klar wird dieser Gedanke allerdings nicht: Aristoteles hebt darauf ab, dass dieser Typus der Freundschaft auf der Basis des Gutseins (der Tugend) beider Partner die Gleichheit realisiert, die für die Freundschaft wesentlich ist.[34] Dabei ist - darauf scheint Aristoteles hinauszuwollen - diese Art der Freundschaft kein von der Erwartung, zu empfangen, ausgehendes Tauschgeschäft wie im Falle der auf die Lust oder den Nutzen begründete Freundschaft, sondern der Gute ist für den anderen eo ipso etwas Erstrebenswertes, und die beiden Partner fördern jeweils das, was sie am anderen lieben, an ihm.[35] Beide erstreben nicht, wie die Partner einer auf Lust oder Nutzen begründeten Freundschaft, das, was ihnen selbst fehlt,[36] sondern jeder von beiden liebt und erstrebt im anderen das, was er selbst ist und vermittelt.[37]

Aristoteles ist nun offenbar der Meinung, dass diese Art der Freundschaft das Lebensfundament der Polis ist, ohne das sie sich in eine rein an der Realisation des Lebenserhalts oder des Wohlergehens begründete Interessensgemeinschaft verkehrt:[38] In den Freundschaftsbüchern der Nikomachischen Ethik beschreibt er die Verfassungsformen selbst als Freundschaftsverhältnisse (zwischen den Herrschenden bzw. zwischen den Herrschenden und Beherrschten) und analogisiert sie jeweils den familialen Verhältnissen im οἶκος.[39] Offenbar geht er davon aus, dass die positiven Gestalten der Verfassung sich immer dann realisieren, wenn sie sich in Analogie zu einem am Gutsein orientierten und durch es motivierten Freundschaftsverhältnis fassen lassen; die von ihm als höchste Verfassungsformen gekennzeichnete Königsherrschaft bzw. die Aristokratie[40] ist eben die am Gutsein der Untertanen interessierte Herrschaft, wobei diese Herrschaft über den Aspekt der Sicherstellung der Versorgung und des Schutzes aller Bürger eben den Aspekt der Gewährleistung des Guten durch Erziehung zur Tugend hat.[41] Da das Verhältnis der Freundschaft ein Moment der Gleichheit und damit - in asymmetrischen Verhältnissen - des Ausgleichs der Ungleichheit haben muss,

[34] EthNik VIII,6 (bes. 1157 b 33–35).
[35] EthNik VIII,4 (1156 b 8–11)
[36] Etwa EthNik VIII,10 (bes. 1159 b 14f. u. ö.).
[37] EthNik VIII,7 (1157 b 25-32), vgl. VIII,4 (1156 b 8–11). Vgl. bes. VIII,15 (1162 b 5ff.).
[38] Politik III,9 (1280 b 30–42).
[39] EthNik VIII,13; zur Analogie zum Haus vgl. VIII,12.
[40] Politik III,13 (1283 b 35ff.); III,17, III,18 u. ö.
[41] Dazu vgl. bes. Politik VII,1 und VII,15.

wird das Geben des Herrschers bzw. des Hausvaters in Versorgung und Erziehung ausgeglichen durch ‚τιμῆ – Ehrung/Anerkennung': „Wer darum bei dem Geld zu kurz gekommen ist, wird durch Ehre entschädigt, und wer gern Geschenke nimmt, erhält Geld."[42]

Damit ist deutlich, dass das ‚συμφέρον κοινόν', an dem die positiven Herrschaftsformen orientiert sind,[43] keine Norm des äußeren Bestandes und des Wohlergehens ist, oder besser: genau dies ist nur unter dem Vorbehalt, dass die Sicherung des Überlebens nur Mittel zum Zweck der Gewährleistung eines ‚guten' Lebens ist. Die Erziehung zum guten Lebensvollzug ist der Zweck des politischen Zusammenlebens. Und die Ausübung von Herrschaft hat eben nicht nur den Zweck der Sicherung des Auskommens, sondern der Erziehung zum gelungenen, dem Wesen des Menschen entsprechenden und insofern guten Lebensvollzuges.

1.6. Die Bedingungen des Guten. Aristoteles ist nun zusätzlich der Meinung, dass der an der Gemeinsamkeit des Guten orientierte Freund gerade derjenige ist, der am ἴδιον συμφέρον nicht interessiert ist, da er den äußeren Gewinn um des Guten und der damit verbundenen Ehre willen hingibt.[44] Die Bestimmungen im Einzelnen sind komplex und einer genaueren Analyse bedürftig; deutlich ist aber jedenfalls, dass der am Gutsein interessierte Mensch der Hüter des κοινὸν συμφέρον im umfassenden Sinne – der Fürsorge für das Wohlergehen und der Erziehung zum Guten – ist.

Diese Zuordnung der Lehre von den Herrschaftsverhältnissen zum Thema der Freundschaft hat nun eine weiterführende Pointe: In einem langen, hier nicht im Einzelnen zu analysierenden Abschnitt[45] stellt Aristoteles die Frage, ob der Gute in seinem Sinne eigentlich überhaupt Freunde benötigt, oder ob die zur εὐδαιμονία gehörende Autarkie nicht die Freundschaft ausschließt. Aristoteles beantwortet die Frage mit einer Beschreibung des vollkommenen – vernünftigen – Lebensvollzuges, der Aktivität – αἴσθησις und νόησις – sei. Die Zufriedenheit (μακάριος), so Aristoteles, besteht aber nicht einfach in diesem Vollzug, sondern im Wahrnehmen des Vollzuges; der zur Ruhe der Zufriedenheit im Vollzug Gekommene ist selig darin, dass er der vollkommenen Akte Zeuge ist – er bedarf

[42] EthNik VIII,16 (1163 b 10–12)
[43] Vgl. Politik III,9; III,12 (1282 b 14ff).
[44] Dazu auch das schöne Kapitel EthNik VIII,8, wo Aristoteles die Frage diskutiert, ob man den Freund um seiner (des jeweiligen Subjektes) selbst willen oder um des Freundes willen lieben solle.
[45] EthNik IX,9.

des Freundes, um diese Akte an ihm, dem Freund, wahrzunehmen (denn eigene Akte an sich selbst wahrzunehmen ist schwieriger, als sie an anderen zu sehen und zu genießen), und er bedarf des Freundes als Zeugen der eigenen Akte, denn: Der Freund ist ein anderes Ich oder ein anderes ‚Selbst'.[46]

Die Passage ist hochspekulativ. Sie wirft zum einen ein entschiedenes Licht auf die in der forschungsgeschichtlich strittigen Beschreibung des Gottes als ‚νόησις νοήσεως' in Met XII oder auch in EthNik X:[47] Der Gott ist sich selbst der Zeuge seiner Seligkeit, der dem Menschen der Freund ist; sie hält zum anderen eine Frage offen, nämlich die Frage danach, wie die Vergemeinschaftung des Menschen begründet ist, wenn sie nicht über die schiere Angewiesenheit und Hilfsbedürftigkeit begründet ist. Aristoteles weist hier darauf hin, dass der ‚andere' gleichsam im Selbstverhältnis des Menschen vorkommt, dass es Selbstbewusstsein ohne Alterität nicht gibt.[48] An diesem Punkt tut sich von Ferne die Möglichkeit auf, dass der recht verstandene und gefasste Begriff der Freundschaft die Gewähr dafür bietet, dass das Verhältnis von ἴδιον und κοινὸν συμφέρον kein Gegensatz sein könnte, sofern man das Verhältnis von herrschendem und beherrschtem Freien als Verhältnis der vollkommenen Freundschaft und damit als Verhältnis zum ‚alter Ego' fasst. Es tut sich hier im Modus der Andeutung die Möglichkeit auf, zu erfassen, dass das Selbst auf eine eigentümliche Gemeinschaft hin angelegt ist, die nicht das Tauschverhältnis ist, das zwei Selbständige unterhalten, sondern eine Gemeinschaft, in der das Selbst im anderen zu sich selbst kommt. Freilich wird die Frage, wie solche nicht am Gewinn oder an der Lust orientierte Freundschaft zustande kommt, im Grunde nur mit dem Verweis auf das Zustandekommen des an der ‚ἀρετή – Tugend' orientierten Lebensvollzuges beruhigt.

1.7. Die Bedingungen des Gemeinsinns. Die Frage nach den Konstitutionsbedingungen des Gutseins bleibt bei Aristoteles nämlich offen: Sowohl die eigentliche Form der Freundschaft wie die rechte Verfassung setzt Partizipanten voraus, die am fremden oder gemeinsamen Gutsein mehr interessiert sind als am selbstbezüglichen Gewinn. Nun ist die aristotelische Tugendethik eine Erziehungsethik; die Frage danach, wie es zur Realisierung einer Herrschaft kommt, die nicht auf das ‚ἴδιον συμφέρον - den Eigennutz' fixiert ist, würde Aristoteles vermutlich auf die Erziehung verweisen, womit die Frage sich wieder als Frage nach dem Erzieher und der Bedingung seines Gutseins stellt. Dass es einer ‚Revolution der

[46] Ἕτερος γὰρ αὐτὸς ὁ φιλὸς ἐστίν; EthNik IX,9 (1170b).
[47] Aristoteles, Metaphysik XII,9 (1074 b 34f).
[48] Vgl. EthNik VIII,9, hier 1169 b -1170 a 2; 1170 a 15 - Kapitelende.

Denkungsart' bedarf, die einen Menschen zum am Guten – wie immer man es bestimmt – orientierten und dadurch motivierten Freund und damit zu einem von Gemeinsinn bestimmten Menschen macht, ist deutlich; wie dergleichen sich einstellt, bleibt unbestimmt.

2. Kurzer Blick auf die Rezeption.

2.1. Die Rezeption bei Thomas von Aquin – prudentia und Gnade. Diese Frage nach den Konstitutionsbedingungen einer ‚guten', am ‚κοινὸν συμφέρον' orientierten Herrschaft bleibt im Gefolge der Aristotelesrezeption des Mittelalters präsent und prägt hier zum einen die Unterscheidung, Zuordnung und wechselseitige Bedingung des ‚bonum commune – des Gemeinwohls' einerseits und des ‚bonum quod est Deus – des Guten, das Gott selbst ist' andererseits; darum habe ich auf das Problem am Ende des ersten Abschnitts aufmerksam gemacht. Es gehört zur natürlichen Tugend der ‚prudentia – Klugheit', nicht nur das bonum proprium, sondern auch das bonum commune im Blick zu haben; entsprechend betrachtet etwa Thomas[49] die selbstinteressefreie Beachtung des ‚bonum commune – des Gemeinwohls' nicht nur als Forderung der Liebe, die nicht das Ihre suche, sondern auch als Vorschrift der ratio recta, der bestimmungsgemäß orientierten Vernunft, die das bonum einer Mehrzahl für erstrebenswerter hält als nur das bonum eines Individuums.

Thomas unterscheidet nun die Ausrichtung auf das bonum bzw. die dafür zuständige prudentia in eine prudentia falsa. Das erfolgreiche Erstreben eines bonum, das in Wahrheit keines ist, realisiert etwa der erfolgreiche Dieb, der prudens ist, weil er die Mittel in angemessener Weise auf einen Zweck ausrichten kann. Zweitens rechnet Thomas aber mit einer auf ein wirkliches bonum ausgerichtete prudentia, die allerdings darin unvollkommen ist, dass sie ein vorläufiges bonum als den Abschluss der Strebebewegung betrachtet. Die eigentliche und wahre prudentia aber ist dem Christen vorbehalten, der jedes Streben nach dem Guten unter den Vorbehalt einer Ausrichtung auf das summum bonum quod est Deus stellt; diese Ausrichtung wiederum ist Folge der Gnade, deren Wirkung eben jene Ausrichtung auf Gott um seiner selbst willen (Liebe) ist; den im Sinne des Aristoteles am bonum orientierten Staatsmann verortet Thomas unter den zweiten Typus.[50]

2.2. Der Glaube als Grundlage der Selbstlosigkeit. Die Reformation stellt in gewissem Sinne einen Bruch mit dieser Zuordnung von Natur und Übernatur dar: Zwar

[49] STh II–II q 46 a 12resp.
[50] Vgl. STh II–II q 47 a 13resp und ad 3 sowie a 14resp.

gewährleistet letztlich die Ordnung stiftende weltliche Obrigkeit den Rahmen, in dem die Verkündigung des Evangeliums möglich ist – aber das Handeln im weltlichen Regiment ist abgesehen davon gänzlich an den Kriterien äußerer Ordnung orientiert und hat den Gewinn für die Verkündigung des Evangeliums zur unbeabsichtigten Folge. Der *Christ*, der sich in diesem Bereich engagiert, ist zwar motiviert durch die Haltung der Liebe, handelt aber nach Maßgabe der gewaltsamen Einhegung des Bösen. Das bonum commune kommt zustande durch eine einhegende Grenzziehung gegenüber dem Eigennutz, die damit rechnet, dass der Mensch natürlicherweise nur auf diesen Eigennutz ansprechbar ist und die daher demjenigen Einbußen an Glück androht, der sein Glück auf Kosten anderer zu machen sucht.[51] Die sozialethische Position jedenfalls des Wittenberger Zweiges der reformatorischen Bewegung hat darin ihre Pointe, dass sie es der Obrigkeit gerade nicht zur Aufgabe macht, die natürliche Neigung zum sozialwidrig Bösen durch Erziehung zu ändern. Erzieherische Wirkung hat die Androhung von Strafe; die Änderung der Gesinnung aber ist der Verkündigung des Evangeliums vorbehalten.

Auf der anderen Seite aber ist der Christ gerade derjenige, der der Sorge um sich selbst entnommen ist und somit – unter den Bedingungen der Sünde und im weltlichen Reich – aus dem Motiv der Liebe und insoweit selbstlos bzw. am bonum commune bzw. des Nächsten orientiert handelt. Im weltlichen Beruf, in dem er steht, soll er sich engagieren, auch im Amt der Obrigkeit und unter Ausübung obrigkeitlicher Gewalt – er soll sich als Henker melden, wenn er sich dazu geschickt weiß und kein anderer zur Verfügung steht.[52] Motiviert ist er zu diesen Akten der Gewaltausübung durch die Einsicht, dass der Schutz vor dem selbstbezüglichen Bösen nur dadurch möglich ist, dass der Gewalttäter auf seine Selbstbezüglichkeit angesprochen und mit Einbuße an Glück bedroht wird – oder eben dadurch, dass er unter der Wirkung des Evangeliums ein neuer Mensch wird. Das Motiv zur obrigkeitlichen Gewaltausübung im Falle des Christen ist gerade nicht sein eigenes Wohlergehen, sondern das des Nächsten bzw. der Gemeinschaft.

Ich gehe zwei neuzeitlichen Interpretationen dieses Denkangebots nach, wähle dafür aber eine dem geschichtlichen Verlauf entgegengesetzte Abfolge der Darstellung, weil nach meinem Eindruck bei Albrecht Ritschl, den ich an zweiter Stelle behandeln werde, ein Lösungsansatz für ein Problem vergessen herumliegt, das sich in der Soziallehre des mittleren Gogarten unabweislich aufdrängt.

[51] Dazu: N. Slenczka, Gott und das Böse, in: Luther 79 (2008) 75–94, hier 85f.

[52] M. Luther, Von weltlicher Obrigkeit und wieweit man ihr Gehorsam schuldig sei (1523), BoA 2,360–394, hier 369,33–370,8; ders., Ob Kriegsleute auch in seligem Stande sein können (1526), BoA 3,317–351.

3. Nötigung zur Gemeinwohlorientierung als Verkündigung des Gesetzes – Friedrich Gogarten

Friedrich Gogarten hat die andere Seite des eben (2.2.) genannten Gedankens Luthers, die bei ihm angelegte antithetische Zuordnung von Reich Gottes und ‚weltlichem' Reich, in den 20er Jahren und damit im Vorfeld des Dritten Reiches zu einer sozialethischen Option ausgebaut, die hier auf die darin präsente Konzeption des Verhältnisses von ‚Eigennutz' und ‚Gemeinsinn' hin skizziert werden soll.[53] Gogarten diagnostiziert in der im folgenden zu beschreibenden Weise eine radikale Krise der Moderne und ein Zerbrechen derjenigen Sozialbeziehungen, für die er den Titel des ‚Natürlichen' in Anspruch nimmt; im Hintergrund meldet sich das Anliegen der Bewältigung des Individualisierungsschubes, den die Moderne bedeutet. Interessant ist diese Position dadurch, dass Gogarten die Stabilisierung des Sinnes für den Verpflichtungscharakter ursprünglicher Gemeinschaften als Ergebnis von Zwangsordnungen beschreibt, die sich allerdings das vom Zerbrechen bedrohte Volk selbst in einer ‚geschichtlichen Stunde' setzt, in der sich die ursprünglichen Ordnungen wieder melden. Um die Rechtfertigung der staatlichen Ordnung als Zwangsordnung geht es ihm, Gogarten schreibt „Wider die Ächtung der Autorität" - so der Titel eines programmatischen Textes von 1930.[54]

3.1. Der Plausiblitätsverlust der Ordnungen.

> „Es scheint mir wirklich nicht zu viel behauptet, wenn man sagt, dass das heutige Denken den Problemen, die uns an allen Ecken und Enden aus dem wirklichen Leben entstehen, vollständig ratlos gegenübersteht. Was weiß denn das heutige Denken Ernsthaftes etwa zu dem Eheproblem zu sagen? Was weiß es zur Politik zu sagen? Vermag es uns etwa von der jämmerlichen Groteske unserer innenpolitischen Entwicklung, der geist- und sinnlosen Parteienzersplitterung zu befreien? Ist nicht alles, was heute zu diesen und anderen Fragen, die die Fundamente unserer Existenz betreffen, gesagt wird, gesagt werden kann, von einer erschütternden Hilflosigkeit?"[55]

Angesichts des ‚Eheproblems', das in den 20er Jahren - angesichts rapide wachsender Scheidungsziffern – ein gern zitiertes Indiz für den Plausibilitätsverlust traditionaler Bindungen war, und angesichts der Parteiendemokratie insge-

[53] Ich beschränke mich hier auf den Nachweis der Zitate und verweise für detaillierte Belege und Hinweise auf die Sekundärliteratur auf eine ausführliche Darstellung in: N. Slenczka, Neuzeitliche Freiheit oder ursprüngliche Bindung? Zu einem Paradigmenwechsel in der Reformations- und Lutherdeutung, in: ders. u. a. (Hgg.), Luthers Erben. Studien zur Rezeptionsgeschichte der reformatorischen Theologie Luthers, Tübingen 2005, S. 205–244, hier 219-227.

[54] F. Gogarten, Wider die Ächtung der Autorität, Jena 1930.

[55] F. Gogarten, Glaube und Wirklichkeit, Jena 1928, 2.

samt, die als Indiz für ein in Partikularinteressen zerfallendes Gemeinwesen galt, diagnostiziert Gogarten einen Plausibilitätsverlust überindividueller Ordnungen, die zu begründen das Denken der Gegenwart und so auch die neuzeitliche Theologie unfähig sei:

> „... es muß Ordnungen wie Ehe, Familie, Beruf, Staat geben. Und diese Ordnungen sind als solche ohne Autorität, ohne Gewalt und Zwang schlechthin unmöglich. Ein ethisches Denken, das aber Gehorsam und Autorität im eigentlichen Sinn nicht kennt und sie wie die ihnen zugeordnete Gewalt ethisch ächtet, steht der Aufgabe, diese auf Autorität und Zwang gegründeten Ordnungen ethisch zu begründen, schlechthin ratlos gegenüber."[56]

Das Denken der Gegenwart und mit ihm die Theologie kann das Phänomen der Autorität und des Zwangs nicht ethisch begründen und daher die kollektiven Probleme nicht lösen; darin zeigt sich, so Gogarten, dass jede Bemühung um die Lösung der kollektiven Probleme selbst die Voraussetzungen teilt, der die Probleme entspringen und die für die schleichende oder bewusst betriebene Auflösung der Ordnungen verantwortlich sind:

> „Und je entschiedener die Angriffe auf diese Ordnungen werden, um so deutlicher wird diese Ratlosigkeit. Denn die Angriffe kommen ja aus eben diesem Denken und haben es in seinen Grundvoraussetzungen und in seinen Konsequenzen auf ihrer Seite."[57]

Gogarten selbst bietet in einer Auseinandersetzung mit den ‚Selbstverständlichkeiten' eben dieses Denkens der Gegenwart[58] und damit im Versuch, seine Zeitgenossen wieder zur Wirklichkeit zurückzuführen, eine Begründung einer Ordnungsethik, in deren Zentrum das Konzept eines autoritären Staates steht.

Ich werde im Folgenden zunächst entfalten, welches Denken oder welche Ideologie nach Gogarten die geistige Signatur der Gegenwart darstellt. Ich werde dann die Begründung der Ordnung des Staates durch Gogarten nachzeichnen.

3.2. Die Krise des Autonomieanspruchs. ‚Ein ethisches Denken, das ... Gehorsam und Autorität im eigentlichen Sinne nicht kennt' - so hatte Gogarten das ethische Denken der Gegenwart charakterisiert; im Hintergrund steht eine Diagnose einer s. M. n. mit dem Humanismus aufgebrochene und bis zur Gegenwart wirksame Selbstdeutung des Menschen. Nach Gogarten sind die Angehörigen dieser Epoche schicksalhaft, von unseren geistigen Erbe her geprägt von einem zur Selbstverständlichkeit gewordenen Selbstverständnis: Alle Zeitgenossen verstehen sich als freie Subjekte und emanzipieren sich gegen jede äußerliche Verpflichtung; wo sie einer Bindung oder Norm unterliegen, wollen sie sie selbst gesetzt haben; wo

[56] Gogarten, Autorität (Anm. 54) 9.

[57] Ebd.

[58] F. Gogarten, Die Selbstverständlichkeiten unserer Zeit und der christliche Glaube, Berlin 1932.

sie einer Verpflichtung unterliegen, wollen sie sie sich selbst auferlegt haben und in ihr frei bleiben sein. Sofern dieses Subjekt in seiner unmittelbaren Freiheit eingeschränkt ist – in der Bindung an einen anderen Menschen oder als Angehöriger einer Gemeinschaft – so will es das um seiner Freiheit willen und vorbehaltlich seiner Freiheit sein und deutet diese Bindung als einen freiwilligen, sekundären Zusammenschluss ursprünglich freier Individuen zum Zweck der Bewahrung ihrer Persönlichkeitsrechte – dafür stehen die neuzeitlichen Staatsvertragstheorien und ein am Individuum orientiertes Staatsverständnis.[59]

3.3. Quellen und Hintergründe. Diese Deutung und die Kritik dieses neuzeitlichen Denkens ist eine Konstante, die Gogartens Denken über alle Brüche hinweg seit ungefähr 1918 bestimmt. Im Blick auf die Quellen ist diese Neuzeitkritik alles andere als einheitlich; man kann ein theologisches Motiv identifizieren: den Rückgriff auf Luthers Kritik an der Behauptung der Freiheit des Menschen vor Gott – Erasmus erscheint dann als früher Vertreter des neuzeitlichen Individualismus. Daneben tritt ein subjektivitätstheoretisches Motiv: die Kritik des Dialogischen Personalismus an der Behauptung eines isolierten Subjektes als Grund aller Wirklichkeit. Ein politisches oder kulturkritisches Motiv: die Kritik am Staatsverständnis der liberalen westlichen Demokratie, wie sie im Kontext der sog. ‚Konservativen Revolution' vorgetragen wird. Diese Motive verbinden sich zu der Gesamtdiagnose: In der Neuzeit gehört ursprünglicher Gemeinsinn nicht zu den „Selbstverständlichkeiten unserer Zeit" – auch ein Titel Gogartens von 1932.

Gogartens Anliegen ist es, zu zeigen, dass die überkommene Orientierung der Neuzeit und auch der Theologie an der Idee des autonomen, jeder Bindung vorgängigen Subjektes der letzte Grund der von ihm unter Aufnahme der Kritik der ‚Konservativen Revolution' diagnostizierten politischen und sozialen Katastrophen der Weimarer Republik ist, in denen sich das Scheitern dieser Ideologie manifestiert:

> „Antwort gibt es auf diese Fragen [i. e. die drängenden kollektiven Probleme der Gegenwart, N. Sl.] nur von einem grundsätzlich anderen Denken aus, von einem Denken, dem nicht wie dem bürgerlichen idealistischen Denken das Ich, die freie Persönlichkeit das Erste und alles andere Begründende ist, sondern das Du: und das darum die Innerlichkeit und Freiheit der auf sich selbst bezogenen Persönlichkeit als die ewige Flucht des Menschen vor der Wirklichkeit erkannt hat."[60]

‚Der Glaube', so Gogarten, hat dabei die Aufgabe, diesen Wahn zu entlarven – ohne dass der Begriff fällt, ist damit die Kategorie des Gesetzes thematisiert, das

[59] Vgl. Gogarten, Glaube (Anm. 55) 2–10 u. ö.; vgl. ders., Autorität (Anm. 54).
[60] F. Gogarten, Glaube und Wirklichkeit, Jena 1928, 9.

eben im usus elenchticus das Selbstverständnis in Frage stellt, in dem sich der Mensch seine Unfreiheit und seine Trennung von Gott verbirgt:

> „Hier sollte, wenn irgendetwas noch helfen kann, der Glaube helfen. Er sollte die Lüge, den Wahn, das Schmarotzerhafte der modernen autonomen Persönlichkeitsidee aufdecken und uns damit wieder die Wirklichkeit sehen lehren und unmittelbar vor sie hinstellen."[61]

Eine Überwindung der Isolierung des Individuums bzw. eine letztlich wirksame Vermittlung von Gemeinsinn leistet der christliche Glaube, der in der Weckung der Einsicht in das Begründetsein des Menschen in der Anrede des absoluten Du das Ende des täuschenden Selbstverständnisses als ‚Persönlichkeit' und der Beginn des Lebens in die ursprünglichen Beziehungen der Sozialität darstellt – dies sind Gedankenfiguren, die man im barthkritischen Flügel der Dialektischen Theologen, etwa bei Emil Brunner, ebenso findet wie bei den Theologen der Luther-Renaissance.

3.4. Der Staat als Gemeinsinn-Instanz. Was Gogarten allerdings von diesen Positionen unterscheidet ist eine zwar politisch gefahrenträchtige, aber doch anspruchsvolle theologische Deutung der sozialen Funktion des Staates, in der Gogarten die schillernde zeitgenössische Kritik am ‚westlichen' Individualismus verbindet mit einer theologischen Deutung des Erziehungsauftrages des Staates, einer Art Wiedergänger des aristotelischen bzw. des platonischen Verständnisses des Staates als Erziehungsinstanz – der Staat, so könnte man Gogartens Position zusammenfassen, ist die Institution, in der das bindungslose Subjekt der Neuzeit dem Gesetz im usus politicus und im usus elenchticus begegnet.

3.4.1. Denn die Instanz, die unter diesen Bedingungen der ursprünglichen Verwiesenheit des ‚bindungslosen Ich' auf das begründende ‚Du' Geltung zu verschaffen hat, ist nach Gogarten der Staat, der Gemeinsinn unter den Bedingungen der hamartiologisch begründeten Asozialität durchzusetzen hat.

Es gibt nach Gogarten für jede Zeit große Problemstellungen, die die Existenz eines ganzen Zeitalters bedrohen und die damit gebieterisch ein Kollektiv zu ihrer Bewältigung auffordern. Theologie als Frage nach Gottes Willen habe nicht irgendwo, sondern bei diesen existenzbedrohenden Problemen anzusetzen. In seiner 1932 erschienenen ‚Politischen Ethik' und nicht nur dort bezeichnet Gogarten die soziale Frage als die zentrale und dringende Aufgabe der Gegenwart, angesichts derer nach dem Willen Gottes zu fragen sei.[62] Seine Analyse der sozialen Frage hat das Ziel, zu zeigen, dass diese unabweisliche sozialethische Problemstellung gerade nicht tagespolitisch bewältigt werden kann, sondern in

[61] Ebd. 5.
[62] F. Gogarten, Politische Ethik, Jena 1932, hier 135–147.

ihrer Aporetik eine unentrinnbare Verstrickung des Menschen manifestiert. Gogarten versucht nämlich in Zeitdiagnosen von großem Schwung auszuweisen, dass das Projekt der neuzeitlichen Emanzipation, der Selbstdurchsetzung gegen jede Heteronomie ein wirtschaftlich-politisches System etabliert hat, das für die meisten Zeitgenossen - insbesondere die Arbeiterschaft - nicht die erstrebte Autonomie, sondern Strukturen der Abhängigkeit und Unfreiheit im strengen Sinne etabliert hat.[63] Gogarten bietet hier eine fulminante, eindeutig den marxschen Analysen der bürgerlichen Gesellschaft verpflichtete Kritik des Systems des wirtschaftlichen Liberalismus mit dem Ziel, zum einen zu zeigen, dass dieses ‚Grundproblem der Gegenwart' zurückgehe auf das oben skizzierte Ideal des über sich selbst und seine Welt verfügenden Menschen, dass dieses Ideal der Freiheit und Autonomie seinerseits ein System des Despotismus aus sich heraussetze, das - als System der Marktgesetze, der wirtschaftlichen Gesetzmäßigkeiten und der Sachzwänge des Kapitals - seinerseits zum Herrn des Menschen wird und ihn - insbesondere eben den ‚vierten Stand' - seiner natürlichen Bindungen beraube, ihn so entpersönliche und zum verfügbaren Material degradiere. Er versucht drittens zu zeigen, dass weder bürgerliche Emanzipationsbewegungen noch der Marxismus eine Lösung dieser ‚sozialen Frage' bereitstellen könne, weil alle Versuche der grundsätzlichen Signatur des Zeitalters, dem Ideal der Freiheit als bindungslose Selbstbestimmung, verhaftet bleiben.[64]

3.4.2. Die soziale Frage als unabweisbare Problemstellung der Gegenwart ist nach Gogarten die Kritik des Selbstverständnisses des neuzeitlichen Menschen. In der Beschreibung dieser Situation sind die Grundfiguren der traditionellen Sündenlehre erkennbar: Die Leitidee der Freiheit des Subjektes als Bindungslosigkeit ist identifiziert einerseits als Grundfigur der Sünde, in der der Mensch zu sein sucht wie Gott und damit sich selbst versteht unter Leugnung seiner faktischen schlechthinigen Abhängigkeit. Diese Leitidee der Neuzeit stellt nach Gogarten ein überkommenes, gleichsam ‚ererbtes' Selbstverständnis dar, das die Ausgelegtheit der Gegenwart vor jeder individuellen Wahl leitet und bestimmt. Es handelt sich daher um eine Gestalt der Sünde, der gegenüber der Mensch unfrei ist. Aus den entfremdenden Folgen dieser Gestalt der Sünde ist eine Selbstbefreiung nicht möglich, da jede Selbstbefreiung ihrerseits von diesem geschickhaften neuzeitlichen Selbstverständnis bestimmt ist. Die mit der sozialen Frage gestellte kollektive ethische Aufgabe ist, so Gogarten, der Ort der Erkenntnis der Sünde in dem Sinne, dass hier angesichts der Unfähigkeit des Menschen zur Be-

[63] Gogarten, Ethik (Anm. 62) 135–165, hier bes. 140f.
[64] Gogarten, Ethik (Anm. 62) 152–165.

wältigung dieser Aufgabe und angesichts der Existenzbedrohung, die von diesem Problem ausgeht, der Autonomieanspruch des Menschen als Unwahrheit der Existenz erkennbar wird. Wie der Autonomieanspruch des Menschen die neuzeitliche Gestalt der Sünde ist, so ist die soziale Frage die neuzeitliche Gestalt des Gesetzes: Die konkrete Forderung - die Bewältigung der Entfremdung eines ganzen gesellschaftlichen Standes - erschließt die unentrinnbare Verstrickung des neuzeitlichen Menschen und so den Widerspruch Gottes gegen seinen Autonomieanspruch. Mit der Einsicht in das Scheitern seines Autonomieanspruches und in die Unfähigkeit, sich selbst aus den Folgen dieses Anspruches zu befreien, steht der Mensch vor der eigenen Wirklichkeit. Die Wirklichkeit des Menschen ist seine von ihm selbst nicht zu bewältigende Versklavung unter die Sünde und unter die sozialethischen Folgen dieser Sünde; nur die Wahrnehmung und das Eingestehen dieser Wirklichkeit des Menschen eröffnet die Einsicht in die Notwendigkeit einer Abhilfe, die Einsicht in die Notwendigkeit autoritativer Ordnungen, die den Anspruch des Menschen auf Autonomie niederschlagen, ihn strafbewehrt in die Sozialität zwingen und vor den Folgen seiner Asozialität bewahren.

3.4.3. Diese autoritative Ordnung stellt der moderne Staat bei.

> „Die soziale Frage, so wie sie uns heute gestellt ist und wie sie die heutige menschliche Welt in ihrer Existenz bedroht, fragt nach dem Staat. Und es handelt sich infolgedessen darum, ob das Soziale ... dem Politischen untergeordnet wird. ... so, wie man heute im allgemeinen die soziale Frage versteht, ... [wird] das Politische dem Sozialen, der Staat der Gesellschaft untergeordnet ... Was davon [vom Staat] übrigbleibt, ist nur noch eine Vollzugsbehörde, ohne eigenes Recht, ohne Autorität ..."[65]

Recht verstanden ist der Staat die Gegenmacht der Asozialität, gleichsam die Instanz der Durchsetzung des Gemeinsinns und so die Bedingung der Möglichkeit menschlicher Gemeinschaft unter den Bedingungen der Asozialität (der ‚Verfallenheit unter die Sünde'); theologisch ist der Staat dadurch ausgezeichnet, dass er in besonderer Weise Manifestation des Gesetzes ist: Er eröffnet und verbürgt Handlungsorientierung, und zwar in konkreten Nötigungen zur Sozialität, in der Gewährleistung von lebenserhaltenden Ordnungen in der Wahrung von Sitte und Konvention, in der Ausbildung und rechtlichen Fixierung von wechselweise einander zugeordneten Ständen und dem Schutz von soziologischen Rollen - der Eltern, der Kinder, des Meisters, des Arbeiters. Der Staat eröffnet und stabilisiert den Handlungsraum des usus politicus legis; gleichzeitig aber ist die schiere Notwendigkeit des Staates eine beständige Predigt des Gesetzes im Sinne des usus elenchticus, eine Erinnerung an die ohne den Staat über den

[65] Gogarten, Ethik (Anm. 62) 163f.

Menschen hereinbrechenden Folgen seiner Trennung vom Nächsten, die ihren Grund in der Trennung von Gott hat. Der Staat ist somit in besonderer Weise die Manifestation des Gesetzes, so nämlich, dass er in der Eröffnung eines Handlungsraumes den Blick in die Unheimlichkeit der menschlichen Existenz, ihre Bedrohtheit durch die Macht der Asozialität, offenhält, deren endgültige Heilung nach Gogarten allein vom Evangelium zu erwarten ist.

Die Voraussetzung dafür, dass diese Ordnung mit ihrem Zwangscharakter und dass Ordnungen von autoritärer Struktur insgesamt als ethisch positive Phänomene fassbar werden, ist der Bruch mit der kollektiven Selbstdeutung des Menschen als autonomes Individuum, die sich als Illusion erweist eben angesichts der existentiellen Gefährdung, in der Gogarten mit vielen Zeitgenossen die Gesellschaft der Weimarer Republik sieht.

3.5. Die Deutung der ‚völkischen Bewegung' als ‚Sich Melden' der ursprünglichen Sozialität. Gogarten deutet die ‚völkische Bewegung' und weitergehend 1933 die Machtergreifung durch die Nationalsozialisten als die geschichtliche Bewegung, in der ein ganzes Volk die Bedrohung der eigenen Existenz durch die Sünde, d. h. durch die Macht der Asozialität, erfasst, sich selbst eine Gegenkraft zu den Auflösungstendenzen gegenüberstellt und sich dieser unterstellt, nämlich den autoritären Staat:

> „In dieser ganz akuten Gefahr, dass mit der fortschreitenden Auflösung von Staat und Volk unsere Existenz rettungslos der Zersetzung verfallen würde, und darin, dass das Wissen um diese Gefahr heute bewusst oder instinktiv in uns erwacht ist, ist die Vorbehaltlosigkeit begründet, mit der sich heute die Menschen dem neuen Staat ergeben, der wieder mit Macht und Autorität Staat sein will. ... Bei uns in Deutschland ist die nationalsozialistische Bewegung die elementare, aus den Tiefen der Selbsterhaltung der menschlichen Existenz, aus dem Schauer vor dem Abgrund entspringende Wendung gegen die bisherige Entwicklung. ... In ihrem leidenschaftlichen Wissen um Staat und Volk und ihre Notwendigkeit ist das Wissen um das drohende Chaos und darum um die letzten elementaren Notwendigkeiten der menschlichen Existenz wieder lebendig, das uns so völlig verlorengegangen war."[66]

Die soziale Frage bzw. das von Gogarten – gleichgültig hier, ob zu Recht oder zu Unrecht – konstatierte Zerbrechen ‚des Volkes' kommt als Verkündigung des Gesetzes in der Geschichte zu stehen, angesichts derer eine Gesellschaft zur Einsicht kommt, sich selbst die Instanz seiner Ordnung und Erhaltung gegenübersetzt und sich ihr unterstellt. Die positiven Wertungen dieses Staates und seiner Maßnahmen, die Deutung des Volksgesetzes als Gottesgesetz,[67] die positive Be-

[66] F. Gogarten, Einheit von Volkstum und Evangelium? Hamburg 1933, 11.

[67] F. Gogarten, Einheit von Evangelium und Volkstum? Hamburg 1933, in der er die Größe des 'Volkes' als Schöpfungsordnung, aber unter dem Vorzeichen des Gesetzes, verortet. Vgl.

wertung des autoritären Staates – jedenfalls als Notmaßnahme für eine Übergangszeit – durch Gogarten haben ihren Anhalt in dieser Zeitdiagnose, nach der die völkische Bewegung den unter dem Eindruck in die desaströsen Folgen des neuzeitlichen Selbstverständnisses vollzogenen Bruch mit dem Denken der Neuzeit darstellt. Wie etwa auch Emanuel Hirsch[68] deutet Gogarten die ‚völkische Bewegung' als das Sich-Melden der ursprünglichen Bindungen des menschlichen Lebens, eine Sozialität des menschlichen Lebens, die vor aller Rationalität und ‚unterhalb' ihrer Leugnung den Lebensvollzug bestimmt.

3.6. Die Relativierung des Staates. Nun ist auch nach Gogarten der Nationalsozialismus und der völkische Aufbruch insgesamt keine Bewegung aus christlichen Motiven. Gogarten sieht den entscheidenden Unterschied zwischen einer christlichen und einer nichtchristlichen Deutung dieser Bewegung darin, dass sie unterschiedliche Erwartungen an das Gesetz und entsprechend an die Ordnung des Staates stellen: Der nicht Glaubende „weiß darum, dass es bei dieser Bedrohung des menschlichen Lebens mit Vernichtung irgendwie um die ganze Existenz geht, dass sie in ihrem Kern mit Vernichtung bedroht wird."[69] – dies ist die in der Gegenwart Gogartens manifeste Bedrohung des Lebens durch die Folgen des neuzeitlichen Selbstverständnisses; er – der Nichtglaubende – verwendet nun die staatliche Ordnung wie das Gesetz dazu, dieser Bedrohung Herr zu werden und im Tun des Gesetzes – mittels der staatlichen Ordnung – sich selbst zu sichern:

> „Man glaubt mit dem Gesetz, durch seine Erfüllung der Bedrohung Herr werden und sein Leben sichern zu können. Man weiß aber nicht, dass in dem Vertrauen auf das Gesetz die Sünde und die Angst, die aus der Sünde kommt, über einen herrschen. Und das Gesetz, bzw. dasjenige, worin dieses Gesetz sich darstellt, wird einem zum Gott."[70]

Der Nichtglaubende erwartet vom Gesetz bzw. vom Staat das Heil; er will mittels des Gesetzes bzw. mittels des Staates die Folgen der Sünde nicht eindämmen, sondern das Böse beseitigen, er macht das Gesetz und den Staat also dem Projekt der Selbstsicherung des Menschen dienstbar. Die Beseitigung von Wurzeln der menschlichen Bedrohung – der Sünde – wird nach Gogarten damit eben nicht von Gott her erwartet, sondern dem Staat bzw. einem Projekt der säkularen Erziehung des Menschengeschlechts zur Aufgabe gemacht. Die Ordnungsfunk-

zum Kontext: W. Stapel, Der christliche Staatsmann, Hamburg 1932; dazu: W. Tilgner, Volksnomostheologie und Schöpfungsglaube, Göttingen 1966.

[68] N. Slenczka, Das „Ende der Neuzeit" als volksmissionarische Chance? Bemerkungen zum volksmissionarischen Anliegen der Glaubensbewegung „Deutsche Christen" in der Hannoverschen Landeskirche in den Jahren 1933/34. in: Kirchliche Zeitgeschichte 11 (1998), 255–317.

[69] Gogarten, Selbstverständlichkeiten (Anm. 58), 59.

[70] Ebd. 59.

tion des Staates gerät damit selbst unter das Vorzeichen der Sünde, der Selbstüberhebung des Menschen, der sein eigener Gott und sein eigener Heiland sein zu können beansprucht.

Dem steht die Begrenzung der Aufgabe des Staates in dem Verhältnis, das der Christ zu ihm hat: Der Glaubende hat im Wissen darum, dass seine Sünde in Christus und nur in ihm vergeben und nur dort sein Leben gewährleistet ist, den Versuch aufgegeben, sich mittels des Gesetzes gegen die ihm erschlossene Bedrohtheit seiner Existenz zu sichern. Der Staat wird hier ‚säkularisiert' zu einer Instanz, die unter Zwangsbedingungen menschliches, von der Sünde bedrohtes Leben erhält, einen Handlungsraum zwischenmenschlichen Lebens eröffnet und erhält, der aber immer unter den Bedingungen der Sünde bleibt und nicht beanspruchen kann, die damit einhergehende Bedrohung des Lebens zu beseitigen. Der Staat und der von ihm gepflegte und durchgesetzte Gemeinsinn wird depotenziert, indem er vor der Selbstüberschätzung bzw. vor der Erwartung geschützt wird, dass mit seiner Hilfe ein Zustand der Sündenfreiheit hergestellt werden kann.[71] Der Staat kommt gerade als Heilsanstalt nicht in Frage, er ist ein rein konservatorisches Mittel zur Erhaltung des Lebens unter den Bedingungen der Sünde, auf die er mit seinem Zwangscharakter beständig hinweist; umgekehrt, so Gogarten ausdrücklich, machen sich der Staat bzw. die Repräsentanten des Staates, der sich diese Aufgabe anmaßt bzw. dem diese Aufgabe zugemutet wird, selbst zu einem Gott:

> „Wir erfahren heute diese Bedrohung mit Vernichtung in dem, was wir das Nationale und Soziale nennen, also in Staat und Gesellschaft. Wir haben erkannt und erkennen immer deutlicher, dass das Gesetz bzw. die Gesetze, die sie darstellen, nötig sind, um dem Zerfall unseres Lebens, um seiner tiefen Bedrohung mit Vernichtung zu wehren. Und wo der Glaube an Jesus Christus nicht ist, da werden sie [...] zu Göttern, zu göttlichen Wesen. Sie bzw. diejenigen, von denen sie repräsentiert werden. Ob man sie so nennt oder anders, macht für die Sache nichts aus."[72]

Vor 1933 geschrieben; der Staat hat ausschließlich die Aufgabe, unter den Bedingungen der Sünde den Folgen der Sünde zu wehren, einen immer bedrohten sozialen Handlungs- und Lebensraum zu eröffnen und zu erhalten, ohne dessen Bedrohtheit beseitigen zu können oder zu dürfen. Der Unglaube versucht immer wieder, den Staat auf die eine oder andere Weise zur endgültigen Selbstsiche-

[71] Hier knüpft übrigens die gesamte Umorientierung Gogartens von einem neuzeitkritischen zu einem vorsichtig neuzeitaffinen Denken an, das Gogarten nicht erst nach dem Krieg, sondern bereits seit 1938 ausbildet: F. Gogarten, Kirche des Glaubens und Kirche als Ordnung im Volk, in: G. Göckeritz (Hg.), Friedrich Gogarten, Gehören und Verantworten. Ausgewählte Aufsätze, Tübingen 1988, 206–218.

[72] Gogarten, Selbstverständlichkeiten (Anm. 58), 59.

rung zu missbrauchen und an die Stelle Gottes zu setzen; der Glaube hingegen depotenziert eben diesen Anspruch des Staates und hält ihn bei seiner beschränkten Aufgabe fest, indem er um Christus als den einzigen Weg zum Heil weiß.

3.7. *Dialogischer Personalismus.* Im Hintergrund der Position Gogartens steht eine anthropologische Orientierung am dialogischen Personalismus,[73] die einerseits die ursprüngliche Sozialität des menschlichen Lebensvollzuges zur Geltung bringt, dies aber eben tut unter dem Vorzeichen ursprünglicher Abhängigkeit des Ich vom Du. Es geht hier um die Aufforderung, dem Begründetsein und Angesprochensein vom Du im eigenen Selbstverständnis zu entsprechen.

Sowohl bei Martin Buber wie bei Gabriel Marcel wird im jeweils konkreten Du, dem ein Mensch lebensweltlich zugeordnet und von dem er angesprochen ist, das göttliche Du und seine begründende Anrede hörbar. Der Christ ist derjenige, der dieser ‚schlechthinigen Abhängigkeit' ansichtig wird, sie in sein Selbstverständnis übernimmt und in der Folge sich in der rechten Weise – die Schöpfung vom Schöpfer unterscheidend und die Schöpfung als Anrede des Schöpfers hörend – sich der Wirklichkeit im Modus des Grundwortes ‚Ich-Du'[74] zuordnet.

Dieser Rekurs auf die ursprüngliche Sozialität des menschlichen Lebensvollzuges ist grundsätzlich autoritär und läuft trotz aller Sicherungen Gefahr, eine einseitig autoritär verstandene Struktur des Gottesverhältnisses in einer Legitimation asymmetrischer Zuordnungen von Selbstinteresse und Gemeinschaft zu repetieren.

3.8. *Zusammenfassend* ist jedenfalls deutlich, dass Gogarten die Frage stellt und beantwortet, wie es möglich wird, dass sich die Haltung einer Orientierung am Gemeinwohl einstellt, und dass er die Ausbildung dieser Haltung exklusiv als Ergebnis der Liebe betrachtet, die der christlichen Verkündigung entspringt. Daneben kennt er die Gemeinschaftsorientierung, die dem ‚Zurückschrecken vor dem Abgrund' entspringt und die sich den autoritären Staat als Zwangsinstanz gegen die Asozialität setzt, der der von Gogarten diagnostizierten Auflösung der Gesellschaft entgegentreten, Gemeinsinn im Sinne freiwilliger Gemeinwohlorientierung aber nicht beistellten kann. Der Staat kommt als Erziehungsinstanz zum Guten nicht in Betracht, sondern lediglich als Institution, in der die Gemeinwohlorientierung, die dem neuzeitlichen Subjekt verlorengegangen ist, gewaltförmig erzwungen und von diesem Subjekt angesichts der ‚Macht der Sünde' akzeptiert wird. Dabei rechnet Gogarten durchaus damit, dass die staatliche Insti-

[73] Zum Folgenden: N. Slenczka, Realpräsenz und Ontologie, Göttingen 1993, 503–534.

[74] M. Buber, Ich und Du, in: ders., Das dialogische Prinzip, Heidelberg ^{5}1984 (Lizenzausgabe WBG).

tution zur Überschreitung ihres begrenzten Auftrags neigt (3.6.), setzt dem aber faktisch nur die begrenzende Intuition entgegen, dass die Bewältigung der Asozialität der Sünde der Verkündigung des Evangeliums vorbehalten ist.

4. Albrecht Ritschl – das Gottesreich und der Gemeinsinn

Bei Ritschl ergibt sich eine hochinteressante Zuordnung der Zugehörigkeit zum Reich Gottes einerseits und der Orientierung am Gemeinwohl andererseits; um das deutlich zu machen, muss allerdings knapp der Umriss des Systems erläutert werden.

4.1. ‚Natürliche' Ordnungen. Ritschl geht es insgesamt darum, die Realitäten des christlichen Glaubens als Bestimmungen des zweckgerichteten Wollens zu verstehen und alle inhaltlichen Aussagen des christlichen Glaubens um das von diesem Zentrum her gedeuteten Phänomen der Neubestimmung des Willens (und nicht als Einwirkung auf einen gegenständliches Personsubstrat) zu fassen.[75] Ritschl setzt das Faktum unverlierbarer wechselseitiger Zuordnungen aller Menschen in natürlich begründeten Sozialzusammenhängen (Ehe/Familie/bürgerliche Gesellschaft [Berufsstand/Rechtsgemeinschaft] /nationaler Staat) voraus, in die jeder Mensch in der Wahrnehmung institutioneller Rollen (Beruf) eingeordnet ist.

– Diese Ordnungen sind nach Ritschl in dem Sinne ‚natürlich', als sie jeder expliziten Willensentscheidung vorgegeben sind, d. h. etwa mit der menschlichen Einbindung in Abstammungszusammenhänge oder in natürlichen Neigungen oder Bedürfnissen entsprechende Verbindlichkeiten (Ehe etc.) unbeliebig gesetzt.

Insgesamt ist also in Gestalt des ‚sittlichen Berufs', der selbstverständlich regelmäßige Rollenzuweisungen und Aufgaben außerhalb der Erwerbstätigkeit (Ehepartner; Elternschaft etc.) einschließt, die menschliche Existenz immer schon gemeinschafts- und damit gemeinwohlorientiert.

4.2. Berufstätigkeit. Ritschl nimmt bekanntlich die zentrale Funktion des Berufsbegriffs bei Luther auf, der durchaus den Charakter hat, dass der Christ in seinem Beruf gerade nicht geleitet und motiviert ist durch den Eigennutz, sondern durch das der Gesamtheit Zuträgliche.[76]

> „Das Handeln in den engeren und natürlich bedingten Gemeinschaften wird dadurch dem allgemeinsten Endzweck des Reiches Gottes untergeordnet und direkt auf denselben be-

[75] Genauer und im Einzelnen vgl. N. Slenczka, Der Glaube und sein Grund, Göttingen 1998, 128–187, bes. 148f. und 183–185; dort Lit.

[76] Ich verweise hier nur auf: N. Slenczka, Gott und das Böse, in: Luther 79 (2008) 75–94, bes. 85f.

zogen, wenn die in jenen Gebieten jedem obliegende regelmäßige Arbeitstätigkeit in der Form des sittlichen Berufes zum gemeinen Nutzen ausgeübt wird."[77]§ 28!

Ritschl gewinnt diesem Begriff die Pointe ab, dass er die Berufstätigkeit des Christen nicht einfach als Tätigkeit in den natürlichen Ordnungen, sondern im Reich Gottes fasst, dies nun aber so, dass der durch die natürliche Sozialität der menschlichen Existenz in der Zugehörigkeit zum Reich Gottes auf eine alle Menschen umfassende Menschheitsgemeinschaft als den Zweck der Berufstätigkeit geöffnet ist, die einerseits die natürlich gegebene Sozialität als Zweck des Berufshandelns relativiert, sie auf der anderen Seite aber als die besondere Gestalt legitimiert, in der die Tätigkeit auf das Reich Gottes hin Gestalt gewinnt.

4.3. Liebe. Der Christ realisiert die ihm zugesprochene und aufgegebene Zugehörigkeit zum Reich Gottes damit, dass er diesen Zweck Gottes zu seinem eigenen Zweck macht und darin den eigenen Selbstzweck erreicht – denn durch den Zuspruch der Zugehörigkeit zum übernatürlichen Reich Gottes wird er seiner Stellung als Zweck über der Welt (und nicht als Mittel zu einem fremden Zweck) vergewissert.[78] Umgekehrt weiß er sich selbst als Glied des Reiches Gottes und damit in den Endzweck Gottes mit der Welt so aufgenommen, dass er darin die eigene Erfüllung findet – die Gewährung der Zugehörigkeit zum Reich Gottes und die Übernahme der Aufgabe der Arbeit auf das Reich Gottes hin ist die Gestalt wechselseitiger Liebe Gottes und des Menschen.[79]

Das Reich Gottes ist die universale, bedingungslose, weil auch den Feind einschließende Vergemeinschaftung aller Menschen aus dem Motiv der Liebe – d. h. in der Weise, dass die Förderung des (wohlverstandenen) Lebenszweckes des anderen so in den eigenen Willen aufgenommen wird, dass der Fördernde darin den eigenen Lebenszweck verfolgt. Insofern ist die Liebe die Gestalt der Orientierung am Gemeinwohl bzw. die Gestalt des Gemeinsinns, in dem die Selbstzwecklichkeit des eigenen Lebens nicht frustriert wird und untergeht, sondern gerade ohne Einbuße der Gemeinwohlorientierung zur Geltung kommt.

Dabei ist festzuhalten, dass es nach Ritschl menschliche Existenz ohne eine derartige Orientierung am anderen nicht gibt; freilich ist diese Orientierung am anderen unter den Bedingungen des ‚Reiches der Sünde' zumindest insofern von Motiven der Selbstsucht durchzogen, dass die Orientierung am anderen durch

[77] A. Ritschl, Unterricht in der christlichen Religion [¹1875; im Folgenden UR], hg. v. Chr. Axt-Piscalar, Tübingen 2002, § 28 [43].

[78] Vgl. Slenczka, Glaube (Anm. 75), 159–163.

[79] Vgl. die Definition der Liebe in: Ritschl, UR (Anm. 77) § 11 und 12, hier bes. § 12 c) (21–25, bes. 24].

natürliche Bedingungen motiviert und damit eingeschränkt ist - das ist nun einzutragen:

4.4. *Reich Gottes und ‚natürliche' Gemeinschaft.* Der Christ realisiert nun diese Zugehörigkeit zum Reich Gottes so, dass er in den Gemeinschaftszusammenhängen, in denen er durch seine Berufe (Rollen) steht, aus dem Motiv der Liebe tätig ist.

> „Das Handeln in den engeren und natürlich bedingten Gemeinschaften wird dadurch dem allgemeinsten Endzweck des Reiches Gottes untergeordnet und direkt auf denselben bezogen, wenn die in jenen Gebieten jedem obliegende regelmäßige Arbeitstätigkeit in der Form des sittlichen Berufs zum gemeinen Nutzen ausgeübt wird. … Durch jene Schätzung der sittlichen Berufe als Glieder des Reiches Gottes werden ferner die Versuchungen zur Selbstsucht überwunden, welche an sich an der Besonderheit jener Lebensgebiete haften."[80]

Als Versuchungen der Selbstsucht identifiziert Ritschl in einer Anmerkung den „bornierten Familiensinn", in den sich die familiären Aufgaben verkehren können; entsprechend der „Standeshochmut" oder die „Nationaleitelkeit".[81]

Man könnte sagen: Die der Liebe eigentümliche Orientierung am anderen so, dass in dieser Orientierung am anderen der Liebende den eigenen Selbstzweck findet, bezieht sich nicht nur auf das Gemeinwohl, sondern zielt über es hinaus auf das Wohl auch der jeweils umfassenderen Gemeinschaft, zielt aber letztlich auf die alle natürlichen Gemeinschaften umfassende und ihren Anspruch relativierende universale Gemeinschaft des Reiches Gottes: Einer nicht mehr durch partikulare natürliche Bedingungen und Anlässe begründete Vergemeinschaftung aller Menschen aus dem Motiv der Liebe.

Zugleich gilt aber auch umgekehrt und wird durch den zitierten eigentümlichen Begriff der Liebe sichergestellt, dass die Orientierung am anderen bzw. am Gemeinwohl nur so zur Geltung kommt, dass darin der Bestand und das Wohl dessen, der den fremden Selbstzweck in den eigenen aufnimmt, gewährleistet ist - die Zugehörigkeit zum Reich Gottes wird zum Zweck der Tätigkeit in den natürlichen Ordnungszusammenhängen, nicht aber zu deren Konkurrenz.[82]

4.5. *Die Stärke und Neuzeitfähigkeit* der Position Ritschls liegt darin, dass er der Erstreckung des Reiches Gottes auf alle Menschen, in der er die besondere universalisierende Leistung der Reinterpretation des Reich-Gottes-Begriffs durch Jesus von Nazareth sieht[83], zum einen die jeden natürlichen Unterschied nivellierende

[80] Ritschl, UR (Anm. 77) § 28 [43–45].
[81] Ritschl, UR (Anm. 77) § 28, Anm. b) [44].
[82] Vgl. Ritschl, UR (Anm. 77) § 27 [43] (zitiert unten zu Anm. 84).
[83] Vgl. nur: A. Ritschl, Art. Reich Gottes, RE^2 12, 599–606.

Gleichheit und Gleichwertigkeit aller Menschen entnimmt. Zugleich ist das universale, alle natürlichen Gemeinschaften auf sich beziehende Reich Gottes bzw. die Teilhabe an ihm die Orientierungsgröße jedes beruflichen Engagements in natürlichen Ordnungen. Das führt dazu, dass jedes Engagement in einem sittlichen Gebiet zum einen seinen Wert erhält, weil es die Arbeit auf das Reich Gottes hin immer nur in den jeweiligen natürlichen Gemeinschaften und den darin gestellten Aufgaben gibt:

> „Die sittliche Aufgabe des Reiches Gottes wird nur dann als die allgemeinste Aufgabe in der christlichen Gemeinde gelöst, wenn das Handeln aus der Liebe gegen den Nächsten der letzte Beweggrund des Handelns ist, welches man in den natürlich bedingten sittlichen Gemeinschaften engeren Umfanges (Ehe, Familie, bürgerliche Gesellschaft, nationaler Staat) nach den auf jeder Stufe derselben geltenden besonderen Grundsätzen ausübt. Denn das Allgemeine wird immer nur innerhalb der besonderen Arten verwirklicht."[84]

Auf der anderen Seite stellt die Beziehung auf das Reich Gottes vor die beständige Aufgabe, den eigenen Lebensvollzug ebenso wie die Interessen der jeweiligen natürlichen Gemeinschaft offenzuhalten für den Dienst an einer höherstufigen Gemeinschaft als diejenige ‚natürliche Gemeinschaft', der er unmittelbar angehört und der er verpflichtet ist.[85]

4.6. Selbstinteresse und Gemeinwohl. Mit dem Begriff der Liebe einerseits und dem Begriff des alle natürlichen Ordnungen umfassenden Reiches Gottes andererseits skizziert Ritschl eine Sozialtheorie, in der – dem Anspruch nach – das Selbstinteresse einerseits und die Orientierung am Gemeinwohl gerade nicht auseinanderfallen oder in einer Antithese wechselseitiger Aufzehrung verbleiben.[86] Auch hier gelingt Ritschl die Verbindung dadurch, dass er die Liebe unter das Vorzeichen der Aufnahme eines fremden Zweckes in den eigenen Willen (in die eigene Zweckorientierung) fasst:

> „Die Liebe ist der *stetige* Wille, welcher eine andere geistige, also *gleichartige* Person zur Erreichung ihrer eigentlichen höchsten Bestimmung fördert, und zwar so, dass der Liebende

[84] Ritschl, UR (Anm. 77) § 27 [43]. Ritschl reformuliert damit explizit (vgl. das Folgende) die Kritik Luthers am Mönchtum und der Etablierung einer Zugehörigkeit zum Reich Gottes außerhalb der und gegen die natürlichen Ordnungen.

[85] Ritschl, UR (Anm. 77) § 28 c) [45].

[86] Ritschl, UR (Anm. 77) § 28 [45]: „Die gemeinnützige Absicht, in welcher jede bürgerliche Berufsarbeit zu unternehmen ist, schließt das eigene Interesse an dem Erfolge derselben oder dem Erwerbe von Eigentum nicht aus; dasselbe aber wird zu einem Beweggrunde der Selbstsucht, wenn es nicht in dieser sittlichen Auffassung des Berufes mit den gemeinsamen Zwecken ausgeglichen wird." Das Spannungsverhältnis beider Intentionen ist gerade im Begriff der Liebe (§ 12) vermittelt, der so gestaltet ist, dass es in der Liebe um die Aufnahme des fremden Selbstzweckes (im Anwendungsfalle: des Zweckes des Allgemeinen) in den eigenen Selbstzweck (und nicht um die Negation dieses Selbstzweckes) geht.

darin seinen *eigenen* Selbstzweck verfolgt. Die Aneignung der Lebensaufgabe eines anderen bedeutet demnach nicht eine Verneinung, sondern eine verstärkende Bejahung unserer selbst."[87]

Genau dieses Verhältnis des Verfolges des Selbstzweckes und des Gemeinwohls ist in dem Handeln des Christen auf das Reich Gottes hin realisiert. Man kann sich das so klarmachen, dass das Reich Gottes bei Ritschl gleichermaßen ein religiöser und ein sittlicher Begriff ist – das heißt: Er impliziert als religiöser Begriff das Moment einer Passivität: der unverfügbaren Teilgabe und damit die Vergewisserung des eigenen Wertes als Zweck über der Natur, der gerade in der Berufstätigkeit verloren zu gehen droht, die dazu tendiert, den Menschen als Mittel dem Zweck der natürlichen Ordnungen zuzuweisen;[88] und er ist die Teilgabe an einer Aufgabe, nämlich der Mitwirkung am Zweck Gottes. Insofern ist das Reich Gottes als gemeinsamer Zweck Gottes und des Menschen die wechselseitige Aufnahme des fremden Zweckes in den eigenen Lebenszweck (Gott macht die Menschheitsgemeinschaft zum Zweck seiner Schöpfung und hat den Menschen zum Zweck; er gibt ihm über die Orientierung an der Partikularität (Sünde) hinweg Anteil an diesem Zweck. Und der Mensch findet damit seine erfüllende Bestimmung in der Aufnahme dieses Zweckes in die eigene Zweckorientierung. Insofern ist das Verhältnis von Gott und Mensch unter der gemeinsamen willentlichen Ausrichtung auf das Reich Gottes ein Verhältnis der Liebe.

4.7. Natürliche Ordnungen als immer schon erfahrene Verpflichtung zur Sozialität. Zugleich gibt es aber die Tätigkeit im Reich Gottes nur als Projekt von Personen, die vorgängig in überindividuelle natürliche Verhältnisse wechselseitiger Verpflichtung eingebunden sind (Beruf) und in der Tätigkeit für diesen jeweils engeren überindividuellen Zusammenhang (im Engagement in der Ehe, Familie, bürgerlicher Beruf, Staatsbürger etc.) ihren Selbstzweck finden. Insofern ist der Mensch immer schon ein Wesen, das im (kollektiven) fremden Selbstzweck die eigene Erfüllung findet, so aber, dass diese Ausrichtung auf das andere immer am Partikularen orientiert bleibt. Die Zuordnung aller gemeinnütziger Berufstätigkeit zum universalen Horizont des Reiches Gottes relativiert und begründet die partikulare Tätigkeit und wird zum Kriterium und nötigenfalls zur Grenzbestimmung des Engagements für das Partikulare, das immer offen bleiben muss für den Zweck der jeweils höherstufigen Ordnung, ohne dass die jeweils partiku-

[87] Ritschl, UR (Anm. 77) § 12 c) [24].

[88] A. Ritschl, Rechtfertigung und Versöhnung III, Bonn ^{3}1888 § 27, 189f, vgl.: ders., Die christliche Vollkommenheit, 3. Abdruck gemeinsam mit 'Theologie und Metaphysik', Göttingen 1892, 18f; dazu: Slenczka, Glaube (Anm. 75) 159–163.

larere Ordnung zugunsten der höherstufigen aufgegeben oder negiert werden dürfte:

> „Durch jene Schätzung der sittlichen Berufe als Glieder des Reiches Gottes werden ferner die Versuchungen zur Selbstsucht überwunden, welche an sich an der Besonderheit jener Lebensgebiete haften …"[89]

Das gilt nun ebenso für die Orientierung der Berufstätigkeit an partikularen Ordnungen wie für die Orientierung am je eigenen Nutzen. Das Individuum ist gleichsam die engste Orientierungsform der Zwecktätigkeit; aber mit der natürlichen Orientierung des Handelns am bonum commune im Sinne der Orientierung an den natürlichen Vergemeinschaftungsformen ist, Ritschl zufolge, eine eigennützige Orientierung des Lebensvollzuges noch nicht überwunden, sondern sie besteht in der Gestalt des Abschlusses von natürlichen Kollektiven gegen das bonum commune fort. Das Christentum eröffnet mit der Orientierung alles (berufsmäßigen) Handelns an der universalen Menschheitsgemeinschaft aus dem Motiv der Liebe und damit am durch Jesus von Nazareth gestifteten Zweck Gottes die Möglichkeit einer Gemeinwohlorientierung und stiftet einen Gemeinsinn, der sich nicht mehr in sozialwidrigen Partikularinteressen abschließt, wiewohl er nur durch das Engagement in Partikularordnungen sich realisiert.

4.8. Fasst man dies zusammen, so wird deutlich, dass der christliche Glaube bzw. die Kirche durch die Konzentration auf die Teilgabe an der Aufgabe des Reiches Gottes ganz als Bedingung der Möglichkeit einer universalen Menschheitsgemeinschaft gesehen ist, die die Tätigkeit in allen partikularen natürlichen Ordnungen einerseits fordert, andererseits relativiert. Ritschl formuliert damit eine bedenkenswerte Funktion der Kirche in der Gesellschaft, nämlich die Aufgabe, den Vorbehalt des Universalitätsbezuges aller am kollektiven Nutzen orientierten Tätigkeit zur Geltung zu bringen. Dabei erhebt er den Anspruch, dass genau dieser Universalitätsbezug, den die christliche Kirche zur Geltung bringt, der inneren Logik des gemeinwohlorientierten Engagements entspricht, das der so oder so in unbeliebige Ordnungszusammenhänge mit Verpflichtungskraft eingelassenen menschlichen Existenz unentrinnbar ist. Gemeinsinn wäre dann eine Gemeinwohlorientierung, die die Ausrichtung des eigenen Lebens in allem partikularen Engagement auf das Reich Gottes als Erfüllung des eigenen Selbstzweckes erfährt. Die Pflege genau dieser Ausrichtung nicht um partikularer Zwecke willen, sondern weil dies die den Menschen vollendende Bestimmung ist, wäre die Aufgabe der Kirche.

[89] Ritschl, UR (Anm. 77) § 28 [44].

Zugleich ist die Folge der kirchlichen Verkündigung nicht einfachhin die Vermittlung von Gemeinsinn, sondern die Folge der kirchlichen Verkündigung ist die Aufnahme aller partikularen sittlichen Zwecktätigkeit in die Ausrichtung auf das Reich Gottes. Dieser sozialethische Zentralbegriff des 19. Jh.s ist zu Beginn des 20. Jh.s als Medium der Funktionalisierung der Theologie für den Kulturprozess in Verruf geraten. Darüber wurde, so scheint mir, die eminent kritische Funktion übersehen, die dieser universale ethische Orientierungsbegriff gegenüber allen partikularen Größen hat. Dass die Orientierung an diesem Begriff nur zum Schaden nicht nur der Theologie in Vergessenheit gerät, lehren die Verirrungen, die Friedrich Gogarten später selbst als solche erkannt hat.

Dass die Orientierung am Gemeinwohl eine Tugend ist, die man mit ‚Gemeinsinn' zusammenfassen kann, ist in allen ins Gespräch gezogenen Positionen deutlich geworden. Der Unterscheidung von Gemeinwohl und Gemeinsinn entspricht es, dass alle herangezogenen Positionen davon ausgehen, dass es menschliche Existenz ohne eine Orientierung am Gemeinwohl nicht gibt, dass aber zugleich diese Orientierung am Gemeinwohl entweder selbstinteressegeleitet ist – so im Falle des Aristoteles die an der Lust oder am Nutzen orientierte Gemeinschaft und die entsprechenden am Wohl des herrschenden orientierten Herrschaftsformen; so die Diagnose Luthers und Gogartens, die die Obrigkeit bzw. autoritäre Instanz des Staates als Gegenmacht der Asozialität aufrufen und in Anspruch nehmen, ihr aber gleichzeitig den Hinweis auf die Anormalität einer Situation entnehmen, die auf solche externe, die Furcht vor Einbußen an Glück ansprechende Motivationen angewiesen ist – der autoritäre Staat als Predigt des Gesetzes.

Dass es eigentlich dessen bedarf, dass die Gemeinwohlorientierung willentlich als Zweck und nicht als heteronom auferlegtes Ziel ergriffen wird, ist in allen Positionen deutlich; wo Aristoteles auf die konditionierende und habitualisierende Wirkung der Erziehung vertraut, rechnen die christlichen Positionen mit der Wirkung einer innerlichen Überwindung der Selbstzentrierung durch die Orientierung des Lebensvollzuges am Interesse des anderen, die, so jedenfalls bei Ritschl, Auswirkungen hat auf die Art und Weise, wie die berufliche Verantwortung in partikularen Sozialgefügen wahrgenommen wird.

Dabei wird bei Ritschl einmal mehr deutlich, dass der Begriff des Gemeinwohls seine orientierende Kraft nur auf dem Hintergrund eines schlüssigen Konzeptes menschlicher Sozialität entfaltet, die einerseits diese Sozialität nicht einfach als Aufstufung auf eine relationsfreie Subjektivität versteht, auf der anderen Seite diese Individualität nicht als Fehlform menschlicher Existenz desavouiert und das Ich nur als Moment der Gemeinschaft oder in Gestalt des ‚Grundwortes Ich-Du' als legitim betrachtet. Der Begriff der Liebe bei Ritschl entfaltet an diesem Punkt ein Potential und Anregungen zum Weiterdenken, die eben auch die Fiktion, es gebe altruistisches Verhalten oder Gemeinsinn nur unter dem Vorzeichen des christlichen Glaubens, vermeidet.

Peter Dabrock

ÖFFENTLICHKEIT UND RELIGION. AKTUALISIERUNGEN DER GEMEINWOHL-TRADITION IN SOZIALETHISCHER PERSPEKTIVE

I. Einleitung

‚Suchet der Stadt Bestes ...' (Jer 29,7) – mit diesen Worten ersucht der Prophet Jeremia seine religiöse Gemeinschaft, sich für die multikulturelle Metropole Babylon – ein Spiegelbild unserer modernen Gesellschaft – verantwortlich einzusetzen und sich nicht religiös motiviert aus dem öffentlichen Leben zurückzuziehen. Nicht also um seine Gemeinschaft alleine geht es ihm, sondern um das – unzeitgemäß formuliert – Gemeinwohl, präziser: das Gemeinwohl eines Gemeinwesens, das die eigenen weltanschaulichen Grundlagen weder teilt noch toleriert, sich vielmehr als militärisch und kulturell imperial erwiesen hat. Dass die mit dem Jeremia-Zitat markierte Kombination „Religion und Gemeinwohl" seit jeher allerlei Spannungen und Interpretationen dieser Spannungen provoziert hat, ist zur Genüge bekannt. In der Moderne verschärfen sich diese Spannungen, sofern nicht mehr nur, wie eh und je, gefragt wird, wie weit das Gemeinwohl aus religiösen Motiven oder gar religiösen Gründen gestaltet werden soll und darf, sondern der Begriff des Gemeinwohls selbst in den Verdacht der anachronistischen Revokation vormoderner Traditionen gerät. Gleichwohl lässt er sich trotz seiner vermeintlichen Antiquiertheit offensichtlich nicht vermeiden, wie bereits ein kurzer Blick auf politische Sonntagsreden zeigt, die in der Regel direkt oder indirekt das Gemeinwohl-Motiv aufgreifen. Auch die Frage nach dem Einfluss von Religion auf die Gestaltung der Gesellschaft scheint in den letzten 15 Jahren eher an Relevanz gewonnen als verloren zu haben. Dass sie bereits erschöpfend behandelt sei, kann man jedenfalls nicht behaupten, wenn man auf die anhaltende Flut von Veröffentlichungen in diesem Bereich blickt. Die just zurückliegende Beschneidungsdebatte macht dabei deutlich, dass das Thema „Gemeinwohl und Religion" kein rein akademisches ist, sondern schneller, intensiver und in rauerem Ton in die Mitte der Gesellschaft drängen kann, als es Verteidigern eines säkularen *status quo* lieb ist.

Die vorliegenden Gedanken verstehen sich als Beitrag zur theoretischen Bearbeitung der genannten Spannungen. Sie gehen davon aus, dass der Gemeinwohlbegriff schon von sich aus und erst recht in der funktional ausdifferenzierten und weltanschaulich pluralen und in diesen Differenzierungen immer neue strukturelle und semantische Hybride produzierenden Gesellschaft so unklar wie unaufgebbar ist. Dass der Faktor „Religion" zur Unklarheit wie zur Unaufgebbarkeit des Gemeinwohl-Begriffes verstärkend beitragen kann, erscheint mir evident. Deshalb soll es im Folgenden darum gehen, wie das Intensivierungspotenzial, das Religion immer bietet, so kanalisiert werden kann, dass tatsächlich „der Stadt Bestes" im Blick bleibt. Um diese Frage zu beantworten, gehe ich folgenden Gedankenweg: Im zweiten Abschnitt skizziere ich kurz das Paradox des Gemeinwohl-Begriffs, unbrauchbar und zugleich unaufgebbar zu sein. Überlegungen, wie mit diesem Paradox ethisch umzugehen ist, führen mich im dritten Abschnitt zum Begriff der Öffentlichkeit und seinen normativen Implikaten. Vor dem Hintergrund der skizzierten Implikate eines Begriffs der Öffentlichkeit als einer Sphäre von Debatten, die das Gemeinwohl-Paradox aushalten müssen, ergeben sich religionsspezifische Fragen: Können oder dürfen Religionen in ihrer Eigensprachlichkeit zur Ausgestaltung der Öffentlichkeit einen intrinsischen Beitrag leisten? Müssen Religionen sich selbst in ihrer Ausdrucksweise bescheiden oder müssen sie von anderen begrenzt werden, wenn sie öffentliche Debatten – zumindest bestimmte – prägen wollen? Diesen Fragen gehe ich im vierten Abschnitt anhand der Rekonstruktion eines denkwürdigen Gesprächs vom Oktober 2009 in New York zwischen vier der bedeutendsten Intellektuellen der Gegenwart – Jürgen Habermas, Charles Taylor, Judith Butler und Cornel West – nach. Diesem Gespräch, das Außen- und Innen-, Beobachter- und Beteiligtenperspektive auf Religionen in eindrücklicher Weise zusammenführt, lassen sich Koordinaten für das Thema „Beitrag der Religionen zur zivilgesellschaftlichen Öffentlichkeit" entnehmen. Im fünften und letzten Abschnitt soll schließlich gezeigt werden, wie Religionen im Allgemeinen und das Christentum reformatorischer Prägung im Besonderen die Reflexionsstandards, die der New Yorker Diskurs festgehalten hat, annehmen und produktiv weiterführen können, um so der Zivilität von Öffentlichkeit zuzuarbeiten. Auf diese Weise kann – so meine Erwartung – in den Grenzen seiner Brauchbarkeit dem Gemeinwohl-Begriff auch weiterhin etwas abgewonnen werden.

II. Das Paradox des Gemeinwohl-Begriffs

Es gibt bestimmte Begriffe, bei deren Verwendung man immer zu scheitern droht. Denn entweder wird einem vorgeworfen, man wiederbelebe zu Recht veraltetes Gedankengut, oder man setzt sich dem Verdacht aus, unter einem rhetorischen Allgemeinheitsgestus versteckte Eigeninteressen zu verschleiern, oder man erweckt – was in bestimmten, vor allem akademischen Kreisen, als noch misslicher oder peinlicher gilt – den Eindruck, von einem ideologisch hoch kontaminierten Begriff naiver- oder romantischerweise Gebrauch zu machen, ohne sich seiner Missbrauchsgeschichte bewusst zu sein.

In der Gruppe solch hochproblematischer Begriffe rangiert der des Gemeinwohls seinerseits in der Spitzengruppe. Macht man sich mit seiner Verwendung doch in jede der genannten Richtungen angreifbar: Entweder wird einem vorgehalten, alt- oder neuscholastisch imprägniertes, katholisches Gedankengut zu repristinieren und damit gegen alle Evidenz eine normativ aufgeladene, organologische Wohlgeordnetheit der Gesellschaft zu behaupten. Oder die eigenen Ausführungen werden in die Nähe jener Sonntagsrederituale gerückt, bei denen regelmäßig Eingriffe in die Freiheit oder das Vermögen des Einzelnen durch den Verweis auf irgendwelche übergeordneten Interessen – seien dies Bahnhöfe, Hochspannungstrassen für die Energiewende oder systemrelevante Banken – gerechtfertigt werden. Oder man steht als jemand da, dem nicht bewusst ist, dass unter der perfiden Formel „Du bist nichts, das Volk ist alles" schlimmste Untaten im Namen des vermeintlichen Gemeinwohls legitimiert wurden. Der Gemeinwohl-Begriff, so die Kritik, sei nun einmal ideologisch aufladbar, appellativrhetorisch funktionalisierbar und von leerformelartigem Charakter. Letzteres zeige sich schon daran, dass man nicht mal angeben könne, worauf er sich beziehe – auf die eigene Nachbarschaft, die Stadt, das Land, Staatenverbünde wie die EU oder die Welt.

Zweifellos eignet dem Gemeinwohl-Begriff ein durch eine z. T. bedrückende Geschichte belegtes und insofern auch für zukünftigen Gebrauch wenig Gutes erwarten lassendes Missbrauchspotential. Sollte man ihn daher nicht besser einfach aufgeben? Dagegen spricht: Die mit diesem Begriff verbundene Frage – ob es etwas gibt, dass die Gesellschaft jenseits von Eigeninteressen zusammenhält, auf das sie sich ausrichtet, das sie zumindest nicht aufgeben kann oder sollte, wenn ein gutes, menschenwürdiges und welt-verträgliches Leben in ihr möglich sein soll – erledigt sich nicht einfach dadurch, dass man den Begriff aufgibt. Aufgrund dieser hochgradigen Ambivalenz möchte ich vom Paradox des Gemeinwohlbegriffs sprechen, um anzuzeigen, dass dieser Begriff zwar von seiner Geschichte und seinem Missbrauchspotenzial äußerst problematisch erscheint und doch von der mit ihm verknüpften Sache her unaufgebbar zu sein scheint. Letzteres gilt auch und erst recht in einer – wie ich meine, zu Recht – als funktional ausdifferenziert und weltanschaulich plural, kurz: als modern charakterisierten Gesellschaft. Gerade angesichts einer von vielen als bedrängend empfundenen Unübersichtlichkeit, unter dem Gefühl übermäßig beschränkter individueller Handlungsoptionen bei der Gesellschaftsgestaltung, lässt sich die Frage nach dem, was die Gesellschaft im Innersten zusammenhält, wie wir leben wollen, was uns bestimmte gesellschaftliche Präferenzen – im Unterschied zu anderen – wert sind, nicht los. Das offensichtlich in Sonntagsreden – und von theologischer Seite sollten wir die Funktion des Sonntags nicht per se herunterspielen – beschworene Bedürfnis imaginativer Selbstvergewisserung und Orientierungsbestärkung kann nicht durch ein Bedürfnisverbot sistiert werden. Dass dies lediglich zu Sublimierungen oder Revolten führt, ist aus allerlei Theorietraditionen und Praxiserfahrungen sattsam bekannt.

Wollte man den Begriff des Gemeinwohls aufgeben, träfe man zudem auf kaum bessere prima-facie-Alternativen: Die funktionalistisch oder utilitaristisch abgerüstete Formel des *öffentlichen Interesses* wäre ein erster solcher Kandidat. Doch verkennt dieser Vorschlag den konstitutiv feierlichen Charakter der Gemeinwohlintonierung, der über eine solch profanes Substitut nicht eingeholt wird, werden kann und werden soll. Das Bedürfnis, das dazu motiviert, Gemeinwohl-Fragen als Sonntagsfragen zu stellen, erwartet nicht nur Gemeinnutzen-Antworten: „Ohne Sonntag ist immer Werktag!"

Auch das Ansinnen, den Gemeinwohlbegriff durch den *Zivilreligionsbegriff* zu ersetzen, sollte aus vielerlei Gründen wenig Befürworter – gerade in der Theologie – finden. Historisch mag ‚Zivilreligion' zwar die Funktion des Gemeinwohlbegriffs übernommen haben; sachlich ist diesem Begriff jedoch aufgrund des darin implizit vorausgesetzten, theologisch wie religionswissenschaftlich und -philosophisch fragwürdigen Religionsverständnisses mit Skepsis zu begegnen. Aber selbst wenn man sich darauf einlassen würde, den Religionsbegriff rein funktional über die Codierung „Heil/Nicht-Heil" oder „Transzendenz/Immanenz" zu verstehen, schießt die Ideologieanfälligkeit des Zivilreligionsbegriffs noch über die des Gemeinwohl-Begriffs hinaus. Denn nun wird im Unterschied zu den beiden den Rahmen des Vorletzten zumindest nicht explizit überschreitenden Begriffen ‚öffentliches Interessen' oder eben ‚Gemeinwohl' auch noch das Konnotationsfeld des Letzten bemüht – eine Melange, die terminologisch und sachlich höchst fragwürdig ist. Theologie und Kirche sollten deshalb dieses Danaergeschenk nicht annehmen.

Weniger verdächtig als die beiden zuvor genannten Begriffe scheinen die im protestantischen Milieu verankerte Rede von der „verantwortlichen Gesellschaft" und die in ganz unterschiedlichen Milieus, nämlich dem von Systemtheoretikern, Diskurstheoretikerinnen und Vertretern des politischen Liberalismus, gleichermaßen beliebte deflationäre Formel der *Legitimation*. Beide Begriffe vermeiden es, unmittelbar Rechenschaft über eine umfassende Zielwahlorientierung der Gesellschaftsidee geben zu müssen. Dieser Gewinn für die Beschreibung und erste Deutung einer pluralen, ausdifferenzierten und so nicht mehr integrierten Gesellschaft wird ermöglicht durch die vordergründige Absage an eine einheitliche gesellschaftliche Teleologie. Ob man jedoch tatsächlich auf teleologische Implikate überhaupt verzichten kann, wenn man eine verantwortliche Gesellschaft einfordert, ist fraglich: Wofür und vor wem tragen wir Verantwortung? Wodurch legitimiert sich die Legitimation? Doch wohl nicht nur durch Verfahren? Bekanntlich stehen hinter jedem Verfahren kryptonormative und kryptoevaluative Annahmen. Erkauft wird die nicht unberechtigte Weigerung, die Existenz eines Ganzen zu konstatieren, mit dem Verlust der Möglichkeit, überhaupt eine individual- und sozialimaginative Vorstellung des Ganzen - sei es als Legitimierungsinstanz, sei es als Widerstandskraft gegen dominante Strukturen oder Organisationen - ins Debattenfeld einzuführen. Wenn nämlich der gesellschaftliche Grundbegriff ‚Kommunikation' ist, dann schaffen gemäß dem sozialpsychologischen Thomas-Theorem „Wenn die Menschen Situationen als real definieren, so sind auch ihre Folgen real"[1] Sprache und Bilder Wirklichkeit. Umgekehrt gilt daher auch, dass die Absage an Deutungsmuster und -perspektiven den Möglichkeitsraum des Verhaltens verringern kann. Deshalb kann man nicht nicht Vorstellungsmuster gelingenden Lebens oder, wem dies zu vollmundig klingt, Bilder komparativer Lebensdienlichkeit entwerfen.

Um auf der anderen Seite nicht durch das Insistieren auf einem teleologisch geweiteten Möglichkeitsraum die Bodenhaftung zu verlieren, könnte man entweder den Gemeinwohl-Begriff pluralisieren, also aus der Not, keine monolithische Vorstellung des Gemeinwohls vertreten zu dürfen, die Tugend machen, einen vernünftigen, sprich vor allem: freiheitsfunktionalen Pluralismus als Zweck an sich selbst zu befördern. Dass der Begriff des Gemeinwohls im Sinne eines *Gemeinwohlpluralismus* auszulegen sei, ist eine These Trutz Rendtorffs,[2] für die tatsächlich vieles spricht. Schließlich ist heute allgemein anerkannt, dass Pluralität nicht nur ein unvermeidliches Merkmal moderner Gesellschaften ist, sondern damit auch Ausdruck und Konsequenz des von vielen als grundlegend erachteten Wertes der Neuzeit: der Ermöglichung von Freiheit.[3]

Wenn man eingesteht, dass die unaufgebbare Frage nach dem Gemeinwohl, nach dem, was die Gesellschaft zusammenhält, oder nach dem, wie „wir" leben wollen, durch eine einheitliche Zielangabe kaum beantwortet werden kann, hängt freilich alles davon ab, *wie* die Pluralität gedacht wird und wie sie gedacht werden kann. Man kann sie einerseits ausbuchstabieren als die Frage nach den semantischen Differenzen in der Beurteilung von sog. Normen und Werten, die

[1] W. I. Thomas, Person und Sozialverhalten. Neuwied, Berlin 1965, 114.

[2] Vgl. T. Rendtorff, Subsidiaritätsprinzip oder Gemeinwohlpluralismus, in: ZEE 37 (1993), 91–93.

[3] Als Indiz für diese deutliche Konzentration auf Freiheitsermöglichung mag angesehen werden, dass das Hauptwerk von Axel Honneth eben nicht einen Titel trägt, der – wie man es doch einige Jahre zuvor hätte erwarten können – auf einen Ausgleich zwischen Freiheit, Gleichheit und Anerkennung zielt, sondern die Ermöglichung von Freiheit ins Zentrum der Aufmerksamkeit stellt; vgl. A. Honneth, Das Recht der Freiheit. Grundriß einer demokratischen Sittlichkeit, Berlin 2011.

eine Gesellschaft prägen, oder als Widerstreit zwischen einander radikal fremd bleibenden Positionen und Weltanschauungen. Dabei kann man unterschiedliche Thesen hinsichtlich der Übersetzbarkeit oder Moralstandards, über Recht oder andere minimalinhaltliche Bedingungen vertreten, die von allen Positionen zu akzeptieren sind, um die Pluralität auszuhalten. Man kann die Herausforderung der Pluralität der Gesellschaft andererseits auch strukturell angehen und fragen, wie mit der funktionalen Differenzierung der modernen Gesellschaft umzugehen ist. Denkbar ist dann, dass man diese Pluralität als *Wohlgeordnetheit* denkt. Das ist so richtig wie selbstverständlich - wer singt schon ausdrücklich und freiwillig das „Lob des Chaos"? -, bedarf jedoch näherer Explikation. Denn *irgendeine* Form von Ordnung, in deren Begriff durch die Abgrenzung vom Chaos ja per se ein Moment der Wohlstrukturiertheit enthalten ist, lässt sich immer konstruieren oder re-konstruieren. Versteht man allerdings - wie Eilert Herms - diese Wohlgeordnetheit[4] strukturell als eine Balance zwischen den unterschiedlichen Funktionssystemen oder - wie er sagt - „Interaktionssystemen" der Gesellschaft[5], so hat man zwar eine auf den ersten Blick eine plausible Vorgabe, denn die Metapher des Gleichgewichts klingt zugleich ordnungsliebend und antifundamentalistisch und damit *prima vista* bei vielen gut. Sie muss allerdings historisch und systematisch allerlei Prüfungen über sich ergehen lassen, die ich hier nicht leisten kann. Jedenfalls ist die Sache komplizierter, als es zunächst den Anschein hat. Das liegt schon daran, dass es semantisch-konzeptioneller Möglichkeitsbedingungen bedarf, um diesen strukturellen Pluralismus zu gestalten. Ist dies so, dann erreicht man die Kampfbühne emblematischer Begriffe, sog. „großer Wörter". Kaum jemand bestreitet ja, dass das Recht auf Freiheit, Gerechtigkeit, Chancengleichheit, Solidarität, Toleranz, wechselseitiger Respekt, Streitkultur, Friedensförderung, Bildungschancen, Sicherheit, Stabilität oder Nachhaltigkeit - um nur einige aktuelle gesellschaftliche Leitbegriffe aufzuzählen - Katalysatoren für die Zivilität und das Wohl einer Gesellschaft sind. Mit der Benennung eines solchen Begriffs ist jedoch wenig gewonnen. Schließlich beginnt der Streit in der Regel beim Ausbuchstabieren des jeweiligen Gehaltes.[6]

[4] Vgl. bspw. E. Herms, Gesellschaft gestalten. Tübingen 1991, 56–94; ders., Gemeinwohl. Probleme einer Leitkategorie der Sozialethik, in: Ch. Spieß (Hg.), Freiheit - Natur - Religion. Paderborn 2010, 263–276; ders., Kirche in der Gesellschaft. Tübingen 2011, 253–284.

[5] Herms denkt dabei im Anschluss an Schleiermacher an Ökonomie, Recht/Politik, Wissenschaft und Religion/Weltanschauung.

[6] Vgl. stellvertretend für viele andere, die auf einen solchen konstitutiven Pluralismus in der modernen Gesellschaft hinweisen, J. Rawls, Politischer Liberalismus. Frankfurt/M. 1998, 127–132.

Wenn aber in der Tat sowohl die Struktur als auch die Norm- und Wertbedingungen der Wohlordnung einer Gesellschaft auslegungsfähig, aber auch -bedürftig, kurzum: strittig sind, wenn bei aller Komplexität und Krisenanfälligkeit die Gesellschaft jedoch erstaunlich widerstandsfähig ist, dann gibt es eine gute Aussicht, sozialethisch mit dem Gemeinwohl-Begriffsparadox konstruktiv umzugehen. Statt also Modelle wohlgeordneter Gesellschaft zu konstruieren, die in einer gewissen Philosophie- oder Theologietradition anregend wirken und die vor allem diejenigen überzeugen, die an sie glauben, gilt es zwar einerseits wachen Auges sozialtheoretische Beobachtungen der Gesellschaft zur Kenntnis zu nehmen und in der allgemeinen wie der theologischen Sozialethik zu verarbeiten, andererseits gilt es aber auch, sich von fixen Gesamt- oder Grundordnungsideen von Gemeinwohl als auch von Gesellschaft nicht binden zu lassen. Statt also positiv *eine* bestimmte Form von Wohlordnung zu postulieren, scheint zunächst der Luhmann'sche Gestus angebracht, mit einem bestimmten Begriffs- und Kategorienarsenal nüchtern zu beobachten, ob sich in der Ausdifferenzierung die Gesellschaft als ganze weiterentwickeln kann. Als Indikator, wenn auch nicht Beweis für eine drohende Störung mag gelten, wenn eine bestimmte gesellschaftliche Funktionslogik - und man ist derzeit gewillt, schnell an die Logik der Ökonomie zu denken - andere Funktionsbereiche - und hier zeigt schon der folgende Terminus an, dass ein aus einer solchen Beobachtung resultierendes Urteil oft problematisch bleibt - unbotmäßig hypercodiert, also in ihrer eigenen Funktionslogik massiv hindert.

Ohne Zweifel gibt eine solche Dynamik Anlass zur Sorge um das Gemeinwohl, wenn man es denn strukturell und semantisch als plural verfasst denkt. Dennoch ist vor einem vorschnellen Krisengeheul zu warnen. Denn die Hypercodierung eines Funktionsbereichs durch einen anderen kann auch als ein normales gesellschaftsevolutives Geschehen aufgefasst werden, das per se noch nicht als sozialethisch verwerflich anzusehen ist. Die Zahl gesellschaftlicher Funktionssysteme erscheint mir nicht fixiert, kann also zunehmen oder auch schrumpfen. Das Gesamtgefüge ist daher m. E. als ein flexibles zu beschreiben. Wenn allerdings bestimmte Mindeststandards menschlichen Lebens, die im weitesten Sinne mit dem Menschenrechtsethos und der Anerkennung einer nachhaltigen Verantwortung für die natürlichen Grundlagen menschlichen Lebens gleichgesetzt werden können, gefährdet werden, dann ist es in der Regel zu spät, gesellschaftskorrektiv - und sei es im Sinne einer Bewusstseinsbildung oder einer wahrgenommenen Pflicht zu zivilgesellschaftlichem Engagement - einer solchen unguten Prädominanz zu wehren. So unbefriedigend es daher zunächst klingen mag, sehe ich keine Alternative dazu, einerseits auf einen der ausdifferenzierten und pluralen Gesellschaft nur aufgepfropften, eindimensionalen Gemeinwohl-Begriff zu verzichten, andererseits aber doch immer wieder Fragen des Gemeinwohls, also nach der Zivilität oder Kohäsion der Gesellschaft als ganzer, wachzuhalten. Im Wachhalten dieser – wenn man so will – Spannung zwischen Gesellschaftsstruktur und semantischer Pluralität kann und muss die Gemeinwohl-Idee Gestalt gewinnen.

III. Öffentlichkeit als Sphäre des Ringens um die Zivilität der Gesellschaft

Damit das Ringen um Gemeinwohl-Perspektiven, d. h. um die Zivilität und Kohäsion der Gesellschaft, konstruktiv verläuft, ist in sozialethischer Perspektive vorrangig die Bedeutung desjenigen gesellschaftlichen Raumes in den Blick zu nehmen und zu würdigen, in dem diese Debatten ihren Platz finden: die *Öffentlichkeit*. Ganz offensichtlich ist dieser Raum ein dem Ringen nichts äußeres, weil er legitimatorisch für eine plural verfasste Gesellschaft, vor allem eine solche, die sich politisch im demokratischen Rechtsstaat konstituiert, unverzichtbar ist. Dass es in der Öffentlichkeit wohlgeordnet und zivil zugeht, ist daher eine notwendige, wenn auch nicht hinreichende Bedingung für die Kohäsion einer Gesellschaft, die (reale) Spannungen und Stabilität(serwartungen) vereinen muss. Bei der Kultivierung von Öffentlichkeit handelt es sich zwar nicht um die Realisierung des Gemeinwohls selbst, und Öffentlichkeit ist auch kein Substitut von Gemeinwohl dergestalt, dass mit der Realisierung öffentlicher Debatten in einer pluralen Gesellschaft das optimale Kohäsionsniveau erreicht sei, denn selbstverständlich kommt es erheblich darauf an, um welche Inhalte mit welchen technischen, kommunikativ-rhetorischen und Macht-Mitteln gerungen wird. Weil die Öffentlichkeit jedoch, wenn auch kein intrinsisch moralischer Zweck, so doch der unhintergehbare und notwendige Raum für das Ringen um das Wohl der Gesellschaft ist, kann ihre Bedeutung umgekehrt auch nicht auf den Status eines bloß extrinsischen Mittels reduziert werden. Sie ist vielmehr als ein *moralisch relevantes* Mittel und insofern als ein moralisches Gut zu würdigen und zu verteidigen. Im Sinne dieser sittlich-politischen Einordnung verstehen sich die folgenden Ausführungen zur Öffentlichkeit als Sphäre des Ringens um die Zivilität der Gesellschaft.

Wenn ich den Öffentlichkeitsbegriff im Folgenden nicht einfach als Substitut für den umstrittenen Gemeinwohlbegriff verwende, sondern Öffentlichkeit als eigenständigen Topos begreife, mittels dessen sich Gemeinwohlfragen auf eine der differenzierten und pluralen Gesellschaft angemessene Art und Weise thematisieren lassen, so greife ich damit ein aktuelles Diskursangebot aus sehr unterschiedlichen Denominationen der praktischen Philosophie und Sozialtheorie, ganz zu schweigen von dem Ansinnen der sog. öffentlichen Theologie, auf. Beachtlich ist dabei, dass mit Axel Honneth und Volker Gerhardt zwei führende deutsche Intellektuelle in ihren jüngsten Veröffentlichungen nahezu zeitgleich einen Bezug von Gemeinwohlfragen und Öffentlichkeit hergestellt haben.[7] Honneth beendet sein Werk „Recht der Freiheit", in dem es ihm darum geht, den Grundriss einer – wie es im Untertitel heißt – „demokratischen Sittlichkeit" zu skizzieren, mit dem Kapitel „Das ‚Wir' der demokratischen Willensbildung", das wiederum mit Ausführungen zur demokratischen Öffentlichkeit einsetzt, um von dort her die Bedeutung des demokratischen Rechtsstaates zu legitimieren.[8] Gerhardts ambitionierter Ansatz und seine provozierenden Thesen zur Geschichte von ‚Öffentlichkeit', die er eben nicht erst in der Neuzeit beginnen lässt, oder zum Verhältnis von Bewusstsein und Öffentlichkeit verdienten jeweils eigenständige Auseinandersetzungen. Für das hier zur Debatte stehende Thema ist entscheidend, und darin stimmt er mit Honneth überein, dass der Begriff der Öffentlichkeit eine besondere Nähe zu dem des Politischen besitzt. Gerhardt nennt die Öffentlichkeit das „Bewusstsein des Politischen".[9] Allerdings – und hier enden die Gemeinsamkeiten mit der Frankfurter Tradition – erklärt Gerhardt, den Begriff der Öffentlichkeit nicht von der Deliberation, also dem regelbasierten Austausch von Gründen mit dem Ziel der hypothetischen Zustimmung aller, her entwickeln zu wollen. Es reiche, wenn in der Öffentlichkeit Formen basaler Anerkennung und wechselseitigen Respektes den Austausch von Argumenten prägten. Andere Vertreter der neueren Frankfurter Schule wie Rainer Forst würden darin vermutlich eine unnötige Abgrenzungsbewegung sehen, weil die Regeln des öffentlichen Diskurses aus ihrer Sicht ohnehin nicht im Vollzug zur Anwendung kommen, sondern in der rekonstruktiven Prüfung, ob bestimmte Debattenbeiträge bestimmte Standards nicht unterschreiten.[10] Solche Standards des Zugangs und des wechselseitigen Umgangs miteinander finden sich in der Tat – trotz der Ablehnung des Deliberationsmodells von Öffentlichkeit – auch bei

[7] Vgl. Honneth, Recht der Freiheit, a. a. O.; V. Gerhardt, Öffentlichkeit. Die politische Form des Bewusstseins, München 2012.

[8] Vgl. Honneth, Recht der Freiheit, a. a. O., 470–624.

[9] Gerhardt, Öffentlichkeit, a. a. O., 291. Weil diese Formulierung weiter reicht, charakterisiert sie den Gehalt von ‚Öffentlichkeit' angemessener als die engere Alternative, die sich bei Gerhardt auch findet, dass Öffentlichkeit das Bewusstsein politischer Organisationen sei; vgl. a. a. O., 287. Insofern jedoch „das Politische" (im Gegensatz zur konkreten Politik; vgl. zu dieser auf Claude Lefort zurückgehenden Unterscheidung J. Habermas, ‚Das Politische'. Der vernünftige Sinn eines zweifelhaften Erbstücks der Politischen Theologie, in: E. Mendieta/J. VanAntwerpen [Hg.], Religion und Öffentlichkeit, Berlin 2012, 28–52) sich immer auch an politisch-rechtliche Organisationskultur rückbinden muss, selbst wenn es intentional manchen Akteuren nur um Macht geht, gilt zu Recht: „Gleichwohl erfüllt sich der Sinn der Öffentlichkeit erst in seiner politischen Organisation." (a. a. O., 304f.)

[10] Vgl. R. Forst, Kontexte der Gerechtigkeit. Politische Philosophie jenseits von Liberalismus und Kommunitarismus, Frankfurt/M. 1994, 200–208.

Gerhardt. Genannt seien nur: praktische Ausrichtung auf Wirksamkeit und Erfolg, das Bemühen, allen als freien und gleichen Wesen gerecht zu werden, Verständlichkeit und Gegenseitigkeit, Prüfung und Kontrolle, Progressivität und Dynamik, Publizität und Kritik.[11]

In jedem Fall reicht das Gerhardt'sche Verständnis von Öffentlichkeit als Bewusstsein der Politik weiter als die Idee der demokratischen Öffentlichkeit bei Honneth. Gerhardts Ansatz überzeugt mich deshalb, weil er von den im Demokratiebegriff angelegten Beschränkungen hinsichtlich der Teilnahme[12] sowie der verhandelten Themen[13] zu abstrahieren vermag und damit zwei Momente wachhält, die aus der Geschichte des Öffentlichkeitsbegriffs ableitbar sind und einer daran anschließenden normativen Konzeptionalisierung angemessen erscheinen: Für den öffentlichen Diskurs gibt es im Prinzip keine Mitgliedschaftsbedingungen - jeder, eben nicht nur der Privilegierte, hat das Recht, seine Stimme zu erheben -, und jedes Thema kann erwogen werden, unabhängig davon, ob dies unmittelbar zu politischen Entscheidungsprozessen führt oder nicht. Darin, dass im Prinzip jeder sprechen darf und alles thematisiert werden kann, liegt nach Gerhardt die Pointe von Öffentlichkeit. Spätestens diese Funktionsbestimmung macht deutlich, warum Öffentlichkeit nicht als Subjekt oder Objekt, sondern als Sphäre zu begreifen ist.[14] Nochmals Gerhardt: „Öffentlichkeit ist die Sphäre kritischer Prüfung."[15] Die Konstituenzien von Öffentlichkeit, nach Gerhard ‚Partizipation', ‚Repräsentation' und ‚Konstitution',[16] stellen selbstverständlich eine Nä-

[11] Vgl. Gerhardt, Öffentlichkeit, a. a. O., 283. Dass alle diese Begriffe spätestens dann, wenn sich eine Sozialethik konkret an die Schwelle von *responsible-governance*-Perspektiven begeben will, detailliert entfaltet werden müssten - bekanntlich steckt der Teufel im Detail -, kann hier nur erwähnt werden.

[12] Wenn man Öffentlichkeit als demokratische Öffentlichkeit auffasst, können - auch wenn das bei Honneth sicher nicht so gemeint ist - Mitgliedschaftsbedingungen wie Staatsangehörigkeit oder Alter unter der Hand zu engeren Partizipationsmöglichkeiten führen, als wenn man Öffentlichkeit als Bewusstsein des Politischen begreift. Hier kann auch der partizipieren, der nicht das Wahl- oder Bürgerrecht besitzt. Seine Meinung kann er natürlich auch und gerade durch die Teilnahme an demokratischen Willensbildungsprozessen zum Ausdruck bringen. Dennoch bringt der Begriff der Demokratie, wenn auch wohl eher ungewollt als gewollt, mögliche Limitationen von politischer Partizipation mit ins Spiel.

[13] Demokratische Prozesse zeichnen sich durch ihre Entscheidungsfokussierung aus.

[14] Vgl. Gerhardt, Öffentlichkeit, a. a. O., 304.

[15] A. a. O., 304.

[16] Vgl. a. a. O., 306–368. In dem besagten Kapitel kommt es zu einer Vertauschung der Definitionsbedingungen von ‚Öffentlichkeit' und ‚Politik' mit nicht unerheblichen Folgen für die Bestimmung von ‚Öffentlichkeit'. Gerhardt geht schon im Kapitel zuvor davon aus, dass Öffentlichkeit auf Politik zielt. Dem mag man ja durchaus zustimmen. Daraus folgt aber noch nicht, dass die Öffentlichkeit einschließlich ihrer Charakteristika auf Politik ausgerichtet sein muss. Zwar leuchtet es ein, dass die Politik durch die genannten Konstituenzien bestimmt ist. Aber warum muss denn die Öffentlichkeit durch Repräsentation konstituiert sein - es sei

he zur politischen Form der Demokratie her. Um nicht Politik und Öffentlichkeit einfach zu identifizieren, was den unnötigen Verlust einer etablierten begrifflichen Unterscheidung bedeuten würde[17], reicht es aus, Öffentlichkeit über die beiden Konstituenzien ‚Transparenz' und ‚Partizipation' zu bestimmen. Transparenz ist jenseits des unglücklichen Umstandes, von einer Netz-Community inflationär beschworen zu werden, sehr wohl eine konstitutive Bedingung von Öffentlichkeit. Der Sinn öffentlicher Debatten – und zwar schon von ihrer Geschichte her[18] – besteht ja darin, undurchsichtige Entscheidungspfade durch ihr Öffentlich-Machen einer Kritik auszusetzen. Umgekehrt formuliert: Wo sich bestimmte gesellschaftliche Entwicklungen, aber auch konkrete politische Entscheidungen in einer öffentlichen Debatte – sei es in ihrer ursprünglichen Form, sei es in einer durch diese Debatten veränderten Form – bewähren, da steigt die Wahrscheinlichkeit ihrer Legitimität. Insofern der Begriff der Transparenz Offenlegung und Aufklärung konnotiert, kann Öffentlichkeit gar nicht ohne dieses Charakteristikum gedacht werden. Dass es ein normatives Charakteristikum darstellt, muss nicht eigens betont werden. Denn de facto sind öffentliche Debatten alles andere als transparent, sondern durch allerlei explizite, vor allem implizite Machtpraktiken (vor-)strukturiert. Dass dieser Zustand jedoch nicht dem Ideal entspricht, zeigen allerlei Versuche, die auf einem bestimmten Level als hinderlich empfundenen Verkrustungen durch sog. Gegenöffentlichkeiten und deren neue Verbreitungskanäle aufzubrechen. Neben dieser zu überwindenden Intransparenz gibt es freilich auch ein Moment notwendiger Intransparenz, das – zumindest im Vollzug von Politik und wohl so mancher öffentlicher Debatten – seine Bedeutung behält. Öffentliche Debatten leben nämlich auch davon, dass in bestimmten Stadien Debattenteilnehmer sich als einzelne oder als Gruppe zurückziehen, um Zwischenstände festzuhalten und experimentelle Gedanken erst in einem *forum*

denn, man verwendet den Ausdruck in einem trivialen Sinne, was ich jedoch gerne vermeiden würde. Gleiches gilt für ‚Konstitution'. Zeichnet es nicht gerade die Öffentlichkeit in einem sehr weiten Sinne aus, dass sie auf Repräsentation und Konstitution – im Unterschied eben zum Politischen – nicht angewiesen ist?

[17] Im Unterschied zur Öffentlichkeit als einer offenen Sphäre gesellschaftlicher Deliberation würde ich Politik – im Anschluss an Luhmann – als den Funktionsbereich definieren, in dem nach der Codierung ‚Macht haben/nicht Macht haben' und den auf ihr aufruhenden Programmen Entscheidungen hinsichtlich der Gestaltung des gesellschaftlichen Zusammenlebens getroffen werden können; vgl. N. Luhmann, Die Politik der Gesellschaft, Frankfurt/M. 2000.

[18] In dieser Deutung stimmt Gerhardt, wenn auch mit unterschiedlichem Rekurs auf unterschiedliche historische Konstellationen, mit Habermas überein, der bekanntlich in der Durchbrechung feudaler Herrschaftsstrukturen die Geburtsstunde des politischen Begriffs der Öffentlichkeit sieht; vgl. J. Habermas, Strukturwandel der Öffentlichkeit. Untersuchungen zu einer Kategorie der bürgerlichen Gesellschaft. Neuauflage, Frankfurt/M. 1990.

internum zu testen, bevor sie einer großen Arena zur Prüfung vorlegt werden. Dieses Element der Schließung von Öffentlichkeit sollte als ein Interimsgut gewürdigt und nicht dem Ideal einer *post-privacy* oder einer totalen Transparenz geopfert werden.

Auch Partizipation ist sicher kein deskriptives Charakteristikum von Öffentlichkeit. Aber sowohl von der Geschichte des Öffentlichkeitsbegriffs als auch von dem – von Gerhardt zu Recht herausgestellten – Gedanken her, dass Öffentlichkeit sich vom Demokratischen gerade dadurch unterscheidet, dass sie im Prinzip keine Mitgliedschaftsbedingungen kennt, erweist sich Partizipation geradezu als *der* normative Inbegriff von Öffentlichkeit. Während Transparenz eine intrinsisch-moralische Konstitutionsbedingung von Öffentlichkeit bildet, geht ‚Partizipation' noch weiter: Die Existenz einer Sphäre der Öffentlichkeit ist gleichbedeutend mit der prinzipiellen Möglichkeit für jeden, über alles gesellschaftlich Relevante (oder auch Irrelevante) mitdiskutieren zu können – und es möglicherweise dadurch erst relevant und schließlich im Palaver irrelevant werden zu lassen. In diesem Sinne an Bewusstseinsbildungsprozessen zu partizipieren, bedeutet zwar nicht notwendig, mitentscheiden zu dürfen. Aber in der (nicht nur regelkonform verstandenen) Deliberation ereignet sich – jedenfalls dann, wenn man Demokratie als eine Staats- und nicht eine Diskursformation begreift – im vordemokratischen Raum ein demokratischer Effekt. Was gerade zur Transparenz ausgeführt wurde, gilt dabei *mutatis mutandis* auch für das normative Charakteristikum von Partizipation: Es gibt einen zu überwindenden Mangel an Partizipation, der mit asymmetrischen Zugangsbedingungen zusammenhängt. Manch einer hat mehr Möglichkeiten, die Agenda öffentlicher Debatten zu bestimmen, als andere – Medienkonzentration ist ein heikles Thema, auch in Zeiten der Blog-Kultur. Und selbst die Mikromedienwelt benötigt den großen Konzern, um fungieren zu können – all das mit noch unabsehbaren Folgen. Gleichzeitig haben sich in bestimmten Öffentlichkeiten jedoch auch Kommunikationsfilter herausgebildet, die sich im besten Fall durch Kompetenz begründen und Spezialdiskurse ermöglichen, die als solche wiederum dem öffentlichen Diskurs zugutekommen. Dass solche Diskursfilter ihrerseits kritisch mit den Mitteln Foucault'scher Diskursanalyse zu betrachten sind, ändert nichts an der prinzipiellen Sinnhaftigkeit solcher Teilschließungen von Öffentlichkeit, sofern sie auf ihre Weise der Entwicklung der umfänglicheren Öffentlichkeitskultur dienen.

Gerhardts These, dass es in der Öffentlichkeit vor allem oder letztlich (das bleibt unklar) um „eine von Allen als vorrangig erfahrene Einsicht" oder „auf die Erkenntnis eines Alle betreffenden Problems" oder „die Chance zu einer mehrheitlichen Aktionen des gesellschaftlichen Handelns"[19] gehe, so dass die Öffentlichkeit auf ein Ganzes ziele, halte ich dagegen für empirisch und normativ überzogen. Sie entspringt m. E. der zu engen Bindung seines Öffentlichkeitsbegriffs an den kollektiv verwendeten, aber am Individuum entwickelten Bewusstseinsbegriff, macht aber immerhin deutlich, dass jedenfalls der im Sinne Gerhardts verstandenen Öffentlichkeit a priori eine Gemeinwohl-Orientierung innewohnt. Dabei arbeitet Gerhardt jedoch mit dem rhetorischen Gestus des Ganzen, der als solcher nicht hinreichend dekonstruiert wird und damit den Eindruck hinterlässt, als ob die Öffentlichkeit selbst jenes Ganze bilde oder jedenfalls prinzipiell noch als ein solches fungieren könne. Beide Annahmen müssen mit Blick auf die gesellschaftliche Konstellation einer weltanschaulich pluralen und ausdifferenzierten Gesellschaft jedoch als unterkomplex zurückgewiesen werden.

Die skizzierte normative Verwendung des Öffentlichkeitsbegriffs aufgreifend und zugleich historische und empirische Einsichten mit dem normativen Ideal zusammenführend, hat Bernhard Peters den „Sinn der Öffentlichkeit", so der Titel einer 2007 postum veröffentlichten Aufsatzsammlung, noch tiefgehender als Gerhardt zu eruieren versucht.[20] Er sucht die Funktion öffentlicher Diskurse im Bereich des Politischen zu ergründen, ohne dabei wie Gerhardt den Begriff des Öffentlichen von einem Politikverständnis mit den Konstituenzien ‚Partizipation', ‚Repräsentation' und ‚Konstitution' abhängig zu machen. Dabei sieht Peters die Öffentlichkeit in einem magischen Viereck, in dem sich alle Ecken wechselseitig aufeinander beziehen, konkret: in einem Austausch mit Demokratie, Identitätskonstruktionen und politischen Legitimationsfragen, situiert. Die Stärke seines Ansatzes besteht darin, dass Peters für die normative Beurteilung demokratischer Prozesse das Ideal „jeder kann sprechen, alles kann thematisiert werden" empirisch überprüft und fragt, was nach dem Gegeneinander-laufen-Lassen von normativer Theorie und empirischen Ergebnissen für Konsequenzen für das Verständnis öffentlicher Diskurse gezogen werden können bzw. müssen. Sehr schnell wird klar – und das wird eine Ethik, der es nicht um bloße Postulate, sondern um die realen Bedingungen der Möglichkeit von Teilhabe und Transparenz geht, ernst nehmen müssen –, dass es *die* Öffentlichkeit nicht gibt, dass sie sich vielmehr in viele Sphären, in viele Arenen aufsplittert, dass es sehr wohl unterschiedliche Sichtbarkeiten, Einflussmöglichkeiten, Kommunikationsfähigkeiten, Definitionsmächte und Partizipationsweisen von Diskursteilnehmenden gibt,[21] dass bestenfalls im Netz (was wiederum neue Probleme schafft), ansons-

[19] Vgl. Gerhardt, Öffentlichkeit, a. a. O., 284.
[20] Vgl. B. Peters, Der Sinn von Öffentlichkeit. Hg. v. H. Weßler, Frankfurt/M. 2007.
[21] Vgl. auch J. Wimmer, (Gegen-)Öffentlichkeit in der Mediengesellschaft, Wiesbaden 2007.

ten aber kaum transnationale Öffentlichkeiten existieren und dass sehr unterschiedliche Grade an Legitimations- und Identitätsbildern generiert werden. Die genannten Konkretisierungen sind nicht einfach als Entwertungen des Öffentlichkeitsbegriff zu lesen, sondern können zu einer Intensivierung seines Verständnisses beitragen, indem sie deutlich machen, dass es - anders als es Gerhardt sieht - eben nicht immer, auch nicht indirekt, ums Ganze gehen muss, sondern dass auch in Teil- oder Parallelöffentlichkeiten um Wichtiges gerungen wird. Auch hier mag es im weitesten Sinne um den Bereich des Politischen gehen, wenn man darunter die Arena des Diskurses versteht, aber auch andere Funktionssysteme und ihre Organisationen können und sollen zum Thema von öffentlichen Diskursen werden. Obwohl ich dem Terminus einer intermediären Sphäre aufgrund seiner begrifflichen Unschärfe sonst sehr skeptisch gegenüberstehe, scheint er mir in diesem speziellen Fall, d. h. für die Sphäre der Öffentlichkeit, passend zu sein. Denn sie ist keine Organisation eines Funktionssystems, sondern greift Themenfelder aller Funktionssysteme auf; sie ist dem Politischen zwar insofern nahe, als dieses das System ist, in dem die Frage nach dem Ganzen und andere Fragen von gesellschaftlichem Rang ständig bearbeitet und gesellschaftliche Selbstbilder generiert werden, die dann über strukturelle Kopplungen auf die anderen Funktionssysteme einwirken, geht aber deswegen keineswegs im Bereich oder System des Politischen auf. Das gilt nicht nur wegen der in der Öffentlichkeit verhandelten Themenvielfalt, sondern auch, weil die Entitäten, die öffentliche Diskurse und öffentliche Kulturen[22] beeinflussen, nämlich: Individuen, Organisationen, Gemeinschaften formeller und informeller Art, Medien etc., sich ihrerseits nicht einer einzigen Sphäre zuordnen lassen, sondern über die Grenzen unterschiedlicher Sphären hinausragen.

Aus dem Umstand, dass Öffentlichkeit nicht einfach mit politischen Organisationen oder mit demokratischen Entscheidungsprozessen zu identifizieren ist, sondern mal im Vordergrund, mal im Hintergrund, mal im Zentrum der Gesellschaft bei der Thematisierung einzelner gesellschaftlich als relevant erachteter Problembereiche zur kulturellen Selbstverständigung der Gesellschaft beiträgt, lassen sich - behält man das Deutungsmodell einer funktional differenzierten und weltanschaulich pluralen Gesellschaft bei - mit Peters folgende Schlussfolgerungen ziehen: „Eine lebhafte diskursive Öffentlichkeit wird zunächst einmal problematisierend und dissensvermehrend wirken."[23] Den Öffentlichkeitsbegriff sollte man also nicht mit der Konnotation, auf politische Entscheidungen zu zie-

[22] Unter „öffentlichen Kulturen" versteht Peters „das Repertoire oder Reservoir an Symbolen, Bedeutungen, Wissensbeständen und Werten, die für ein bestimmtes Publikum relevant sind." (Peters, Sinn von Öffentlichkeit, a. a. O., 330)

[23] Peters, Sinn von Öffentlichkeit, a. a. O., 200.

len, überfordern. Dass umgekehrt ein von solchen Ansprüchen befreiter Öffentlichkeitsbegriff neue Probleme schafft, ist der unvermeidliche Preis zivilgesellschaftlicher Debatten: „Was die Frage der Leistung oder Funktionen öffentlicher Diskurse anbetrifft, sollte nicht ihre Kapazität zur Konfliktlösung durch aktuelle Konsensbildung oder zur Legitimation einzelner politischer Entscheidungen im Vordergrund stehen. ... Stattdessen sollten die möglichen Wirkungen öffentlicher Debatten auf längerfristige, diffusere kulturelle Wandlungs- und Innovations- oder Lernprozesse beachtet werden. Öffentliche Diskurse reproduzieren und transformieren eine öffentliche Kultur, ein bestimmtes Repertoire an Wissensbeständen, Normen und Werten, kollektiven Selbstdeutungen, das teils weithin geteilt wird, teils gruppenspezifisch differiert, teils öffentlich problematisiert und kontrovers debattiert wird."[24] Genau in diesem hinter- und untergründigen Einfluss öffentlicher Diskurse auf die politische Kultur und Zivilität einer Gesellschaft kommt ihr Gemeinwohlcharakter im Sinne einer Förderung des Gemeinwohlpluralismus vorrangig zum Tragen.

Fasst man Öffentlichkeit so, dann deckt sich das von Peters Herausgearbeitete mit einer bemerkenswerten Formulierung Volker Gerhardts über den Sinn von Öffentlichkeit, Politik möglich zu machen.[25] Diese wiederum erinnert an die berühmte Formulierung Richard von Weizäckers auf der EKD-Synode 1996 in Borkum, dass die Aufgabe der Kirche nicht darin bestehe, Politik zu machen, sondern Politik möglich zu machen.[26] Nun rechtfertigen die beiden Aussagen von Gerhardt und von von Weizsäcker noch keineswegs eine intrinsische Verbindung von Öffentlichkeit und Religion. Dass es diesen Link in allerlei gelungenen und vor allem auch fragwürdigen Varianten gegeben hat, ist zwar evident. Ob und wie er ethisch begründet werden kann und ob er dann seinerseits für Kirche und Theologie Herausforderndes im Sinne der Gestaltung des Gemeinwohlpluralismus bietet, gilt es im Folgenden zu klären.

[24] A. a. O., 202.
[25] Vgl. Gerhardt, Öffentlichkeit, a. a. O., 288.
[26] Vgl. http://www.ekd.de/synode96/grussworte_weizs.html.

IV. „Religion und Öffentlichkeit“[27]

Die von mir zum Zwecke der Deutung der Schwelle von Religion und Öffentlichkeit gewählte Bezugnahme auf ein denkwürdiges intellektuelles „Gipfeltreffen“ im Oktober 2009 in New York ist kontingent, ohne deswegen einfach willkürlich zu sein. Denn in diesem Gespräch zwischen Jürgen Habermas, Charles Taylor, Judith Butler und Cornel West werden nach meiner Wahrnehmung in beispiellos komprimierter Form gegenwärtige Standards des Diskurses der letzten zwanzig Jahre gebündelt und zugleich durch das Gegeneinander-laufen-Lassen der unterschiedlichen Perspektiven und Argumente auf hohem Niveau an entscheidenden Stellen vorangebracht.

1. Der gemeinsame Bezugsrahmen

Da ich das Gespräch hier nur ansatzweise vorstellen und interpretieren kann, möchte ich zunächst das sachliche und methodische Level, das von den Gesprächspartnern trotz aller dann aufbrechenden Differenzen geteilt wird, dem Grundzuge nach zusammenfassen. Zunächst fällt das Wohlwollen auf, mit dem alle Teilnehmenden - sicher nicht nur der besonderen Atmosphäre dieser Veranstaltung geschuldet - einander begegnen. Es trägt auch dazu bei, dass auf verbreitete Stereotypen, die die eigene Position, auch und gerade im Blick auf Religion, in besonders hellem, die des Anderen dagegen in besonders trübem Licht erscheinen lassen, verzichtet wird. Man merkt diesem Gespräch an, dass die Teilnehmenden zwei Trends der letzten zwei Jahrzehnte intellektuell und persönlich verarbeitet haben: 1. Niemand nimmt das Phänomen Religion nicht ernst. D. h., keiner folgt der traditionellen großen Erzählung, dass Modernisierung und Säkularisierung koextensive Prozesse seien, die notwendig zum Verschwinden von Religion führen müssten. Alle wissen um die global betrachtet eher zunehmende Bedeutung von Religion für die Gestaltung der Gesellschaft, inkl. der damit verbundenen Chancen, Gefahren und Abgründe. Es kommt dem Gespräch zugute, dass keiner der Beteiligten dieses Geschehen als eine historische Katastrophe auffasst. Der eine kann mehr, der andere weniger mit Religion anfangen, aber keiner steht ihr prinzipiell ablehnend gegenüber. Für Habermas be-

[27] Die Seitenverweise im Haupttext beziehen sich auf: Mendieta/VanAntwerpen (Hg.), Religion und Öffentlichkeit, a. a. O.; darin: Habermas, ‚Das Politische‘, a. a. O.; Ch. Taylor, Für eine grundlegende Neubestimmung des Säkularismus, 53–88; Diskussion: Jürgen Habermas und Charles Taylor, 89–101; J. Butler, Ist das Judentum zionistisch?, 102–133; C. West, Die prophetische Religion und die Zukunft der kapitalistischen Welt, 134–146; Diskussion: Judith Butler und Cornel West, 147–157; Abschlussdiskussion: Judith Butler, Jürgen Habermas, Charles Taylor, Cornel West, 158–169.

inhaltet sie Sinnpotenziale, für den Katholiken Taylor steht ihre Bedeutung außer Frage, gleiches gilt für die sich selbst als Mitglied einer jüdischen Reformsynagoge bezeichnende Judith Butler und den Prediger Cornel West. Zugleich ist zu beachten, dass keiner der Gesprächsteilnehmer als offizieller Vertreter oder Abgesandter einer Religion spricht, auch Cornel West nicht. 2. Auch methodologisch bewegt sich die Debatte auf einem hohen Niveau. Alle Debattenteilnehmer haben ihre Lehren aus der sog. Liberalismus-Kommunitarismus-Debatte der 1990er Jahre gezogen. Niemand vertritt mehr die ehedem heftig debattierten Thesen eines einseitigen Vorrangs des Gerechten vor dem Guten (so damals die Liberalen, insbesondere John Rawls) oder des Vorrangs des Guten vor dem Gerechten (so damals die Kommunitaristen, allen voran Alasdair MacIntyre, Michael Sandel oder eben auch Charles Taylor). Inzwischen hat sich - auch vor dem Hintergrund der zunehmend wieder wahrgenommenen Politisierung von Religion in der globalisierten Welt - die ehemalige Lagerbildung zwischen einem universale moralische Prinzipien in politische Formen umsetzen wollenden Liberalismus und einem partikularen Traditionen verbundenen Kommunitarismus zugunsten von Mischformen zwischen dem Guten und Gerechten aufgelöst. Entsprechend besteht die neue - und wie ich finde - spannendere Herausforderung darin, die bleibenden Unterschiede auf diesem höheren Problematisierungsniveau von Mischformen so festzuhalten, dass keine schlechten konzeptionellen Hybride produziert werden.

Über die Verarbeitung der genannten Trends hinaus sind sich die Debattenteilnehmenden auch hinsichtlich bestimmter methodologischer und minimalinhaltlicher Standards einig, die sie nicht mehr unterschreiten wollen. Zu den von allen geteilten *methodologischen Grundannahmen* gehört, dass die Differenzierung zwischen Gerechtem und Gutem nach verschiedenen Hinsichten erfolgen kann. Dem Guten kann in genealogischer und motivationaler Hinsicht, aber auch mit Blick auf die Deutung der Wirklichkeit, ein Vorrang vor dem (je nach philosophischer Schule unterschiedlich [re-]konstruierten) Kern der Moral und/oder den als für alle verbindlich erachteten Minimalbedingungen des Zusammenlebens eingeräumt werden. Mit Blick auf die verfassungsrechtlichen Grundlagen des Zusammenlebens in einer pluralen und ausdifferenzierten Gesellschaft kann dagegen vom Vorrang des Rechten vor dem Guten kaum abgerückt werden. Das gilt jedenfalls dann, wenn darunter verstanden wird, dass partikulare Lebensformen nachweisen müssen, dass sie in ihrer Eigenart nicht in substanziellen[28] Gegensatz zu geschichtlich gewachsenen Normstandards geraten, die nicht nur von einer signifikanten gesellschaftlichen Mehrheit für unhintergehbar erachtet

[28] Natürlich ist strittig, was ‚substanziell' im Einzelfall bedeutet.

werden, sondern sich auch über entsprechende ethische Prüfverfahren als verallgemeinerbar erweisen lassen und/oder in allgemeinen Rechtslehren als Prinzipien von Rechtsregeln erachtet werden.[29] Schließlich kann in kultur(staats-)theoretischer Perspektive all den Vorstellungsformen des Guten eine Förderung zukommen, die ihrerseits die etablierten Standards des Rechten fördern, sofern damit die weltanschauliche Neutralität des Staates als Ausdruck der Fairness in der Behandlung partikularer Gemeinschafts- und Lebensentwürfe nicht aufgegeben, sondern lediglich auf die Stärkung zivilgesellschaftlicher Grundlagen geachtet wird. Derartige im Einzelnen zu konkretisierende und in dieser Konkretisierung wieder strittige methodologische Standards zivilgesellschaftlichen Miteinanders werden von allen Debattenteilnehmenden vorausgesetzt.

Zu den von ihnen bei allen Differenzen im Einzelnen nicht hinterfragten *minimalinhaltlichen Voraussetzungen* zählen zum einen die Annahme, dass es sich bei den westlichen Gesellschaften, vor allem in ihrer politischen Ausgestaltung als rechtsstaatliche Demokratien, um säkulare Gesellschaften handelt. Dass sie zudem in dieser politisch-rechtlichen Formatierung auf einem Menschen- und Bürgerrechtsregime und -ethos aufruhen, wird von niemandem bezweifelt, allerdings nur von Habermas und Taylor explizit thematisiert. Selbstverständlich unterscheiden sich die einzelnen Autoren in ihren jeweiligen Bestimmungen von ‚Säkularität' und rechtstaatlicher Demokratie und in ihrer Interpretation des Menschenrechtsregimes und -ethos. Dennoch finden sich, trotz hier nicht näher zu thematisierender Differenzen, beachtliche Übereinstimmungen dahingehend, dass ‚Säkularität' nicht einfach die Abwesenheit von Religion meint, sondern einen Gestaltungsauftrag im Blick auf die wechselseitige Achtung von Weltanschauungen, seien diese in ihrer Selbstbeschreibung explizit religiös oder nicht, unter den Bedingungen starker Pluralität (sog. ‚Multikulturalismus') impliziert.[30] Manches wirkt in dem Gipfelgespräch über „Religion und Öffentlichkeit" schärfer und überspannter, als man es von einer vergleichbaren Diskussion in Deutschland erwarten würde. Noch ist es in Deutschland, das im Vergleich zu den USA als vor allem religionskulturell recht homogen anzusehen ist, nicht üblich, radikal zu hinterfragen, ob wir überhaupt das Vermögen haben, eine dis-

[29] Vgl. zu dieser Ebenenunterscheidung R. Dworkin, Bürgerrechte ernstgenommen, Frankfurt/M. 1984.

[30] So explizit bei Taylor. Habermas' terminologisch eher unglückliche Rede von der ‚postsäkularen Gesellschaft' zielt der Sache nach genau darauf, dass säkulare Gesellschaften sich der bleibenden Bedeutung von Religionen und Weltanschauungsproduktionen und –produzenten bewusst bleiben müssen; vgl. J. Habermas, Religion in der Öffentlichkeit der postsäkularen Gesellschaft, in: ders., Nachmetaphyisches Denken II. Aufsätze und Repliken, Berlin 2012, 308–327.

kursive Welt zu teilen (159). Doch die Beschneidungsdebatte hat gezeigt, dass bisher für selbstverständlich gehaltene gemeinsame Voraussetzungen ins Wanken geraten können. Auch in Deutschland wird nicht nur der Ton rauer, sondern es steht auch zu vermuten an, dass die Tiefe der Differenzen zunimmt.[31] Um darauf nicht einfach mit einer Verteidigung der eigenen Position zu reagieren, sondern mit dem verstärkten Bemühen, stabile Brücken zu widerstreitenden Positionen zu bauen, mag der Blick auf die nordamerikanische Situation mit ihren heterogenen und „heißen" religiösen Traditionen deshalb durchaus hilfreich sein.[32]

Das Gespräch selbst verläuft in drei Runden, von denen die erste, von Habermas und Taylor bestrittene, im Rahmen der politischen Philosophie verbleibt und darin nach der Legitimität religiöser Beiträge zur Ausgestaltung von Öffentlichkeit fragt. Im zweiten Gesprächsgang thematisieren Judith Butler und Cornel West auf der Schwelle von religiöser Beteiligtenperspektive und politischer Philosophie die prekären Bedingungen solcher Diskurse und die sich daraus ergebenden Konsequenzen für Religionsgemeinschaften, die sich auf solche Diskurse einlassen (müssen), aber auch für das Klima in der Gesellschaft selbst. In einer abschließenden Diskussion werden beide Perspektiven, die prädominante[33] Beobachter- und die prädominante Beteiligtenperspektive, nochmals aufeinander bezogen.

[31] Sollte es nicht so kommen, umso besser.

[32] Bisweilen erweist sich die Lektüre des relativ kurzen Buches als etwas mühselig, weil jeder der Protagonisten erst einmal sein eigenes Steckenpferd reiten muss: Habermas wettert gegen den „Klerikofaschisten" Schmitt, Taylor muss seine Idee einführen und stark machen, dass der Begriff der Säkularität eher vom Umgang mit Vielfalt denn allein von der Matrix „Trennung Religion – Staat" her zu verstehen sei, Butler entfaltet ihre These der Kohabitation vor der Folie des Israel-Palästina-Konfliktes anhand einer ausführlichen Arendt-Exegese, und auch Cornel Wests bekannte Polemik gegen Barack Obama und seine scharfe Kritik an der sozialen Ungleichheit in den USA dürfen nicht fehlen. Doch bevor man sich bemüßigt fühlt, solche Eigenkontextualisierungen bloß als Eitelkeit abzutun, sollte man es mit einer alternativen oder zumindest komplementären Lesart versuchen: Danach zeigt ein solches Vorgehen, dass die Frage nach Religion in der Öffentlichkeit in der Regel nicht als ein theoretisches Problem behandelt wird, sondern dass sie an konkreten, öffentlich für relevant erachteten Punkten aufbricht. Wenn solche gesellschaftlichen Kontroversen von den berühmten Debattenteilnehmern herbeizitiert werden, ist dies daher weder überraschend noch unangemessen, sondern symptomatisch für die spezifische Art und Weise, in der sich die Frage nach der Zivilität der Religion stellt.

[33] Von ‚prädominant' spreche ich, um anzudeuten, dass eine Beobachterperspektive sich nicht gegenüber Elementen eigener Beteiligung immunisieren kann, während umgekehrt auch in die sog. Beteiligtenperspektive Modi der Distanznahme einfließen können.

2. *Die Habermas-Taylor-Debatte*

Konzeptioneller Bezugspunkt für Habermas' und Taylors Ringen um die Bedeutung religiöser Beiträge im öffentlichen Raum bleiben John Rawls' Ausführungen zur Idee des „öffentlichen Vernunftgebrauchs" in seinem bahnbrechenden Werk „Politischer Liberalismus" aus dem Jahr 1993[34] und dem späteren Aufsatz „Nochmals: Die Idee der öffentlichen Vernunft"[35]. Rawls hatte zunächst verlangt, dass Bürger, „wenn sie vor dem Forum der Öffentlichkeit politisch Stellung beziehen", von den jeweiligen umfassenden Lehren, d. h. Weltanschauungen oder Religionen, zu denen sie sich bekennen, abstrahieren und ihr Anliegen in einer neutralen Sprache formulieren.[36] Später hatte er diese Forderung teilweise zurückgenommen; vernünftige umfassende Lehren, so heißt es in dem 1997 publizierten Aufsatz, dürften jederzeit in öffentliche politische Diskussionen eingebracht werden, vorausgesetzt es würden „in gebührender Zeit angemessene politische Gründe - nicht etwa Gründe, die ausschließlich auf umfassenden Lehren beruhen - vorgebracht".[37] Dem Gesamttext ist freilich leicht abzuspüren, dass der Autor dieses Zugeständnis eher aus pragmatischen Motiven macht denn aus intrinsisch ethischer oder politiktheoretischer Überzeugung.

An diesem „Proviso", wie Rawls es nennt,[38] arbeiten sich Habermas und Taylor ab. Obwohl Habermas Rawls' Forderungen in der berühmten Friedenspreisrede 2001 der Sache nach noch unterstützt hatte, unterschied sich seine Position schon damals insofern von der Rawls'schen, als er in den religiösen Semantiken das durch Philosophie oder Recht nicht substituierbare Ressourcenbecken für lebensweltliche Verarbeitungen der komplexen, systemisch durchrationalisierten Welt sah.[39] Wenige Jahre später änderte er seine Position erneut in Richtung einer noch entspannteren Verhältnisbestimmung von Religion und Öffentlichkeit.[40] Dies geschah aus empirischen und normativen Gründen. Empirisch konstatierte Habermas zunächst, dass zahlreiche Menschen den von ihnen selbst gewünschten Beitrag zur Gestaltung der Gesellschaft gar nicht in einer rein säkularen, von partikularen Vorstellungen des Guten gereinigten Sprache formulieren könnten. Dies sei insofern normativ relevant, als eine Konzeption von libera-

[34] Vgl. Rawls, Liberalismus, a. a. O.

[35] J. Rawls, Nochmals: Die Idee der öffentlichen Vernunft, in: ders., Das Recht der Völker, Berlin, New York 2002, 165–218 (englisch: The Idea of Public Reason Revisited, in: Chicago Law Review 64 [1997], 765–807).

[36] Vgl. Rawls, Liberalismus, a. a. O., 312–363 (Zitat 315).

[37] Rawls, Nochmals, a. a. O., 189.

[38] J. Rawls, Idea, a. a. O., 776.

[39] Vgl. J. Habermas, Glauben und Wissen, Frankfurt/M. 2001.

[40] Vgl. J. Habermas, Religion in der Öffentlichkeit, in: ders., Zwischen Naturalismus und Religion. Philosophische Aufsätze, Frankfurt/M. 2005, 119–154.

ler Demokratie, die nicht in der Lage sei, auch die zu Wort kommen zu lassen, die nicht eine vermeintlich neutrale Sprache sprechen könnten oder wollten, sich in einen performativen Widerspruch begebe. Denn der Demokratieanspruch scheitere in diesem Fall schon an der elementaren Bedingung politischer Deliberation: dem freien Zugang zu dieser Deliberation.[41] Zwar müsse der Staat säkular, d. h. frei von explizit religiöser Sprachwahl sein. Denn damit verletze er seine Verfahrens- wie Zielneutralität. Aber diese Erwartung gelte eben nicht für die in der Öffentlichkeit sich repräsentierende Gesellschaft. Um diese Spannung zu verarbeiten, schlägt Habermas eine Institutionalisierung des Rawls'schen Provisos vor.[42] Nicht schon bei den Debatten um die grundlegende Gestaltung der Gesellschaft hätten religiöse Menschen eigenständig die notwendige Übersetzungsarbeit zu leisten, sondern erst im Bereich der politischen Entscheidungsfindung (also im Parlament) und bei staatlichen wie rechtlichen Entscheidungen. Bei der politischen Deliberation hätten religiöse Menschen um der Vermeidung des oben erwähnten performativen Widerspruchs liberaler Demokratie willen das Recht, sich zu äußern, wie sie es für richtig erachten. Die Bereitschaft, die damit verbundenen Zumutungen und Lernprozesse in Kauf zu nehmen, gehört für Habermas – wie zuvor schon für Rawls und in Übereinstimmung mit ihm auch für Taylor – zum staatsbürgerlichen Ethos.[43] Während von nicht-religiösen Bürgern lediglich erwartet wird, im Gespräch mit religiösen Menschen ein Bewusstsein für die Genealogie und Sinnhaftigkeit sinnstiftender Systeme zu entwickeln oder zu bewahren[44], sind die Zumutungen für religiöse Zeitgenossen freilich ungleich erheblicher. Sie müssen akzeptieren, dass andere ihre religiösen Wirklichkeitsdeutungen übersetzen, vor allem aber müssen sie sich – so Habermas – nicht nur zu anderen Religionen in ein „vernünftiges", d. h. vermutlich: von Respekt getragenes Verhältnis setzen und das weltliche Wissen der institutionalisierten Wissenschaften hinnehmen, sondern „die Prämissen der Menschenrechtsmoral an die eigenen Glaubenswahrheiten anschließ[en]" (44).[45]

[41] Konsequenterweise lehnt Habermas das französische Modell des Laizismus ab.

[42] Habermas, Religion, a. a. O., 136; vgl. ders., ‚Das Politische', a. a. O., 43.

[43] Man könnte geneigt sein, hier von einer *petitio principii* zu sprechen – aber das Ganze ist alternativlos und erklärbar als Prozess wachsender Selbstvergewisserung mit dem Ziel der Vermeidung noch größerer Fehler.

[44] Dies schließt auch ein Wachhalten der zivilreligiösen Frage „des Politischen" (im Gegensatz zur konkreten Politik) ein; vgl. zu diesen Unterscheidungen Habermas, ‚Das Politische', a. a. O.

[45] Die zitierte Formulierung scheint allerdings bewusst zurückhaltend gewählt; sie impliziert nicht unbedingt die Pflicht zu einem proaktiven Einsatz für das Menschenrechtsethos, sondern lediglich den Verzicht auf eine explizite Ablehnung desselben.

Zwar erscheint Habermas' Einschätzung der Bedeutung religiöser Beiträge für öffentliche Debatten deutlich wohlwollender und auch moraltheoretisch fundierter als die von Rawls, der umfassende Lehren und damit auch Religionen eher aus pragmatischen Gründen in die öffentlichen Deliberationen einbeziehen will. Dennoch erkennt man immer wieder - in diesem Band vor allem in der anschließenden Diskussion mit Taylor -, dass auch Habermas trotz der Würdigung religiöser Beiträge, deren Besonderheit er in Anlehnung an Johann Baptist Metz darin sieht, eine *memoria passionis* wachzuhalten (vgl. 46), der Religion mit gewisser Distanz begegnet. Ihre Form, Gründe zu geben, wird kategorial von sog. säkularen Gründen unterschieden. Erstaunt vermisst man ein Eingeständnis Habermas', dass auch säkulare Gründe häufig weltanschauungskontaminiert sind.

Die antagonistische Position, die Taylor in dieser ersten Debattenrunde gegenüber Habermas einnimmt, ist wohl nur vor dem Hintergrund seines langjährigen Einsatzes für einen reflexiv ambitionierten Multikulturalismus, verstanden als einer Kultur wechselseitiger Anerkennungsbereitschaft,[46] zu verstehen. Vordergründig setzt sich ja auch Taylor, wie Habermas zuvor, für eine Reihe klassischer Menschen- und Bürgerrechte ein und fordert, dass der Staat keine Zuständigkeitserklärungen für letzte Fragen abgibt. Letzteres ergibt sich schon aus seiner seit den 1990er Jahren vertretenen These, dass die an der Menschenwürde orientierte Politik der Moderne ihre egalitäre Grundausrichtung an der Achtung für unterschiedliche kollektive Identitätsbildungen bewähren muss.[47] Mit dieser These setzt sich Taylor von zwei Grundtypen politischer Philosophie in der Neuzeit ab. Zum einen kann er dem vor allem mit dem Namen Kant verbundenen sog. „Rechte-Liberalismus" nicht folgen, weil er zwar den Grundgedanken, dass Individuen ein bestimmtes Set an Grundrechten zukommen müsse und dieses prozedural, nicht jedoch über gemeinsame letzte Ziele[48] zu sichern sei, teilt, jedoch nicht nur individuellen, sondern auch geschichtlich gewachsenen kollektiven Identitätsmustern eine Form der Achtung prinzipieller Art, die ihren zu-

[46] Wenn ich den Begriff der Anerkennung verwende, dann ist damit folgende Deutung impliziert: Empirisch anerkennen sich Menschen natürlich nicht immer. Der Begriff der Anerkennung wird deshalb von mir wie in weiten Teilen des ausdifferenzierten Diskurses in eine geradezu transzendentale Funktion gerückt. Er soll normativ und kontrafaktisch zum Ausdruck bringen, dass in jeder Form gelingender Kommunikation diese grundsätzliche Achtung immer schon, oft unthematisch, mitläuft. Erst wenn gegen diese elementare Bedingung des Menschseins verstoßen wird, weil Personen stigmatisiert, diskriminiert oder gedemütigt werden, wird *via negationis* diese grundlegende Dimension menschlichen Zusammenlebens sichtbar.

[47] Vgl. zum Folgenden Ch. Taylor, Die Politik der Anerkennung, in: ders., Multikulturalismus und die Politik der Anerkennung (amerik. Orig. 1992), Frankfurt/M. 2009, 11–68.

[48] Vgl. Taylor, Politik, a. a. O., 44.

künftigen Fortbestand sichern soll, entgegengebracht sehen will. Aus Taylors Sicht sollten solche Identitätsmuster daher ein Gegenstand staatlichen Schutzes sein. Von dem Gegenmodell einer Roussau'schen Würde-Deutung grenzt sich Taylor jedoch noch entschiedener ab. Als deren Stärke sieht er zwar ihren antihierarchischen und damit Achtung reziprok und egalisierend ausbuchstabierenden Grundzug, der ein Verständnis von Freiheit (zumindest im Sinne des Nichtbeherrscht-werden-Wollens) einschließe. Erkauft werde all dies jedoch durch zwei inakzeptable Restriktionen, die mit einem menschenrechtsbasierten Würde-Verständnis inkompatibel seien: das Fehlen differenzierter Rollenverständnisse (dies führe dazu, dass Rousseau die sich daraus ergebenden Spannungen und Differenzierungsambitionen mit Blick auf Status und Anerkennung nicht berücksichtige) und die Behauptung eines eng umrissenen, von allen zu teilenden Modells guten Lebens. In der letzten Prämisse sieht er das Einfallstor für eine – wie es dann bei C. Schmitt heißt – „Tyrannei der Werte". In Überwindung der jeweiligen Einseitigkeiten der Kantischen, also auf Rechte-Liberalismus und Prozeduralismus setzenden, und der Rousseau'schen, Egalität und Achtung eng an strikte Identitätsvorstellungen bindenden Traditionslinien will Taylor einen dritten Weg gehen, der sich dadurch auszeichnen soll, dass er nicht nur individuelle Freiheitsrechte (oder soziale Rechte, was hier jedoch nicht primär das Thema ist) anerkennt, sondern auch gruppenbezogene Identitätsrechte für achtungs- und schutzwürdig ansieht. Damit geht Taylor nicht so weit wie (nach seiner Lesart) Rousseau, der Identitätsbildungsprozesse eng an den Gemeinwillen von Staat und Nation bindet (auch wenn er nicht ausschließt, dass es solche gibt; allerdings nicht in der exklusiven und dichten Art, wie es Rousseau nach Taylor einklagt), sondern an Gruppen innerhalb der Staatsordnung. Er geht jedoch weiter als Kant, insofern eben nicht nur das Individuum der Schutzdestinar ist, dem aus dem Grundgedanken der Menschenwürde Schutz und Achtung zukommen soll. Letzteren Gedanken hatte Habermas schon in Reaktion auf Taylors Aufsatz zur Politik der Anerkennung – damals noch viel polemischer als heute – mit Sentenzen wie den folgenden verworfen: „Selbst wenn solche Gruppenrechte im demokratischen Rechtsstaat zugelassen werden könnten, wären sie nicht nur unnötig, sondern normativ fragwürdig. Denn der Schutz von identitätsbildenden Lebensformen und Traditionen soll ja letztlich der Anerkennung ihrer Mitglieder dienen; er hat keineswegs den Sinn eines administrativen Artenschutzes."[49] Lebensformen müssten überzeugen und ihre Mitglieder innerlich binden, sich dabei

[49] J. Habermas, Die Einbeziehung des Anderen. Studien zur politischen Theorie, Frankfurt/M. 1996, 259.

aber zugleich den Herausforderungen der Moderne stellen, ansonsten gälte für sie: „In der Moderne fallen rigide Lebensformen der Entropie anheim."[50]

Vor dem Hintergrund des skizzierten Anerkennungsverständnisses argumentiert Charles Taylor in dem New Yorker Gespräch in zweifacher Hinsicht anders als Habermas. Zum einen sind kollektive Kultur- und Religionsarrangements für ihn ein intrinsischer Beitrag zur Identitätsbildung des Einzelnen ebenso wie der kollektiven Größen von Staat, Nation und „Volk"[51]. Zum anderen verlangt er im Gegenzug, auch bei der sog. säkularen Vernunft deren identitäre Dimensionen mit zu berücksichtigen und sich nicht dem falschen Eindruck hinzugeben, als ob es zwischen säkularen und religiösen Deutungen der Wirklichkeit einen prinzipiellen Unterschied gäbe. Vor dem Hintergrund dieser beiden Thesen, die Taylor in seinen beiden Hauptwerken „Quellen des Selbst"[52] und „Ein säkulares Zeitalter"[53] in historischer und systematischer Perspektive ausführlich entfaltet hat, gelangt er zu dem Schluss: Unter dem Schlagwort ‚Säkularität' solle nicht einfach die Überwindung religiöser Vorstellungen bei der Gestaltung von Gesellschaft verstanden werden, solle daher kein unnützer Kampf zwischen vermeintlich aufgeklärter Säkularität und unaufgeklärter Religion inszeniert, sondern der zivile Umgang mit gesteigerter Pluralität verstanden werden. Dieses Ziel einer sog. „revisionären Polysemie" (85) müsse es sein, nicht gegen, sondern angesichts der Pluralität und durch sie hindurch in der Gesellschaft grundlegende Ziele[54] zu realisieren und auszubalancieren. Dabei setzt er die Achtung der Leitmotive der Französischen Revolution „Freiheit, Gleichheit und Brüderlichkeit/Solidarität" als gemeinsamen Rahmen, innerhalb dessen die spezifischen Identitätsmuster ausgelebt werden können, voraus. Damit diese Rahmung und die Ausbildung von partikularen Identitäten kompatibel werden, müsse sich der neutrale Staat

[50] Habermas, Einbeziehung, a. a. O., 261.

[51] Taylor nimmt keine präzisen Begriffsbestimmungen in dem hier zugrunde liegenden Beitrag vor. Dass er ‚Volk' und ‚Nation' nicht einfach einem „myth of the given" zuordnet, ergibt sich vor dem Hintergrund seines Gesamtwerkes geradezu selbstverständlich – das deutet sich auch in diesem Text an, indem er das Wort ‚Volk' in Apostrophen setzt. Interessant zu erwähnen ist allerdings, dass Taylor zwischen Nation und Staat ein wechselseitiges Konstitutionsverhältnis wirken sieht, also nicht einfach davon ausgeht, dass eine Nation ihre rechtliche und politische Organisation in einem bestimmten Staatsarrangement abbildet, sondern bestimmte staatliche Formationen auch ein Gefühl von Nation schaffen, befördern und aufrecht erhalten können.

[52] Vgl. Ch. Taylor, Quellen des Selbst. Die Entstehung der neuzeitlichen Identität, Frankfurt/M. 1994.

[53] Vgl. Ch. Taylor, Ein säkulares Zeitalter, Frankfurt/M. 2009.

[54] Der Begriff ‚grundlegende Ziele' ist hart an der Grenze eines Oxymoron, meint aber wohl im Sinne einer starken vagen Theorie des Guten, dass eine jede (sich demokratisch verfasst nennende) Gesellschaft die genannten Ziele im Prinzip verwirklichen muss, in der Ausgestaltung der einzelnen Ziele wie in der Balance jedoch deutliche Spielräume herrschen.

davon verabschieden, sich selbst als „Bollwerk gegen Religion“ zu verstehen, und die moderne Gesellschaft davon, den Aufklärungsmythos einer säkularen und „eigenständigen“, d. h. bindungslosen Vernunft zu perpetuieren.

Entsprechend dieses kurz skizzierten Ansatzes kann Taylor weder Rawls' Proviso gegenüber umfassenden Lehren noch Habermas Vorschlag zur Institutionalisierung desselben zustimmen, sondern erwartet bestenfalls, dass sich im Streit der Argumente das bessere durchsetzt. Wenn er dann doch noch fordert, dass eine amtliche Sprache (77), also die Sprache der „Gesetze, Verordnungen und Gerichtsurteile“ möglichst neutral gestaltet sein solle, so muss sie aus seiner Sicht in gleicher Weise zu nicht-religiösen Weltanschauungen und umfassenden Lehren Abstand halten wie zu religiösen. In diesem Auftrag sieht er eine zwar schwierige, aber unvermeidliche Aufgabe jedes modernen demokratischen und säkularen Staates. Ein erkenntnistheoretisches Privileg säkularer Gründe weist er gegenüber Habermas zurück.

In gewisser Weise spiegelt die Taylor-Habermas-Kontroverse die geradezu typologische Kant-Hegel-Differenz in der politischen und Sozialtheorie der letzten zweihundert Jahre auf der Höhe der zu Beginn dieses Kapitels skizzierten und von allen Debattenteilnehmenden mehr oder minder stillschweigend akzeptierten Rahmenbedingungen wider. Während Habermas zwar im Verhältnis zu seinen früheren Beiträgen religiösen Äußerungen in öffentlichen Debatten mehr Aufmerksamkeit schenken will, bleibt es doch dabei, dass sie an sich einen erkenntnis- und kommunikationstheoretischen Makel gegenüber den rein säkularen Gründen haben, die das Legitimationsreservoir für den Bereich der Identifizierung des Gerechten im säkularen demokratischen Rechtsstaat bilden. Zudem besitzt Habermas wenig bis kein Gespür für die Notwendigkeit, die Gemeinschaftsformen, die es auf Dauer erst möglich machen, religiöse Gründe lebendig zu halten, zu pflegen. Darin erkennt er – nicht einmal indirekt – irgendeine Aufgabe des säkularen Staates. Taylor dagegen sieht die Vernünftigkeit öffentlicher Debatten aus dem Gegeneinander-laufen-Lassen ganz unterschiedlicher Gründe, säkularer und religiöser, weltanschaulicher und philosophischer Lehren entstehen. Einen epistemisch privilegierten Status für eine bestimmte Sorte von Gründen akzeptiert er nicht. Zudem beharrt er auf der Bedeutung von Identitätsvorstellungen einzelner Gemeinschaften bis hin zur Ebene von Staat und Nation – kollektive Organisationen und soziale Imaginationen, die sich wechselseitig stärken (und so wird man wohl hinzufügen dürfen:) oder schwächen können. Einen den Rechte-Liberalismus prägenden Vorrang der Freiheit vor der Gleichheit oder der Solidarität kann Taylor daher nicht grundsätzlich unterschreiben, sondern erkennt in der Ausbalancierung dieser modernen Grundwerte die Aufgabe eines jeden Gemeinschaftswesens, das eben immer selbst um seine Identität ringt.[55] Ein klares Ergebnis dieses Ausbalancierungsprozesses ist daher nicht zu erwarten. Wie dieser Prozess im Einzelnen von statten geht, wo die rechtlichen, politischen, moraltheoretischen und moralpragmatischen Grenzen dieses Prozesses liegen, wird bei Taylor allerdings weder in seinen frühen noch in seinen aktuellen Arbeiten wirklich deutlich. Die beiden immer wieder von ihm zitierten Beispiele eines gelungenen oder noch ausstehenden Lösungsweges solchen Aushandelns, der Sprachen- und Identitätsstreit um die kanadische Provinz Quebec und der Kopftuchstreit in Frankreich, sind doch bei aller hier nicht darzustellenden Problematik im ersten Fall zu harmlos und im zweiten Fall nicht repräsentativ.[56] Schwieriger wird es in pragmatischer Hinsicht, wenn immer kleinere Gemeinschaften, die deutlicher von der bislang noch einigermaßen klar identifizierbaren *common morality* abweichen, aktiven Schutz und Förderung der Gesellschaft und des Staates erwarten. Richtig problematisch wird es schließlich, wenn wirklich grundlegende Rechte miteinander kollidieren, wie es im Falle der Beschneidungsdebatte der Fall war: das Recht auf körperliche Integrität eines nichteinwilligungsfähigen Kindes, das durch einen irreversiblen Eingriff bedroht wird, und das positive Recht auf Religionsfreiheit. *Dies* sind die wirklich schwierigen Grenzfälle, bei denen die von Taylor beschriebenen Ansätze eines Rechte-Liberalismus und eines die Achtung von Differenz und Identität stellenden Liberalismus, die sich beide darauf berufen, Ausdruck des Würde-Paradigmas zu sein, kollidieren. Allein vor dem Hintergrund des einfachen pragmatischen Problems sowie des schwierigeren Problems einer verfassungsrechtlichen Normenkollision erscheint es nicht hinreichend, auf das Deliberationsparadigma zu setzen, wie es Taylor tut. Selbst wenn man nicht Habermas' kantischem Gestus einer strikten Trennung zwischen Gründen säkularer Vernunft – was immer das heißen soll – und weltanschaulich kontaminierten Gründen folgen will, kann man in einer hegelianisierenden Perspektive, wie sie Taylor ja selbst einnimmt, sehr wohl ein starkes normatives Prae bei Grundrechten, verfassungsrechtlichen Normenkollisionsschemata oder praktischen Konkordanzbemühungen sehen. Dann ist der Kern des Normativen nicht derart moraltheoretisch aufgeladen wie

[55] Taylor ist sich dabei durchaus bewusst, dass die Mitte dieser kollektiven Identitätssuche im modernen Staat leer bleiben muss. Der moderne Staat sollte sich daher kein zivilreligiöses Pathos aneignen, sondern das Wissen um das Leer-halten-Müssen der Mitte zum Antriebsmotor zivilgesellschaftlicher Debatten machen. Der *overlapping-consensus*-Ansatz ist daher für Taylor so unzureichend wie unvermeidbar (72f.).

[56] Die französische Besonderheit, selbst Schülerinnen das Tragen von Tschadors in der Schule zu verbieten, erklärt sich aus einem schon quasi-religiöse Züge annehmenden Festhalten am *laicité*-Grundsatz der Konstitution sowie aus bestimmten identitären Selbstzuschreibungen des französischen Staates und der bisher ihn tragenden Kräfte.

bei Habermas. Er kann zwar mittels bestimmter ethischer Theorien, deren Prämissen ihren eigenen Universalitätsprätentionen zum Trotz nicht von allen geteilt werden, rekonstruiert werden, muss es aber nicht. Es würde zu diesem Zwecke sogar eine rechtspositive Rekonstruktion des normativen Kerns des demokratischen Rechtsstaates, d. h. derjenigen (aus gegebenen rechtlichen Regelungen induktiv zu ermittelnden) rechtlichen Prinzipien, die in einem demokratischen Rechtsstaat den politischen Deliberationen und den darauf aufruhenden Entscheidungen den nur unter großer Anstrengung zu ändernden Rahmen vorgeben, ausreichen. Dies bedeutet zugleich, dass der gesuchte normative Kern nicht einfach statisch gegeben, sondern seinerseits flexibel, wenn auch nur von träger Flexibilität, ist.

Für das Thema des Gestaltungsbeitrags der Religion für eine zivilgesellschaftlich orientierte und so dem Gemeinwohl durch gehaltvolle Deliberationen zuarbeitende Öffentlichkeit ist aus dem Habermas-Taylor-Gespräch daher als systematischer Ertrag festzuhalten: Dass religiösen, oder noch allgemeiner gesprochen: identitätsbildenden Gemeinschaften (und nicht nur ihren Äußerungen) zwar mehr Bedeutung beizumessen ist, als Habermas dies tut, dass den geschichtlich errungenen normativen Standards demokratischer, rechtsstaatlicher Gesellschaften jedoch umgekehrt nicht nur politische Institutionen und Entscheidungsträger verpflichtet sind, sondern auch Religionen, die auf der Höhe der Zeit einen Beitrag zu dieser Dialektik von Gemeinwohl und Öffentlichkeit leisten wollen. Noch stärker, als es bei Taylor deutlich wird, ist eben zu berücksichtigen, dass eine gemeinwohloffene Religion – in der Terminologie der Systemtheorie formuliert – nicht nur in politische Öffentlichkeiten hineinkoppelt, sondern auch in einem komplexen Verhältnis zum Recht, vor allem zu den – ihrerseits selbst träge flexiblen – Standards von Menschen- und Grundrechten steht, kurzum: dass sie sich kritisch fragen lassen und selbstkritisch fragen muss, ob sie diese erreichten Rechtsstandards in ihren Vorstellungen erfüllten Lebens berücksichtigen kann. Selbstverständlich gehen Religionen nicht darin auf, solche Standards zu bedienen, sondern finden ihren Sinn darin, Antwort zu geben auf letzte Fragen. Diese Antworten sind intrinsisch zunächst nicht davon abhängig, ob sie menschen- und grundrechtskonform ausfallen. Aber es tangiert nicht nur ihre externe Glaubwürdigkeit, wenn sie dies nicht tun. Vielmehr muss – zumindest ethisch – gefragt werden dürfen, wie eine Religion letzte Fragen auf lebensdienliche Weise beantworten kann, wenn sie nicht so „groß vom Menschen" denkt,[57] dass sie die genannten Schutz-, Anspruchs- und Partizipationsstandards in der Gestaltung der Gesellschaft achtet. Immerhin sind diese nicht allein das

[57] Vgl. W. Härle, Würde. Groß vom Menschen denken, München 2010.

Resultat theoretischer Spekulation, sondern verdanken sich leidvollen Erfahrungen mit Diktaturen und Krieg und dem Wunsch, diesen Schrecken ein Ende zu setzen.

3. Butlers und Wests Beiträge

Gerade wenn es so ist, dass Religionen, die öffentlich wirken wollen, nicht nur in die Politik und das Recht koppeln, sondern durch diese Kopplungseffekte selbst transformiert werden und diese Transformationen das bisherige eigene Selbstverständnis ändern, muss gefragt werden, auf welche Weise Religionen darauf vorbereit sind – oder vorsichtiger formuliert – darauf vorbereitet sein könnten, sich solchen Kopplungen zu stellen. Diesem Thema widmet sich der zweite Gesprächsgang des New Yorker Symposiums. Obwohl Habermas und Taylor sich bemühen, die Öffentlichkeitsfähigkeit der Religionen, vor allem aber die Bedingungen, unter denen religiöse Beiträge in der politischen Öffentlichkeit eine konstruktive Rolle spielen können, auszuloten, vernachlässigen beide nämlich die Frage, was Religionen intrinsisch antreibt oder antreiben könnte, den eigenen Sinnhorizont so zu erweitern, dass sie am Ende solcher öffentlichen Debatten möglicherweise nicht mehr die sind, die sie vorher waren. Eben darum geht es in dem Beitrag von Judith Butler.

In kritischer Auseinandersetzung mit der Siedlungspolitik Israels,[58] unter Rückgriff auf Arendts Verständnis des Exils und Benjamins Geschichtsthesen, widmet sich Butler in ihrem Essay dem Verhältnis von Religion und Politik. Im Unterschied zu den beiden vorherigen Debattenbeiträgen fragt sie dabei vor allem, welches Potenzial Religionen – und sie vertritt dabei einen sehr weiten Begriff von Religion als „Matrix der Subjektbildung, ... als eingebettetes Bezugssystem von Wertungen sowie als eine Form der Zugehörigkeit und der verkörperten sozialen Praxis" (105) – aus sich selbst heraus besitzen, anderen Religionen, präziser: Menschen mit anderen Religionen, von vorherein mit Anerkennung und Achtung zu begegnen. Wenn sie dieser Frage nachgeht, tut sie dies nicht von einem distanzierten, unbeteiligten Standpunkt, den es in diesen Fragen sowieso nicht gibt. Vielmehr versteht sie ihre grundlegenden Ansichten, die ihre Art der kritischen Auseinandersetzung mit Israels Siedlungspolitik prägen, aus einer inneren Sicht des Judentums selbst. Sieht sie sich doch selbst als eine säku-

[58] Ich muss an dieser Stelle davon absehen, die u. a. im Zusammenhang der Verleihung des Adorno-Preises der Stadt Frankfurt im Jahre 2012 geführte massive Kontroverse um einzelne Äußerungen Judith Butlers zur Hamas zu rekonstruieren und zu bewerten. Der hier zur Debatte stehende Aufsatz ist weit von irgendwelchen Sympathiebekundungen für die Hamas entfernt.

lare Jüdin – eine eigentümliche Form von Zugehörigkeit, die keinen Glauben voraussetzt (vgl. 104f.). Sie schreibt also nicht einfach aus der Innenperspektive eines orthodoxen Judentums, sondern spricht diesem gerade das Recht ab, exklusiv das Judentum zu vertreten. Dabei wahrt sie eine Distanz zu Israel und dem Judentum, die es vielen, die sich selbst als Juden bezeichnen würden, schwer macht, Butler als eine der ihren zu sehen – wie der Streit um die Adorno-Preisrede sichtbar gemacht hat. Unabhängig von der Frage nach der Legitimität der Zugehörigkeitsprätention, die sich – gerade von außen betrachtet – kaum beantworten lässt, ist daher festzuhalten, dass Butler selbst ihre Ausführungen als religiös motivierte begreift. Und ohne sich anheischig zu machen, diesbezüglich ein Letzturteil zu fällen, leuchtet ihre Eigenpositionierung zumindest insofern ein, als sie ausdrücklich auf jüdische Kategorien wie Exil, Land und das Messianische zurückgreift, um das politische Verhältnis von Religionen und Ethnien zueinander zu thematisieren.

Jenseits der z. T. dem Anlass und dem Genre geschuldeten Einzelexegesen zu Arendt und Benjamin prägen zwei auch für unsere Fragestellung relevante Grundgedanken, ein inhaltlicher und ein methodologischer, ihren Beitrag. Der inhaltliche Grundgedanke stützt sich auf eine Kombination aus allgemein-phänomenologischer Deutung des menschlichen Lebens als eines unvermeidlichen Zusammenlebens („cohabitation") und jüdischen Überlegungen zur Exils- bzw. Diasporaexistenz.[59] Dabei erschließt nach Butler – quasi im Sinne einer *analogia fidei* (wobei auf den Begriff der Analogie zurückzukommen ist) – letztere das erstere. Wie ist dies zu verstehen? Letztendlich geht es Butler darum, das notwendige Eingeständnis, die Erde mit anderen, die man sich nicht ausgewählt hat (vgl. 122), zu bewohnen, von dem Gedanken des Zusammenlebens als „eine[r] Form sich annähernder Exile" (115) her zu verstehen. Die erste Deutungsebene ist phänomenologisch plausibel: Zwar kann der eine oder andere sich seine Nachbarn aussuchen, aber dass in größerem Kontext das nicht frei gewählte, sondern aufgenötigte Mit-Sein das Leben jedes Einzelnen prägt, zeigen spätestens größere politische und ökonomische Konflikte, anthropogene Klimaveränderungen oder andere Umweltveränderungen: Niemand kann sich ganz und gar

[59] Butler behauptet zwar – zu Recht, wie ich meine – am Anfang des Textes, dass zwischen Exil und Diaspora zu unterscheiden ist. Worin dieser Unterschied besteht, deutet sie nur kurz an (113), wenn sie schreibt, dass der Terminus ‚Exil' noch eine stärkere Bindung zur Heimat, aus der man gewalttätig vertrieben wurde, konnotiere als der Diaspora-Begriff, der zunächst einmal nur auf den Minderheitenstatus und Alterität gegenüber Anderen verweise. Im weiteren Verlauf des Textes hält sie selbst diese Unterscheidung nicht konsequent durch, sondern bezieht sich häufig auf Exilstraditionen, um das Problem der Diaspora-Existenz zu reflektieren (so schon 115).

von den Voraussetzungen und Auswirkungen unvermeidlichen Zusammenlebens dispensieren. Obwohl es sich von daher nicht leugnen lässt, dass das Dasein des Einzelnen ab ovo *und* im Prinzip von Anderen her ist, lassen sich doch ganz unterschiedliche Konsequenzen aus dieser geradezu existenzialen Bedingung ziehen: „Wir sind selbstverständlich bereits in den Händen des anderen, bevor wir in irgendeiner Form entscheiden, mit wem wir zusammenleben wollen." (129) Bis zu dem Versuch Butlers, dieses Zusammenleben als „sich annähernde Exile" zu verstehen, bedarf es freilich einiger Zwischen- und Abgrenzungsüberlegungen. In der von ihr beanspruchten binnenjüdischen Perspektive zählt als erstes dazu, gegen das Narrativ, dass der Staat Israel einen exklusiven Anspruch auf die Vertretung jüdischer Interessen reklamieren könne, alte Mehrdeutigkeiten über die jüdische Existenz wieder in Erinnerung zu rufen (vgl. 111). In diesem Sinne beruft sie sich auf Exils- und Diasporatraditionen. Prägend für das von der Diasporaexistenz verstandene Judentum ist i. E. zunächst, dass sich jüdische Existenz sowohl in Fremd- wie in Eigenzuschreibung immer nur im Gegenüber zu der als Alterität verstandenen Mehrheitsgesellschaft verstehen kann. Das hat eine konstitutive „Identitätsverschiebung" (108) gegenüber einem kommunitaristisch geschlossenen Verständnis von Identität zur Folge: „Dazugehören (sc.: zum Judentum) heißt, der Kategorie der Zugehörigkeit enteignet zu werden, so paradox das klingen mag." (125) Identität ist damit *a priori* das (offene?) Integral von Identität und Differenz.

Was für die Diasporatraditionen per se gelte, zeige sich auch in bestimmten Exilsdeutungen. Diese mögen als „säkularisiert" (118) bezeichnet werden, fallen aber nach Butler dennoch unter die jüdische Rubrik „Messianismus" (ebd.). Im Ringen um dessen Verständnis geht es nach der Traditionslinie Franz Rosenzweigs, des frühen Martin Bubers, Walter Benjamins, Hannah Arendts u. a. darum, den Messianismus nicht im zionistischen Sinne mit einer Rückkehr ins Land zu identifizieren, sondern als „ethischen und politischen Drang, die Unterdrückten der Menschheit zu erlösen" (118), als „Eingedenken der Enteigneten". Mit dieser Deutung ist das Exil selbst als Mission und nicht einfach als Strafe für Israels Sünden (vgl. 117) zu begreifen. Ziel dieser Mission sei es, sich von einer teleologischen Geschichtsdeutung (hier: die Geschichte laufe auf die Wiederaneignung des Landes zu) zu befreien und stattdessen eine Öffnung für eine „sich einander annähernde und unterbrechende Menge von Zeitlichkeiten" (118) zu betreiben – eben verbunden mit dem Anliegen, sich für die Enteignungserfahrungen anderer zu öffnen: „Kein Volk kann ein Monopol auf Enteignung beanspruchen." (118) Wo das Jüdische nicht zionistisch, sondern als bleibende, dauerhafte Exilssituation begriffen würde, da würde man eben nicht nur der dauerhaften Ko-existenz mit anderen, die als eine ethische Grundsituation zu begreifen sei, gewahr, sondern könnte die mit diesem Exilsdasein verbundenen Erfahrungen der Enteignung und Erinnerungen an die eigenen Leiden „als Katalysator für eine allgemeinere Geschichte der Unterdrückung“ (119) nutzen.

Nun drängt sich sofort die kritische Frage auf, ob nicht dieser universalisierende Schluss von eigenen Leidenserfahrungen auf eine allgemeinere Theorie eine Art Totalisierungseffekt auslösen könnte, der die Besonderheit der jeweiligen Leidenssituation nicht ernst nähme, vielmehr das Einzelne zum Instrumentarium einer allgemeinen Theorie von Leiden funktionalisiere. Damit ist der zweite, methodologische Grundgedanke in Butlers Essay angesprochen, denn die Autorin ist sich dieser Problematik nur zu deutlich bewusst. Entsprechend versucht sie, der drohenden Gefahr einer Funktionalisierung des Exilsleides, aber auch einer Analogisierung anderen Leides mit Hilfe dieses jüdischen Deuteparadigmas, bspw. von Nazideutschland und israelischer Siedlungspolitik (vgl. 115) oder anderen Unterdrückungssituationen, methodologisch entgegenzuarbeiten. Zu diesem Zwecke stellt sie Reflexionen zum Analogiebegriff und zum Verhältnis von Universalismus und Pluralität an. Es sind – und das ist das entscheidende Gegenargument gegen eilfertige Analogisierungen – keine allgemeinen Theoretisierungen, die dann nur noch auf das Feld „Elend im Exil“ anzuwenden wären. Vielmehr geht es Butler um Sensibilität für einzelnes Leid. Dies produziert eine paradoxe Situation, da auf der einen Seite jedes Leid unvergleichbar ist und andererseits unterschiedliche Leidenserfahrungen mittels des Ausdrucks ‚Leid‘ zu einem einheitlichen Phänomen zusammengefasst werden. In den Worten Butlers: „Die Analogie (sc.: von Leidensgeschehnissen; PD) aber misslingt, weil sich die Spezifität (sc.: jedes einzelnen Leidens; PD) hartnäckig hält. Das Leiden eines Volkes ist nicht genauso wie das Leiden eines anderen, und dies ist die Bedingung für die Spezifität des Leidens beider Gruppen. Ja, es gäbe gar keine Analogie zwischen ihnen, wenn die Grundlage der Analogie nicht bereits zerstört wäre.“ (127; vgl. schon 115) Entsprechend sind Analogieversuche unweigerlich zum Scheitern verurteilt (vgl. 126), brechen zusammen und erschöpfen sich (vgl. 127). Dennoch gibt es angesichts der sich aufdrängenden Not keine Alternative, als immer neue Versuche der Analogiebildung zu „ersinnen“ (127) und „auszuprobieren“ (126). Die Erinnerung an vergangenes Leid, und das macht nach Butler im Anschluss an Benjamin das Messianische aus (vgl. 120), bricht die Kontinuität der Gegenwart und einer auf Beharrung setzenden Politik auf. Erinnerung als Unterbrechung – dieser religiös gespeiste rhetorische Gestus entspricht nach meiner Wahrnehmung dem biblischen *zakar*-Begriff wie auch dem diesen aufgreifenden dekonstruktivistischen Zeichentheorie-Modell der *différance* von Derrida und der am unvermeidbaren Anspruch des Anderen und seiner bedrohten Lebenszeit orientieren Zeittheorie von Levinas. Analogien im Feld der Beurteilung von Leiden sind also immer gefährdet, verweigern sich festen Ordnungsrahmen und müssen doch immer experimentell erprobt werden, wobei sich ihr Gelingen nur daran erweisen kann, ob sie in einer verworrenen Situation neue Perspektiven zu eröffnen helfen oder nicht.

Der Prozess, aus spezifischen Leidenserfahrungen universale Folgerungen zu ziehen, führt daher nach Butler nicht zu einer abstrakten Form von Universalität. Das ist die generelle Erwartung an ethische Universalisierungsprogramme, deren Anweisungen in der Regel umso abstrakter ausfallen, je allgemeiner das zugrunde liegende Prinzip formuliert ist. Nein, wenn Leidenserfahrungen „universalisiert", wenn die einen Leidenserfahrungen zur störenden Unterbrechung einer anderen Situation werden sollen,[60] dann kann dies nur durch zunehmende Differenzierung und Pluralisierung (nicht als Zustand, sondern als Prozess verstanden; vgl. 127) geschehen: „Gleicher Schutz oder sogar Gleichheit ist kein Grundsatz, der die, auf die er angewendet wird, gleichmacht; vielmehr ist die Verpflichtung zur Gleichheit eine Verpflichtung zum Prozeß der Differenzierung selbst" (124f.). Diesen Prozess der Enteignung, Pluralisierung, Differenzierung und Identitätsverschiebung paradigmatisch zu leben, ist nach Butlers Verständnis eine originäre Aufgabe des Judentums (131). Wo sich diese – offensichtlich religiös inspirierte – Politik des Eingedenkens bilde, so schließt Butler ihren Essay, könne etwas sichtbar werden, „das vielleicht sogar Gerechtigkeit genannt werden kann." (131)

Butlers Beitrag führt insofern entscheidend über die Habermas-Taylor-Debatte hinaus, als sie am Beispiel des Judentums, genauer: einer bestimmten Lesart des Judentums, deutlich macht, dass Pluralisierung, Differenzierung, Identitätstransformation genuin in das Selbstverständnis von Religion hineingehören können. Habermas' polemische These, dass „identitätsbildende Lebensformen und Traditionen ... keinen Artenschutz" besitzen und „in der Moderne rigide Lebensformen der Entropie anheim[fallen]", wird also in gewisser Weise von Butler geteilt, allerdings mit dem gewichtigen Unterschied, dass sie die antientropische Dynamik in der von ihr teilnehmend beobachteten Religion selbst gegeben sieht und nicht nur als extrinsische Herausforderung der Religion begreift. Obwohl sie da-

[60] Butler denkt dabei daran, dass eine (erinnerte) Zeit in eine andere einbricht, und so deren „glatte Oberfläche der Geschichtsvergessenheit [aufsprengt]." Mit Bernhard Waldenfels könnte man den Gedanken so reformulieren: Durch die Erinnerung wird die gegenwärtige Erfahrung mit einer zweiten Beobachtungsebene konfrontiert. Etwas (die eigene Leiderfahrung) wird als etwas (bspw. die erinnerte Exilserfahrung Israels) gedeutet und dadurch (aus einer möglichen Apathie gerissen und) über sich hinausgeführt, kurz neu erschließbar und, durch Zufügung dieser – wie es Waldenfels nennt – „signifikativen und responsiven Differenz", möglicherweise auch in unerwarteter Weise gestaltbar; vgl. u. a. B. Waldenfels, Antwortregister, Frankfurt/M. 1994, 242.

her religionsintrinsische Traditionen stark macht, können ihre Überlegungen wegen ihrer differenztheoretischen Sicht auf Identität auch nicht vorschnell mit Taylors Ansatz zusammengedacht werden. Denn die skizzierte innere Spannung, die Butler geradezu zum Konstitutivum von Identität erklärt, findet sich bei Taylor bestenfalls als Reaktion auf das als Bedrohung empfundene säkulare Zeitalter, wird aber nicht – wie bei Butler – als Mission verstanden. Als Manko im Vergleich zu dem in der Habermas-Taylor-Diskussion erreichten Reflexionsniveau empfinde ich, dass sich Butler nicht dazu äußert, ob und wie Religionen sich zu den geschichtlich gerade angesichts massiver Leiderfahrungen zu völkerrechtlicher Dignität gekommenen Standards des Menschenrechtsethos verhalten sollten. Nun muss nicht in jedem Beitrag alles gesagt werden, aber dieses Defizit überrascht schon, da es in ihrem Beitrag ja gerade um Fragen geht, die dieses Ethos wachrufen. Das Fehlen dieses Bezuges hat zur Folge, dass nach meiner Einschätzung der gewichtige Ertrag ihrer Überlegungen die „Ergebnisse" der ersten Debattenrunde nicht einfach aufhebt, sondern auf deren „Ergebnisse" angewiesen bleibt.

Rein konzeptionell geht der letzte Beitrag über die drei zuvor dargestellten nicht hinaus. Cornel Wests Ausführungen sind eher als Versuch (= Essay) zu begreifen, die eher theoretisch angelegten Überlegungen der drei anderen Debattenteilnehmenden performativ zu untermauern (und in einzelnen Aspekten vielleicht auch zu durchkreuzen). Das Ganze hat daher den Gestus des Prophetischen (im umgangssprachlichen, von ihm aber durchaus bejahten Sinne) und dürfte im Publikum wahrscheinlich manchen mehr angesprochen haben als die vergleichsweise abstrakten Beiträge von Habermas, Taylor und Butler. Inhaltlich folgt er ganz Judith Butler und plädiert predigtartig aus einer Art *memoria passionis* für eine Solidarität mit den Entrechteten, die sich u. a. in einer massiven Kritik am Regierungshandeln und -stil Barack Obamas äußert (vgl. 145). Assoziativ werden in rasendem Tempo Brücken zu allerlei Traditionen, Motiven und Autoren geschlagen, die diesem Grundgedanken einer auf Solidarität, Befreiung und Mit-Leid beruhenden Universalisierung verpflichtet erscheinen. Da sich die Abschlusspassage des Vortrages vom rhetorisch-performativen Konnotationsgewitters des restlichen Beitrages unterscheidet, aber nach meiner Wahrnehmung die Intention dieses Kunstwerkes zusammenfasst, sei sie kurz zitiert: „Wenn wir aber von der prophetischen Religion sprechen, dann sprechen wir von einer Religion, die sich engagiert, die risikobereit ist und ganz von jener Tugend abhängt, die einen handlungsfähig macht und die Mut heißt – der Mut dazu, unser Mitgefühl und unsere Phantasie immer größere Kreise ziehen zu lassen, der Mut dazu, kritisch zu denken, zu organisieren, zu mobilisieren und, vielleicht, wie Bruder Martin Luther King Jr. den äußersten Preis zu zahlen. Das alles ist es worum es in der Bestimmung geht. Worum es in der Berufung geht. Und ich bin so froh, daß ich hier ein klein wenig Zeugnis ablegen konnte." (146)

In der Formel „Zeugnis ablegen" scheint sich das methodische Selbstverständnis einer engagierten und prophetischen Religion in der Öffentlichkeit nach Cornel West bündeln zu lassen. Offensichtlich lässt sich West seine Rede selbst nicht durch bestimmte moralische, politische oder rechtliche Regelungen vorstrukturieren - und dennoch (oder gerade deswegen?) werden seine Debattenbeiträge seit Jahren in den USA als wichtige zivilgesellschaftliche Invektiven geschätzt oder zumindest wahrgenommen. Dass dies der Fall ist, selbst wenn sich West keineswegs um das Rawls'sche Proviso kümmert, unterstreicht noch einmal, dass theoretische Einhegungen den Verlauf und die Gestalt öffentlicher Debatten keineswegs kanalisieren können. Nicht einmal das von Rainer Forst gemachte Frankfurter Kompromissangebot, dass es ausreiche, rekonstruktiv die diskursive Regelkonformität bestimmter Debattenbeiträge zu eruieren, wird von West angenommen. Allerdings wird am Beispiel der West'schen Rede die Unvermeidlichkeit zumindest des ersten Teils von Habermas' Übersetzungsprogramm deutlich: Beim Hören und Lesen von Wests Beitrag sind säkulare Zeitgenossen herausgefordert, sich auf ihnen fremde Sprachwelten einzulassen. Der Autor selbst will nicht übersetzen, will nicht - wie es Vertreter der sog. „öffentlichen Theologie" erwarten - sich bilingual artikulieren. Ist dies per se eine Schwäche bei der öffentlichen Artikulation religiöser Anliegen? Braucht es die Übersetzung? Zu Recht wird man mit Blick auf diesen zweiten Teil des Habermas'schen Hermeneutikprogramms mit Taylor zurückfragen: Bedarf eine solche Rede tatsächlich der Übersetzung, oder entfaltet sie ihre eigentümliche Wirkung, deren „authentischen Charakter" (95) Habermas ausdrücklich eingesteht und nicht zerstören möchte, nicht gerade durch ihre Performanz?

Der Vortrag von West macht in jedem Fall deutlich, dass die Rede vom Beitrag von Theologie, Kirche oder Religion(en) für die Gestaltung der Öffentlichkeit differenzierungsbedürftiger ist, als die drei ausschließlich (so bei Habermas) oder vorrangig (so bei Taylor) oder offen gleichrangig mit der Beteiligtenperspektive (so bei Butler) die Beobachterperspektive auf Religion bevorzugenden Denker es haben anklingen lassen. Bernhard Peters' Monitum, dass die Rede von „der" Öffentlichkeit ein nicht unproblematisches Summar für sehr ausdifferenzierte Teilöffentlichkeiten mit sehr unterschiedlichen Diskursformationen darstellt, gewinnt an Bedeutung. Umgekehrt gilt es aber gegenüber einer Abschottung solcher Teilöffentlichkeiten und ihrer spezifischen Diskurspraktiken und -regeln mit Peters, Gerhardt, Honneth und Habermas - um nur auf hier besprochene Autoren zu rekurrieren - daran festzuhalten, dass diese Teilöffentlichkeiten nochmals transzendiert werden (müssen), wenn es um Fragen der politischen

Gestaltung der Gesellschaft als ganzer geht, die im demokratischen Rechtsstaat neben den sehr unterschiedlichen Foren und Arenen schließlich doch im Parlament, in der Regierung und in den sie überwachenden Rechtsinstitutionen ihre Repräsentanz findet.[61] Von daher muss die Rolle von Religionen in der Öffentlichkeit sowohl mit Blick auf einzelne Teilöffentlichkeiten als auch mit Blick auf die durch den institutionellen Rahmen des demokratischen Rechtsstaates repräsentierte Öffentlichkeit diskutiert werden, wenn es darum geht. Dem soll nun im letzten Abschnitt nachgegangen werden, der sich in zwei Unterabschnitte aufteilt. Im ersten wird ein Fazit des New Yorker Symposiums für eine Kriteriologie des Verhältnisses von Religion und Öffentlichkeit gezogen. Im zweiten werden Konsequenzen für den auf Gemeinwohlfragen hin geöffneten Öffentlichkeitsbegriff gezogen. Dabei geht es vor allem um den Beitrag, den Religionen, paradigmatisch das Christentum, zu diesem evaluativen Öffentlichkeitsverständnis leisten können.

V. Öffentlichkeit, Religion und Gemeinwohl

1. Schlüsse aus dem New Yorker Gespräch

Was ist nun für das Verhältnis von Öffentlichkeit und Religion mit der Perspektive auf Gemeinwohlgestaltung aus dem New Yorker Gespräch zu lernen? Betrachtet man die beiden bisher einzeln dargestellten Gedankengänge im Zusammenhang, ergibt sich gerade aus ihrer wechselseitigen Korrektur und Ergänzung die besondere Herausforderung. Während die beiden ersten Debattenteilnehmer vor allem nach der Öffentlichkeitskompatibilität von Religion fragen, fordern umgekehrt die beiden anderen Redner primär die Öffentlichkeit mit Blick auf ihre Religionskompatibilität heraus. Habermas und Taylor thematisieren aus der Außenperspektive auf Religion die Zugangsbedingungen zum öffentlichen Diskurs und arbeiten dabei die Spannung von Rechte-Liberalismus, demokratischer Teilhabe und Identitätskonstruktionen heraus. Dabei thematisieren sie jedoch weder das religionsinterne Differenzbewusstsein für unterschiedliche Identitätskonstruktionen noch die damit einhergehenden Ambiguitäten, die sich schon aus der faktischen Partikularität der eigenen Position und ihrer kon-

[61] Selbst in systemtheoretischer Perspektive à la Luhmann muss der Beschreibung, dass die Politik für die Gestaltung der Gesellschaft zuständig ist, nicht widersprochen werden. Luhmann insistiert zwar darauf, dass strukturell in der Politik nach der Codierung ‚Macht haben/keine Macht haben' kommuniziert wird, inhaltlich wird diese Codierung aber durch konkurrierende Programme ausgefüllt, die ihrerseits sich u. a. auf Legitimationsformeln wie eben die des Gemeinwohls stützen.

stitutiven Infragestellung durch Fremdes in der eigenen religiösen Tradition wie durch Fremdreligionen ergeben (einmal ganz abgesehen von der in vielen Religionen vorhandenen dogmatischen wie ethischen Differenzsensibilität für die Transzendenz-Immanenz-Unterscheidung und ihre möglichen Vermittlungswege). Butler blickt dagegen aus einer beobachtenden Innenperspektive auf diese konstitutiven Differenzen und Ambiguitäten. Sie nutzt diese Zweideutigkeiten als Katalysatoren für eine Dekonstruktion der großen politischen, rechtlichen und sozialtheoretischen Traditionen und fordert auf diese Weise mit Hilfe religiöser Motive Grundbedingungen von kritischer Öffentlichkeit selbst heraus. Aus der Sicht einer Ethik, die Moral- und Sittlichkeitsreflexionen zu Moralpragmatik und *governance*-Fragen hin öffnet, muss es jedoch als ein bedauerliches Manko angesehen werden, dass Butler im Kontext dieser Debatte darauf verzichtet, durch diese Dekonstruktionen hindurch auch explizit die geschichtlich etablierten abwehrrechtlichen und minimalanspruchsrechtlichen Mindestbedingungen der Menschenrechte als allgemeine Orientierungsmarker für individuelle Freiheitsgestaltung und gesellschaftliche Partizipation mit Blick auf Öffentlichkeitskultivierung zu würdigen. Gleiches gilt für die Ausführungen zur prophetischen Religion von West, die er selbst als eine Form des „Zeugnisablegens" versteht.

Ungeachtet der gerade nochmals skizzierten unterschiedlichen Akzentsetzungen bei der Verhältnisbestimmung von Religion und Öffentlichkeit zeichnet sich als eine erste Konstante des skizzierten Gesprächs eine gemeinsame Sensibilität für die Schwierigkeiten der Übersetzung, genauer: der Kommunikation über Grenzen angesichts herausfordernder Fremdheit, ab.[62] Diese Problemsensibilität verbindet sich mit der Einsicht in das grundsätzliche, unter den Bedingungen der Globalisierung jedoch besonders evidente anthropologische Faktum, dass „wir uns die Menschen nicht aussuchen, mit denen wir die Welt teilen." (ebd.) Dass die vier Protagonisten das Problem der Übersetzung völlig unterschiedlich angehen, überrascht nicht; stattdessen zeigt sich gerade an diesem Punkt noch einmal, wie sich die hier vorgetragenen Perspektiven wechselseitig erschließen: Habermas setzt – wenig überraschend – auf demokratische Prozesse, die bestimmten Kriterien und Regeln des öffentlichen Vernunftgebrauchs unterliegen (vgl. 166), Butler dagegen sieht im „Nichtgemeinsame[n]" bzw. dem, „was nicht Teil des Gemeinsamen ist und nie gemeinsam werden kann", also in der alles Gemeinsame überschreitenden Andersheit, das eigentliche Movens von Sittlichkeit (vgl. 163). Ihrer Auffassung nach „können [wir] kein Mitgefühl empfinden, wir können kein Verhältnis zum Leiden anderer gewinnen, wenn wir diesen konstitutiven Unterschied nicht vor Augen haben." (ebd.). Taylor schließlich –

[62] Die ist von Taylor in der Abschlussdiskussion auch so markiert worden; vgl. 161.

und an dieser Stelle des Debattenprozesses nimmt er eine binnenreligiöse Perspektive ein – sieht in der gemeinsamen und wechselseitigen Wahrnehmung fremder Identitäten und Identitätskonstruktionen vor allem ein – „... Geschenk. Wir sind einander geschenkt. Wir können nicht wählen. Das ist ein Teil dessen, was wir sind, dieses Geschenk." (161f.)

Die so nicht nochmals aufhebbare Differenz in der Beurteilung des Übersetzungsproblems kann als Widerstreit, aber auch – im Sinne der bereits skizzierten Komplementarität von verallgemeinernder Außen- und intensivierender Innenperspektive – als wechselseitige Herausforderung im öffentlichen Diskurs verstanden werden: Übersetzungen (resp. Übersetzungsversuche) zwischen Traditionen und unterschiedlichen Sprachwelten können einerseits auf Anmutungen oder Imaginationen des Gemeinsamen nicht verzichten. Moraltheoretisch oder in einem starken moralpragmatischen Sinne verstanden bedeutet dies, dass vor dem Hintergrund nicht nur einer längeren Ideengeschichte, sondern im Anschluss an die massiven Unrechtserfahrungen im letzten Jahrhundert die völkerrechtlich etablierten und in weiten Teilen (nicht nur der sog. westlichen) Welt als kritisches Korrektiv zum jeweiligen positiven Recht etablierten Menschenrechte resp. das mit ihnen transportierte Menschenrechtsethos in öffentlichen Diskursen – auch von den Religionen – als moralische Standards anzuerkennen sind. Andererseits darf diese moralisch-sittliche, ethische und rechtliche Heuristik des Gemeinsamen nicht dazu verleiten, das Inkommensurable aller Übersetzungen zu vergessen.[63] Dies wäre insofern fatal, als sich in dem damit anzuerkennenden Überschuss und Außerordentlichen oft genau das Störende und Nicht-Verrechenbare, in religionskultureller Sprache formuliert: das zu achtende Geheimnis in Kommunikationsvollzügen, findet, das die Suche nach dem Allgemeinen bei der Übersetzung einer Tradition in eine andere nicht beim kleinsten gemeinsamen Nenner und damit in einem abstrakten Minimalprogramm enden lässt.

Schließlich gibt es neben den komplementären Innen- und Außenperspektiven auf Religion, auf Regeln öffentlicher Diskurse und auf Deutungen des Übersetzungsproblems noch einen weiteren Gesichtspunkt, der verhindert, dass die genannten Perspektiven im New Yorker Gespräch einfach als Widerstreit nebeneinander stehen bleiben: Es kristallisiert sich eine mehr oder minder explizite Übereinkunft darüber heraus, dass sich Religion wesentlich durch Mitgefühl, *compassion* oder *memoria passionis* auszeichnet und dass dieser religionskulturellen Spezifik ein Selbstübersteigungsgestus innewohnt, der es unmöglich macht,

[63] Das Problem der Übersetzungsnotwendigkeit des prinzipiell nicht Übersetzbaren beschränkt sich selbstverständlich nicht auf kulturelle Phänomene, sondern prägt jede interpersonelle Kommunikation.

eigenes Leiden exklusiv zu stellen und das von anderen nicht ebenso als solches zu würdigen. Wests gesamte Predigt diente diesem Anliegen, Butlers Exils- und Diasporamotive, ihr explizit politisches Anliegen einer kritischen Auseinandersetzung mit der Siedlungspolitik des Staates Israel, vor allem aber ihre Auseinandersetzung mit methodologischen Fragen der wechselseitigen Erschließung von Universalisierung, Pluralität und Differenz angesichts von Leidenserfahrungen kreisen samt und sonders um den ethischen Gehalt dieses Themas. Bei Taylor erschließt es sich im vorliegenden Text über das Motiv des Sich-wechselseitig-geschenkt-Seins. Habermas schließlich erinnert am Ende seines Beitrages, nachdem er sich massiv von Carl Schmitts politischer Theologie und ihren Repristinierungen abgesetzt hat, an die so genannte neue politische Theologie von Johann Baptist Metz. Danach erhält der Begriff der politischen Theologie seine einzige Legitimation durch die zwei Kriterien „Zeitempfindlichkeit" und „Sensibilität für die Leiden der Vergangenheit, für die Hypotheken der Gegenwart und die Potentiale der Zukunft" (46). Die im New Yorker Gespräch versammelten Denker spekulieren nicht darüber, ob dieses Spezifikum der Religion exklusiv zukommt – schon eine geringe Kenntnis ihrer Werke macht allerdings deutlich, dass sie eine im Übrigen unnötig apologetisch wirkende These solcher Art nicht vertreten. Dass aber die öffentliche Überzeugungskraft einer Religion oft damit zusammenhängt, dass sie für ihre Anhänger, aber eben auch in der Fremdwahrnehmung den Eindruck erweckt, in Lehre und Praxis eine Sensibilität für Leiden und vor allem für Leidende, eine Option für Benachteiligte und Vulnerable zu besitzen, lässt sich kaum leugnen. Die These von der besonderen öffentlichen Attraktivität von leidenssensiblen Religionen wird auch nicht dadurch widerlegt, dass man auf vermeintlich konkurrierende, typisch mit religiösen Geltungsansprüchen verbundene Kriterien wie Wahrheitsfähigkeit oder Freiheitsfunktionalität verweist. In der Außenperspektive lässt sich das erste Kriterium nicht direkt (gegenüber konkurrierenden Kandidaten) bewähren, es spielt daher, wenig überraschend, in der New Yorker Veranstaltung keine Rolle. Die Erfüllung des zweiten Kriteriums dagegen ließe sich aus der Außenperspektive – selbst eingedenk sehr unterschiedlicher Freiheitsverständnisse – im Prinzip zwar überprüfen. Freiheitsfunktionalität und Leidenssensibilität bilden für alle vier Debattenteilnehmer aber keinen Gegensatz. In der Freiheitsfunktionalität sehen sie alle einen Grundzug der Gesellschaftsformation, über die sie reden. Innerhalb dieser Sozialimaginationen stellt die Bereitschaft und Fähigkeit zum Mitgefühl, zur Sympathie eine vor allem mit Religionskulturen konnotierte Spezifität dar – das halten alle der Debattenteilnehmenden fest.

Im Durchgang durch die teilweise aus der Außenperspektive, teilweise aus der Innenperspektive auf Religion gewonnen Beobachtungen haben sich damit für das Thema der gemeinwohlorientierten Gestaltung der Öffentlichkeit zwei nicht aufeinander reduzierbare, aber einander sinnvoll ergänzende Gedanken herauskristallisiert, von denen der erste Zugangsbedingungen zum öffentlichen Diskurs, der zweite dagegen religionsinterne Differenz- und Ambiguitätssensibilitäten betrifft, die für Andere und andere Traditionen öffnen können. Bei der wechselseitigen Erschließung der beiden Gedankenkreise sind das Problem der Übersetzbarkeit und schließlich die Leidenssensibilität als Herausforderungen für die Öffentlichkeitsfähigkeit von Religion, aber auch die Religionsfähigkeit von Öffentlichkeit als sich durchhaltende Motive sichtbar geworden.

2. Ertrag für eine auf Gemeinwohl hin gedachte Öffentlichkeit

Gewinnt das im Anschluss an Honneth, Gerhardt und Peters skizzierte Verständnis von Öffentlichkeit zusätzliche Konturen durch die vorgetragene Deutung des New Yorker Gesprächs über „Religion und Öffentlichkeit"? Und umgekehrt: Wird nicht nur die Rolle der Religion in der Öffentlichkeit, sondern auch der Begriff der Öffentlichkeit selbst, vor allem wenn man diese als primäre Bühne für das Aushandeln von unvermeidbaren Gemeinwohlfragen begreift, durch das Spiegeln des in Abschnitt III skizzierten allgemeinen Öffentlichkeitsverständnisses an dem in der New Yorker Debatte verhandelten Thema und den dort vorgenommenen Akzentsetzungen beleuchtet? Trotz vielfältiger realer Begrenzungen, Differenzierungen und Ausschließungsrisiken hatte sich ‚Öffentlichkeit' ja als Sphäre gesellschaftlicher Debatten ohne prinzipielle Zugangsbeschränkung erwiesen, die sich durch Transparenz und Partizipation[64] auszeichnet bzw. auszeichnen sollte. Im New Yorker Gespräch sind umgekehrt Diskursregeln, Identitätsimaginationen, Übersetzungsforderungen, Differenz- und Ambiguitätsbewusstsein und schließlich Leidenssensibilität als Herausforderung für die Verhältnisbestimmung von Religion und Öffentlichkeit markiert worden.

Die Frage, ob eine im Sinne der in Abschnitt III angestellten Überlegungen verstandene Öffentlichkeit religionskompatibel ist oder Religionen gemäß einem solchen Öffentlichkeitsverständnis öffentlichkeitskompatibel sind, könnte man theoretisch als eine verfehlte oder gar sinnlose Fragestellung behandeln. Denn letztlich könne es einer Religion (und zwar nicht nur den Menschen, die sich von ihr prägen lassen, sondern auch der Organisation) von ihrem Selbstverständnis her gleichgültig sein, ob sie diesem so qualifizierten Begriff von Öffentlichkeit entspreche, ob sie also in der Lage sei, zu den normativen Mindestbedingungen von Öffentlichkeit von sich aus – und nicht nur extrinsisch motiviert – einen Bei-

[64] Zu beachten sind dabei die Darlegungen über die innere Dialektik dieser beiden Begriffe.

trag zu leisten. Umgekehrt besitzt die Öffentlichkeit de facto trotz ihrer zahlreichen Ausdifferenzierungen als zu kultivierende Sphäre und damit als zivilgesellschaftliches Ideal ein derartiges Maß an öffentlicher (sic!) Anerkennung, dass man die These vertreten könnte, es komme gar nicht darauf an, ob Organisationen oder Motive der Religionskultur in der Öffentlichkeit eine aktive Funktion einnehmen. Von einer solchen mit Skepsis, Ironie oder Arroganz vorgetragenen Position kann man jedoch getrost Abstand nehmen, wenn man sich vergegenwärtigt, welches Intensivierungspotenzial Religion für Einstellungen, Handlungen und Entscheidungen von Einzelnen und Menschengruppen besitzt – von der Gewaltmaximierung bis zur Friedensförderung. Hat man dies im Blick, wird schnell deutlich, warum die im Diskurs zu „Religion und Öffentlichkeit" festgehaltenen Erwartungen an die von Transparenz und Partizipation her begriffene Sphäre der Öffentlichkeit und an Religionen von enormer gesellschaftlicher Bedeutung sind.

2.1. Herausforderungen für Religionen

Die Zumutung an Religionen besteht zunächst einmal darin, das eigene religionskulturelle Differenzbewusstsein (wobei primär an die Differenz zwischen der Transzendenzinstanz und der immanenten Sphäre zu denken ist, aber auch an Differenzen zwischen Religionseliten und einfachen Gläubigen, zwischen der eigenen Gemeinschaft und den „Anderen" etc.) nicht nur als Selbstvergewisserungsstrategie, sondern als Impuls zu nutzen, um Differenzierungspotenziale anderer Religionen und Weltanschauungen als solche zu würdigen und anzuerkennen. D. h., die Wahrnehmung der Differenz zwischen Glaubensgegenstand und eigenem Bezeugen kann für die Möglichkeit sensibilisieren, dass auch Eigenes inauthentisch, und Anderes authentisch sein könnte. Sind aber diese Kreuzungen denkbar, dann kann man sich nicht nur nicht gegenüber Anderen exklusiv abschließen, sondern dann besteht die intrinsische Möglichkeit, dass das eigene Glaubenszeugnis in die Öffentlichkeit drängt – nicht immer schiedlich-friedlich, aber sehr wohl immens interessiert, nicht nur im geglaubten Eigenen, sondern auch im fremden Leben des Anderen nach Spuren von Wahrheit oder Gemeinwohlorientierung suchen zu können.

Die Annahme, dass ausgerechnet die eigene Religion zu solchen Differenzierungsleistungen in der Lage sei und darüber hinaus sogar die Kunst beherrsche, solche Differenzierungen dort, wo sie exklusivistisch werden, zu verflüssigen und damit ambigue zu halten, während (fast) alle anderen Religionen die entsprechenden Begriffs- und Deutungsmuster nicht (in hinreichendem Maße) besäßen, kann man dabei sicherlich als erstes Indiz dafür werten, dass es um die eigene Übersetzungs- und Verfremdungskompetenz nicht zum Besten bestellt ist. Ohne diese Hypothese hier auch nur ansatzweise plausibilisieren zu können, würde ich dennoch die Behauptung wagen, dass sich zumindest bei den sog. Weltreligionen überall geschichtlich oder gegenwärtig Deutungskategorien finden, mittels derer sich solche Differenz- und daraus sich wiederum ableitende Ambiguitätsreflexionen durchführen lassen.[65] Entsprechend bestünde ein entscheidender Gewinn für die Verhältnisbestimmung von Religionen (und Weltanschauungen) untereinander und damit auch für die Kultivierung des Diskursraums Öffentlichkeit darin, vor dem Hintergrund der öffentlichen Präsentation eigener Differenzierungs- und Ambiguitätskulturpraktiken diese mit und bei anderen Religionen (und Weltanschauungen) zu erfragen und zu kultivieren.[66]

Nach meiner Wahrnehmung besitzt die christliche Theologietradition – vor allem in reformatorischer Ausprägung – ein erhebliches Arsenal an Grunddifferenzierungen und Ambiguitätstoleranzmustern, die ein fundamentalistisches oder exklusivistisches Entdifferenzieren und Abschotten gegenüber fremden Weltanschauungseinflüssen und Deutekategorien unmöglich machen – und damit im Umkehrschluss für die skizzierten Zivilisierungsbemühungen genutzt werden können. Differenzierungen zwischen dem „Gegenstand" des Glaubens, der Welt- und Lebenssinndeutung und -orientierung einerseits und dem eigenen Vertrauen und der mit diesem in einem Wechselverhältnis stehenden Reflexionen andererseits bieten sich vor allem von der grundlegenden Gott-Mensch-Differenz her an. Diese ist wiederum schöpfungstheologisch, und – vor allem in evangelisch-theologischer Perspektive – harmatiologisch auszubuchstabieren. Die dann wiederum diese Grunddifferenz bearbeitenden Kopplungsmuster, welche Rehybridisierungen oder eben auch Ambiguitätssensibilitäten ermöglichen, können auf christologische Figuren[67] und schöpfungstheologische Erwägungen zur Gottebenbildlichkeit des Menschen ebenso wie auf pneumatologische Theologumena[68] zurückgreifen. Aber auch Versionen der Zwei-Reiche-und-

[65] Ich wage diese Hypothese natürlich nur deshalb überhaupt in den Raum zu stellen, weil die Plausibilität des Paradebeispiels der angeblich so ambiguitätsintoleranten Religion, des Islams, durch die bedeutende Studie von Thomas Bauer doch erheblich in Frage gestellt worden ist; vgl. Th. Bauer, Die Kultur der Ambiguität. Eine andere Geschichte des Islams, Berlin 2011.

[66] Gemäß dem bekannten Motto „Der Ton macht die Musik" hängt das Gelingen dieser wechselseitigen Öffnungen und Infragestellungen entscheidend davon ab, wie sie arrangiert werden.

[67] Immerhin kommt es ja durch die Figur der Inkarnation zu einer Adelung des Menschlichen, deren anthropologischen Effekt man nach meinem evangelisch-theologischen Verständnis so auslegen sollte, dass der Mensch damit nicht göttlich, sondern menschlicher werden sollte; vgl. E. Jüngel, Entsprechungen: Gott – Wahrheit – Mensch. Theologische Erörterungen, München ^{2}1986, 316f.

[68] Der Geist bindet die Kirche, aber ist nicht zu bändigen; vgl. Joh 3,8.

Regimenten-Lehre, welche Mindestbedingungen guter Herrschaft identifizieren, die unabhängig davon gelten, ob die jeweiligen Verantwortungsträger sich auf christlichen Glauben berufen oder nicht, Elemente der breiten Tradition natürlicher Theologie und ihrer neuzeitlichen Derivate, naturrechtliche Denkfiguren – entgegen manch gängigem Vorurteil in der längeren Zeit auch der reformatorischen Theologiegeschichte hoch gehalten – oder der eschatologische Grundgedanke des Harrens auf die Vollendung, der sich zeitlich wie axiologisch auslegen lässt, können zum Zwecke einer Öffnung des vermeintlich Eigenen, das sich vor dem Hintergrund dieser verschiedenen Figuren als schon längst durch Anderes und Fremdes durchwirkt begreifen lässt, auf andere und vermeintlich fremde Traditionen hin genutzt werden. Da alle diese Kopplungsmuster in reformatorischer Tradition nicht auf substanzontologisch gedeuteten Fähigkeiten des Menschen aufruhen – dieser ist und bleibt ja *peccator in re* –, sondern von der geglaubten Anrede Gottes her, also kommunikationsontologisch, grundiert sind, heben sie die grundlegende Differenz zwischen Gott und Mensch, und damit die kritische Begrenzung der Religion durch ihren geglaubten Gegenstand nicht auf. Entsprechend sind die erwähnten theologischen Lehren und Unterscheidungsmodi im Prinzip geeignet, um Differenzkompetenz und Ambiguitätssensibilität auszubilden und für Fragen von öffentlicher Relevanz, aber auch für die Gestaltung der Kultursphäre Öffentlichkeit insgesamt fruchtbar zu machen.

Umgekehrt haben die skizzierten Strategien zur Verarbeitung von Ambiguitätserfahrungen das Christentum in der Vielfalt seiner Ausprägungen seit jeher dazu befähigt, sich mit unterschiedlichen kulturellen Settings zu arrangieren. Die Modi solcher Arrangements sind bekanntlich vielfältig. Selbst Gruppen, die sich in fundamentalistischer Manier von der Mehrheitskultur abgrenzen, weisen oft mehr Gemeinsamkeiten mit dieser auf, als es für die Beteiligten aus der Innenperspektive den Anschein haben mag. Dennoch ermöglicht die doppelte Form der Übersetzung (Differenzierung + Rehybridisierung) zwischen dem bisher als Eigenes Imaginierten und bis dato als Fremdes Vorgestellten auch deutliche Transformationen und Neufigurationen der eigenen Tradition. Ein signifikantes Beispiel dafür bietet der Umgang der jüngeren christlichen Tradition mit Menschenrechten oder Demokratie. Beide Rechts- und Politiktraditionen wurden lange Zeit von großen Teilen der theologischen und kirchlichen Funktionseliten als der eigenen Lehre und Praxis diametral entgegenstehend abgelehnt. Daraus hat sich im Laufe der Zeit nicht nur ein schiedlich-friedliches Nebeneinander entwickelt, sondern man kann inzwischen den Eindruck gewinnen, dass viele christliche Kirchen und Gläubige die Vereinbarkeit christlicher Werte mit Menschenrechtsethos und Demokratie für selbstverständlich halten. Die jahrhundertealte Tradition kritischer Distanznahme scheint weitgehend in Vergessenheit geraten zu sein. Dies gilt nicht nur für den europäischen und große Teile des nordamerikanischen Protestantismus sondern vor allem auch für die mit Abstand größte Konfession, den römischen Katholizismus und seine offizielle Theologie. Nun geht es hier nicht darum, die Legitimität oder Illegitimität dieses Schwenks von teilweise polemischer Ablehnung hin zu einem alternativlos erscheinenden Umarmungsgestus zu prüfen, sondern nur zu konstatieren, dass für ein sich nicht nur neuzeitlich deutendes, sondern die Gesellschaftskonstellation einer auf ihre Möglichkeiten wie Grenzen reflektierenden Moderne verarbeitendes Christentum, Menschenrechtsethos und Demokratie ganz offensichtlich zu Konstituenzien der eigenen Welt-, Lebens- und Gesellschaftsdeutung geworden sind. Dass das lange Zeit verkannte Deutungspotenzial von Motiven wie der Gottebenbildlichkeit, der Rechtfertigung aus Glauben, der Freiheitsidee (in ihrer neutestamentlichen Zuspitzung wie auch schon in der alttestamentlichen Befreiungstradition) oder die alttestamentlichen Traditionen von Gemeinschaftstreue und Barmherzigkeitsrecht in den letzten Jahrzehnten endlich entdeckt und für eine Weiterentwicklung des Menschenrechtsethos genutzt worden ist, gehört zu den bemerkenswerten Glücksfällen einer gelungenen wechselseitigen Beeinflussung von Religion und Öffentlichkeit.[69]

Insofern die Protagonisten des New Yorker Religionsgesprächs im weitesten Sinne (und dies noch inmitten ihrer selbst behaupteten religiösen „Unmusikalität“) einem kulturellen Amalgam angehören, zu dem biblische, jüdische und christliche Traditionen einen erheblichen Beitrag geleistet haben, verwundert es nicht, dass die Vorstellung einer Entsprechung zwischen Menschenrechtsethos und Religion sich auch bei ihnen findet. Manch einer wird die Forderung nach der universalen Anerkennung und Durchsetzung von Demokratie und Menschenrechten freilich gerade wegen deren (tatsächlicher oder vermeintlicher) Verankerung in einem von *bestimmten* Religionen geprägten und insofern partikularen kulturellen Milieu für eurozentristisch und kulturimperialistisch halten. Angesichts der intrinsischen Überzeugungskraft[70] dieser rechtlichen und sittlich-politischen Normen erscheint es mir jedoch legitim, von allen Religionen ohne Unterschied zu verlangen, dass sie innerhalb ihrer eigenen kultursprachlichen Praktiken nach Entsprechungen zum Menschenrechtsethos sowie nach möglichen Übersetzungen dieser Entsprechungen in andere, auch nicht-religiöse

[69] Vgl. bspw. für viele andere Werke W. Huber/H. E. Tödt, Menschenrechte. Perspektiven einer menschlichen Welt, München ³1988.

[70] Wie bereits mehrfach angedeutet worden ist, denke ich dabei nicht in erster Linie an die längere Ideengeschichte, die zur Entwicklung der Menschenrechte und des sie begleitenden Menschenwürdeaxioms geführt hat, sondern an die moralische Evidenz dieser Ideen vor dem Hintergrund der Erfahrungen mit Krieg und Totalitarismus im 20. Jahrhundert.

Sprachformen suchen. Hilfreich dürfte dabei der von Bernhard Peters betonte Gedanke sein, dass selbst bei einer Gesamtdynamik von Öffentlichkeit auf Allgemeineres, gesamtgesellschaftlich Relevantes hin auch in Teilöffentlichkeiten kommuniziert wird und werden kann. Für die Frage des Verhältnisses von Religion und Öffentlichkeit, auch und gerade wenn man die anvisierte Gemeinwohlperspektive nicht aus dem Blick verlieren will, kann dies bedeuten: Es muss nicht jede indirekt auf Öffentlichkeitsrelevanz zielende Äußerung von Religionen – wie vor allem Charles Taylor, in etwas engeren Grenzen aber auch Jürgen Habermas unterstrichen hat – bereits das Ganze der Gesellschaft und die Sprachfähigkeit für eine gesamte Öffentlichkeit im Blick haben. Statt nach bilingualen Übersetzern zu verlangen, wie es Habermas tut, dürfte es unprätentiöser (und für Religionen, die sich mit den erarbeiteten Standards des allgemeinen Öffentlichkeitsbegriffs schwer tun, niedrigschwelliger), aber auch – jedenfalls mit Blick auf das Ziel einer Kultivierung von Öffentlichkeitsarbeit – effektiver sein, auf bi- oder multilaterale Verständigungsweisen zu setzen. Wenn sich diese sukzessive ausweiten, Universalisierungsdynamiken also auch ohne die unmittelbare Zielmarke *eines overlapping consensus*, der dann nur als kleinster gemeinsamer Nenner begriffen werden kann, in Gang kommen, ist eine Suche nach Gemeinsamem möglich, ohne dass gleich jeder mit jedem im Austausch stehen muss. Auf diese Weise lassen sich unterschiedliche Netzwerke mit unterschiedlich starken Knoten bilden, über die dann ggf. auch nicht direkt miteinander verbundene Traditionen das indirekte Gespräch führen können, bevor ihnen gleich ein Gemeinsames (das möglicherweise [noch] gar nicht existiert) aufgenötigt wird. Wenn solche lateralen Universalisierungen oder Transpartikularisierungen, also Überschreitungen des Eigenen, dessen Spezifikum dabei gar nicht geleugnet werden muss, als Weg der Verhältnisbestimmung von Religion und Öffentlichkeit gesucht werden, dann verlieren auch die immer wieder beschworenen Bedrohungsszenarien einer Öffentlichkeit, die ihre Arenafunktion einbüßen könnte, oder einer Religion, die ihre Spezifität verlieren könnte, ihre Plausibilität. Möglicherweise eignen sich Religionen, die sich dieser Rückbindung von Universalisierungsdynamiken an partikulare Traditionen bewusst sind, sogar in besonderer Weise als Katalysatoren öffentlicher Diskurse.[71] Denn sie bestärken Menschen und Gruppen gleichzeitig in zwei Grundhaltungen, die sonst oft als einander ausschließende Alternativen gesehen werden: Positionalität zu wahren und zu schätzen und gleichzeitig im Übersteigen des Eigenen und der damit konsequen-

[71] Es wäre ein Weg, wie christliche Kirchen und Theologien bspw. den Weg islamischer Gemeinschaften in unserer Öffentlichkeit begleiten könnten. Dabei habe erstere in Kauf zu nehmen, dass auch sie durch einen solchen Prozess Veränderungen ausgesetzt werden können.

terweise einhergehenden Selbsttransformation einen Gewinn zu sehen. Zugehörigkeit und Öffnung bilden - zum Wohle von Religionen und Öffentlichkeit - nicht per se einen Gegensatz.

2.2. *Herausforderungen für die Öffentlichkeit*

Blickt man von den angedeuteten Überlegungen zum Verhältnis von Öffentlichkeit und Religion zurück auf die beiden in Abschnitt III herausgearbeiteten Konstituenzien von Öffentlichkeit, Transparenz und Partizipation, so lässt sich Folgendes festhalten:

2.2.1. *Geheimnis als Begrenzung radikaler Transparenzforderungen*

Wenn Religionen im Allgemeinen, das reformatorisch-protestantische Christentum im Besonderen paradigmatisch Elemente von Differenz, Außerordentlichem und Fremdem in der eigenen Tradition identifizieren und auf die Bedeutung von Differenzbewusstsein und Ambiguitätstoleranz sowie daraus erwachsenden lateralen Universalisierungsdynamiken aufmerksam machen können, dann wird zwar der öffentlichkeitskulturelle Grundimpuls, der hinter dem Transparenzideal steht, grundsätzlich in Geltung gehalten, bekommt aber eine signifikative Differenz. Man muss nicht den in dieser Hinsicht wilden Analogie-Vorstellungen Karl Barths folgen, um nicht doch theologisch verantwortlich festhalten zu können: Volle Durchleuchtung und Prädiktion sind in der kulturellen Tradition des Christentums der Gottes-, nicht der Menschenseite zugeschriebene Attribute. Im Vorletzten des menschlichen Daseins wird nicht nur Gott selbst als unauflösbares Geheimnis gewürdigt, sondern auch das menschliche Dasein selbst. So sehr öffentliche Diskurse im Sinne der Aufklärungsintention auf Transparenz von Argumenten und Diskurspraktiken achten sollen, verfehlen sie ihre Funktion, wenn die Transparenzforderung überdehnt wird. Das geschieht dort, wo, wie bspw. in der sog. *post-privacy*-Bewegung[72], die im Christentum hochgehaltene, auch abwehrrechtlich relevante Geheimnishaftigkeit des Menschseins in Frage gestellt wird. Wo sich eine solche Tendenz breit macht, droht um des Zieles von Transparenz willen eine der normativen Grundlage von Öffentlichkeit, die Menschenwürde, gefährdet zu werden. Religiöse Bildung kann demgegenüber aufgrund ihrer spezifischen Differenz- und Ambiguitätsverarbeitungskompetenz ein solches Transparenzverständnis fördern, das in der Geheimnishaftigkeit des geglaubten Gottes und des ihm entsprechenden Menschen einen Freiheitsgewinn

[72] Vgl. Ch. Heller, Post-Privacy. Prima leben ohne Privatsphäre, München 2011.

erkennt.[73] Diese gerade auf vollständige Transparenz verzichtende Bewegung trägt mehr und anderes zu einer Kultivierung von Öffentlichkeit bei als der Versuch, technisch-medial oder durch die Art und Weise der Kommunikation Universalität qua Uniformität oder Regelkonformität zu erzielen.

2.2.2. Stellvertretungs- und Brückenfunktion zur Partizipation möglichst Aller

Für die Beachtung und Gestaltung des sozialethischen Kriteriums der Partizipation in der Kultivierung von Öffentlichkeit sind Religionen dann besonders geeignet, wenn sie den ihnen von außen – so jedenfalls im New Yorker Gespräch einmütig geschehen – zugesprochenen und tatsächlich dem Selbstverständnis vieler Religionen selbst entsprechenden Blick dafür behalten, dass möglichst viele die Gelegenheit haben sollten, sich an öffentlichen Debatten zu beteiligen. Kirchen und Religionsgemeinschaften gelten vielfach als Anwälte für Schwache, Marginalisierte, Unterdrückte und vulnerable Gruppen.[74] Dieser Zug zur aktiven Förderung von – wie es im Gegenwartsjargon dann heißt – Inklusion und *empowerment* wird in der biblischen, der jüdischen wie der christlichen Tradition durch das Grundanliegen der Gemeinschaftstreue begründet. Deren jeweilige Umsetzung kann entsprechend daran überprüft werden, wie mit denen umgegangen wird, die an den Rändern der Gesellschaft leben müssen. Konzeptionen von Gerechtigkeit und Solidarität sind entsprechend daraufhin zu überprüfen, ob sie eine vorrangige Option für Benachteiligte[75] enthalten.

In dreifacher Hinsicht kann sich diese Förderung einer aktiven Partizipation aller zeigen:

Zum einen zelebriert religionskulturell-intern das darstellende Handeln des Gottesdienstes, vor allem im Abendmahl, antizipatorisch die gleiche Partizipation aller. Wenn auch hier das Realismuscaveat, zumal im Versagen ökumenischer Interkommunion, zu beachten ist, setzt die christliche Religionskultur ein öffentliches Zeichen, wie sie idealiter Partizipation denkt.

[73] Diese Intransparenz als ein Moment der öffentlichkeitskulturellen Vollzugsdimension ‚Transparenz' zu achten, tut in Zeiten von Überwachung, *big-data*-Prädiktion und *social-media*-Exhibitionismus dem Einzelnen und der öffentlichen Kommunikation wohl.

[74] Deshalb fällt die Enttäuschung, wenn diesem Anspruch nicht genügt wird, wie im Falle der Ausgestaltung der Dienstgemeinschaft in manchen Teilen der kirchlichen Wohlfahrtspflege und noch eklatanter im Falle von Missbrauch gegenüber Schutzbefohlenen in kirchlichen Einrichtungen, erheblich größer aus, als bei vergleichbaren Organisationen, mit Blick auf die eine entsprechende Erwartungshaltung nicht existiert.

[75] Dass die Identifizierung der Benachteiligten große Probleme bereiten kann, ändert aus der Perspektive christlicher Sozialethik nichts an der prinzipiellen Plausibilität dieses Kriteriums für Gerechtigkeit und Solidarität.

Zum zweiten kann der starke umfassende Inklusionsimpetus, der der biblischen und breiten Teilen der religionskulturellen Tradition des Christentums eignet, unter Modernitätsbedingungen Impulse freisetzen, überhaupt Öffentlichkeit zu mobilisieren, wo die skizzierten normativen Grundlagen für Öffentlichkeit beschädigt, nicht oder nur unzureichend vorhanden sind – so geschehen am Ende der ehemaligen DDR.

Zum dritten: Für öffentliche Diskurse bedeutet dies, dass Religionen – wenn sie denn, wie weite Teile des Christentums, Inklusionsförderung und Befähigung zur Eigenverantwortung als intrinsische sozialethische Anliegen begreifen – aufmerksam dafür bleiben müssen, ob andere Gruppen, und dies heißt auch ausdrücklich: andere Religionsgemeinschaften, selbst wenn sie im Sinne der zuvor beschriebenen herausfordernden Fremdheit als fremd angesehen werden, sich an öffentlichen Diskursen beteiligen können oder davon ausgeschlossen werden. Diese Stellvertretungs- und Brückenfunktion für eine möglichst umfassende Partizipation kann dann gelingen, wenn man die oben (vgl. Abschnitt III.2.1.) skizzierten lateralen Universalisierungsdynamiken nicht nur als Impuls für das durch Öffentlichkeit herausgeforderte Selbstverständnis von Religionen und ihr Verhältnis zu anderen Religionsgemeinschaften versteht und nutzt, sondern eben auch als Movens für die Herstellung von Öffentlichkeiten allgemein.

Die Forderung, bei solchen Inklusionsbemühungen die Standards des in seinem Sinngehalt freilich immer wieder neu zu erschließenden Menschenrechtsethos zu beachten, kann schon deswegen nicht einfach als christlich motivierte und das Christentum bevorzugende zurückgewiesen werden, weil diese Standards de facto gegen den massiven Widerstand der christlichen Kirchen durchgesetzt werden mussten. Selbst wenn man auf christlicher Seite Menschenrechtsfragen inzwischen als Eigenes (rück)erobert und sich selbst entsprechend verändert hat, vertritt man damit immer noch ein auch die eigene Religion transzendierendes und potenziell in Frage stellendes Normgefüge. Man darf daher andere Religionen auf ihre reale oder mögliche Menschenrechtsfreundlichkeit ansprechen, ohne sich gleich dem Verdacht eines Kulturimperialismus auszusetzen. Umgekehrt gilt aber auch, dass das Anliegen einer stärkeren Einbeziehung anderer Religionen und Weltanschauungsgemeinschaften in öffentliche Diskurse eine Abkehr von den gerade im Bereich der evangelischen Kirche im letzten Jahrzehnt zu beobachtenden Abgrenzungsbewegungen erfordert.

Ob es Religionen in der Praxis gelingt, die Sphäre der Öffentlichkeit konstruktiv zu gestalten, hängt nicht nur von allerlei weiteren Faktoren ab, die sich ihrem Einfluss entziehen, sondern auch davon, *wie* die Kriterien, die hier in Auseinandersetzung mit dem Öffentlichkeitsbegriffs (Abschnitt III) und dem New Yorker Gespräch über „Religion und Öffentlichkeit" (Abschnitt IV) gewonnen wurden, jeweils gedeutet werden. In jedem Fall zeigt der Gedankengang, dass die Reflexion auf das prekäre Verhältnis von Religion und Öffentlichkeit dazu beitragen kann, die beiden in Abschnitt II festgehaltenen Aspekte eines zeitgemäßen Gemeinwohlbegriffs - Wohlgeordnetheit und Gemeinwohlpluralismus - weiter auszudifferenzieren. Durch eine gehaltvolle Förderung von Differenzsensibilität und Ambiguitätstoleranz bei der Beachtung von Transparenz und Partizipation in der Kultivierung einer zivilen Öffentlichkeit mag der Gemeinwohlpluralismus so gestärkt werden, dass er eine aus der Ahnung des Ganzen gespeiste komparative Lebensdienlichkeit für das „Leben im Fragment“[76] bereithält und so einen (de-)konstruktiven Umgang mit dem Gemeinwohlparadox ermöglicht - um des Besten der Stadt willen.

[76] Vgl. H. Luther, Leben als Fragment. Der Mythos von der Ganzheit, in: WzM 43 (1991), 262–273.

Hans-Tjabert Conring

GEMEINWOHL: (KIRCHEN)JURISTISCHE FUNDSTÜCKE

Übersicht

I. Intro

"The worst of all the multitude
Did something for the common good."[1]

Mit diesen Worten umschreibt Bernard Mandeville in seiner Bienenfabel zu Beginn des 18. Jahrhunderts die Wirkung vom Guten des Bösen. Paul Watzlawick hat Ende des 20. Jahrhunderts umgekehrt die Wirkung vom Bösen des Guten so beschrieben:

> „Damit ist nichts erklärt, aber eine Gegebenheit unserer Welt klar beschrieben: Wer das *summum bonum* will, setzt damit auch schon das *summum malum*. Das kompromisslose Streben nach dem höchsten Gut – sei es Sicherheit, Vaterland, Friede, Freiheit, Glück oder

[1] *Mandeville, Bernard*, The Fable of the Bees, or private Vices, Public Benefits, Oxford 1924; Die Bienenfabel oder Private Laster als gesellschaftliche Vorteile, München 1988, herausgegeben mit einem Nachwortessay und Anmerkungen von Günter Walch. Deutsch Übersetzung von Helmut Findeisen, Nachdichtung der Verse von Christa Schuenke: „Der größte Schurke selbst zum Schluß Doch dem Gemeinwohl dienen muß."

was immer – ist eine Patendlösung, oder (mit Verlaub, Herr Geheimer Rat) eine Kraft, die stets das Gute will und stets das Böse schafft."[2]

Das Gemeinwohl hat zu tun mit der Finanzkrise, mit Infrastrukturentwicklung, und mit dem Staatswesen als solchem.[3] Nachdenken über das Gemeinwohl ist immer auch Nachdenken über Gerechtigkeit und ihre politische Möglichkeit der Realisation. Mit abstrakten Begriffen lassen sich große Themen in den Blick nehmen.[4] Die Aufgaben werden auf diese Weise allein aber weder begriffen noch ergriffen oder gar bewältigt.

[2] *Watzlawick, Paul,* Vom Schlechten des Guten, in: Vom Schlechten des Guten oder Hekates Lösungen, München/Zürich, 1991, S. 31–42 (41). Der Kunstbegriff „Patendlösung" ist aus den Worten Patent und Endlösung gebildet und wird von Watzlawick im Vorwort vorgestellt: „Eine Patendlösung wäre demnach eine Kombination der beiden Begriffe, also eine Lösung, die so patent ist, daß sie nicht nur das Problem, sondern auch alles damit Zusammenhängende aus der Welt schafft – etwa im Sinne des alten Medizinerwitzes: Operation erfolgreich, Patient tot." (S. 8).

[3] *Häberle, Peter,* Die Gemeinwohlproblematik in rechtswissenschaftlicher Sicht, in; *ders.*, Europäische Rechtskultur. Versuch einer Annäherung in zwölf Schritten, Baden-Baden 1994, Suhrkamp 1997, S. 323–354 (336): „Theoriegeschichte und Theoriediskussion »in Sachen Gemeinwohl« können hier nicht in extenso nachgezeichnet werden. Ein solcher Unterfangen müßte praktisch die abendländische Recht- und Staatsphilosophie rekapitulieren und ins germanische Denken weiterführen, das sich über Jahrhunderte hinweg zu der Idee bekannte, das Staatswesen habe einem über die wechselnden Personen der jeweiligen Staatslenker erhabenen »gemeinen Besten« zu dienen."

[4] Es lässt sich aber eine gewisse Gebrauchsscheu im Blick auf den Terminus „Gemeinwohl" beobachten. Dies zeigt ein kursorischer Blick in die Einträge Evangelischer Lexika der letzten 40 Jahre (1966–2006). *Heyl, Cornelius-Adalbert von,* Gemeinwohl, in: *Kunst, Hermann, Grundmann, Siegfried* (Hrsg.), Ev. Staatslexikon 1. Aufl. 1966, Sp. 611–612; *Stolleis, Michael*, Gemeinwohl, in: EvStL Bd. I (A–M), 3. Aufl. 1987, Sp. *1061–1064; Hufen, Friedhelm*, Gemeinwohl, in: *Campenhausen, Axel v./Riedel-Spangenberger, Ilona/Sebott, P. Reinhold* (Hrsg.), Lexikon für Kirchen- und Staatskirchenrecht, Bd. 2 G–M, 2002, S. 48–49; *Witsch, Norbert*, Bonum commune, in: *Campenhausen, Axel v./Riedel-Spangenberger, Ilona/Sebott, P.Reinhold* (Hrsg.), Lexikon für Kirchen- und Staatskirchenrecht, Bd. 1 A–F, 2001, S 294–297; Im Ev. Staatslexikon 2006 wird kein eigener Artikel zum Stichwort „Gemeinwohl" geboten, das Sachverzeichnis verweist auf die Einträge Rechtsstaat, Republik Sozialstaat und Wohfahrt: *Lienemann, Wolfgang*, Rechtsstaat, in: *Heun, Werner/Honecker, Martin/Morlok, Martin/Wieland, Joachim* (Hrsg.) Evangelisches Staatslexikon, Neuausgabe, Stuttgart 2006, Sp. 1934–1939; *Gröschner, Rolf,* Republik in: *Heun, Werner/Honecker, Martin/Morlok, Martin/Wieland, Joachim* (Hrsg.) Evangelisches Staatslexikon, Neuausgabe, Stuttgart 2006, Sp. 2041–2045; *Jähnichen, Traugott,* Sozialstaat, in: *Heun, Werner/Honecker, Martin/Morlok, Martin/Wieland, Joachim* (Hrsg.) Evangelisches Staatslexikon, Neuausgabe, Stuttgart 2006, Sp. 2252–2256; *Droege, Michael,* Wohlfahrt, Wohlfahrtsstaat, in: *Heun, Werner/Honecker, Martin/Morlok, Martin/Wieland, Joachim* (Hrsg.) Evangelisches Staatslexikon, Neuausgabe, Stuttgart 2006, Sp. 2765–2769

In dem Begriffspaar „Gemeinwohl und Eigennutz“[5] wird erkennbar, das Gemeinwohl die kollektive Perspektive im Gegenüber zur individuellen Perspektive einnimmt. Auch die Einzelnen aber sind viele. Das begründet eine doppelte Dynamik des Begriffspaares „Gemeinwohl und Eigennutz“.

Zum einen erweckt das abstrakte Begriffspaar „Gemeinwohl und Eigennutz“ den Eindruck eines einfachen zweipoligen Phänomens. Diese Komplexitätsreduzierung ist durch Abstraktion gewonnen. Jeder einzelne Mensch ist veränderlich und verändert sich. Menschen wachsen, reifen, wandeln und handeln. Der Einzelne ist keine statische Größe. Daraus schöpft die unternehmerische Wirtschaft ihre Hoffnung auf Wachstum. Die Politik arbeitet mit und für diese Menschen, um Wohlstand zu schaffen und zu sichern und das Recht ist aufgerufen für diese Menschen Gerechtigkeit zu realisieren. Wachstum, Wohlstand und Gerechtigkeit sind dynamische Begriffe. Veränderungen über die Zeit werden durch den Vergleich diachroner Momentaufnahmen sichtbar. Unterschiede an verschiedenen Orten werden sichtbar durch Vergleich synchroner Momentaufnahmen.

Zum anderen gilt, wenn aus Einzelnen Mehrere werden verändert sich etwas anderes als wir es vom Wandel des Einzelnen kennen[6]. Die Gruppe (oder das Kollektiv) agiert und reagiert nach anderen Gesetzen, als es die Befragung Einzelner erwarten ließe. Die Logik des Gemeinwesens ist deshalb nur teilweise mit der Logik des Einzelnen vergleichbar.[7]

Die konkrete Wirklichkeit hinter dem zweipoligen Begriff ist also zeitlich und örtlich vielpolig und dynamischen Prozessen mit unterschiedlichen Logiken unterworfen. Das urtümliche Allmende-Problem, Privatisieren des Nutzens bei gleichzeitiger Sozialisierung der Kosten, ist als Teil der Welt des homo oeconomicus vergleichsweise einfach, weil unterkomplex. Die Zuordnung von Verantwortlichkeiten als Voraussetzung eines Lösungskonzeptes birgt allerdings etliche Prognose- und (Er)Kenntnisprobleme.

[5] vgl. *EKD (Hrsg.)* Gemeinwohl und Eigennutz. Wirtschaftliches Handeln in Verantwortung für die Zukunft. Eine Denkschrift der Evangelischen Kirche in Deutschland, Gütersloh 1991.

[6] Das ist der Gegenstand von Gruppendynamik, group think, Schwarmintelligenz usw.

[7] Vgl. zur Komplexitätsforschung: www.ted.com/talks/james_b_glattfelder_who_controls_the_world.html. Der Schweizer *James B. Glattfelder* beschreibt den Schritt vom Erklärungsmodell mathematischer Gleichungen, wie wir sie aus der Physik kennen, zur Deutung komplexer Systeme als Ableitungen aus Interaktionen in einem Netzwerk von Individuen.

II. Recht – fünf Hinweise für Nicht-Juristen sowie eine Bemerkung zum Kirchenrecht und eine zum Staatskirchenrecht

Das Recht kennt einige Grundsätze und Konstruktionen, die für das Verständnis davon, wie der Begriff und die Sache des Gemeinwohls sich im Recht dar stellt, hilfreich zu wissen sind. Normenpyramide, Auslegung, Verhältnismäßigkeitsgrundsatz und Juristische Person sind vier solche Topoi. Hier sollen sie ergänzt werden um den Begriff Grundrecht und eine Bemerkung zum Kirchenrecht.

Schon der Begriff des Rechts selbst ist streitig. Die Entwicklung der letzten zweihundert Jahre zeigt aber, dass heute ein blanker und formaler Rechtspositivismus kaum mehr vertreten wird.[8] Recht wird schon begrifflich mit Richtigkeit[9] verknüpft und mit Freiheit gepaart.[10]

1. Normenpyramide: Es gibt eine Vielzahl von Normen, die zudem von unterschiedlichen normgebenden Instanzen (Gesetzgebern) stammen, die aber alle auf demselben Territorium angewandt werden. Diese Normen sollen sich nicht widersprechen sondern kohärent das Zusammenleben der Menschen ordnen und regeln. Wenn wir Normen wie Computer-Programme verstehen, leuchtet unmittelbar ein, dass Widerspruchsfreiheit ein sinnvolles Ziel ist. Dabei ist eine hierarchische (Rang-)Ordnung der Normen notwendig, weil die Widerspruchsfreiheit nur in eine Richtung garantiert werden kann, nämlich von oben nach unten. Die Normen werden in Normtypen mit unterschiedlichem Rang gegliedert, die hierarchisch sortiert von oben nach unten widerspruchsfrei zu sein haben. Die

[8] Vgl. insgesamt dazu: *Mahlmann, Matthias*, Rechtsphilosophie und Rechtstheorie, Baden-Baden 2. Aufl. 2012.

[9] Richtigkeit kann material und formal verstanden werden.

[10] Vgl. *Dreier, Ralf*, Der rechtsphilosophische Rechtsbegriff, NJW 1986, S. 890: „Recht ist die Gesamtheit der Normen, die zur Verfassung eines staatlich organisierten oder zwischenstaatlichen Normenssystems gehören, sofern dieses im großen und ganzen sozial wirksam ist und ein Minimum an ethischer Rechtfertigung oder Rechtfertigungsfähigkeit aufweist und der Normen, die gemäß dieser Verfassung gesetzt sind, sofern sie, für sich genommen, ein Minimum an sozialer Wirksamkeit oder Wirksamkeitschance und ein Minimum an ethischer Rechtfertigung oder Rechtfertigungsfähigkeit aufweisen."; *Alexy, Robert*, Begriff und Geltung des Rechts, 1992, S. 201: „Das Recht ist ein Normensystem, das (1) einen Anspruch auf Richtigkeit erhebt, (2) aus der Gesamtheit der Normen besteht, die zu einer im großen und ganzen sozial wirksamen Verfassung gehören und nicht extrem ungerecht sind, sowie aus der Gesamtheit der Normen, die gemäß dieser Verfassung gesetzt sind, ein Minimum an sozialer Wirksamkeit oder Wirksamkeitschance aufweisen und nicht extrem ungerecht sind, und zu dem (3) die Prinzipien und die sonstigen Argumente gehören, auf die sich die Prozedur der Rechtsanwendung stützt und/oder stützen muss, um den Anspruch der Richtigkeit zu erfüllen."

Verfassung mit ihren Leitentscheidungen[11] steht ganz oben, ihr folgen Gesetze, Verordnungen und schließlich Satzungen.

Bsp: Art. 77 II 1 KO.EKvW[12]:

Artikel 77

(1) Das Presbyterium kann durch Satzung insbesondere die in der Kirchenordnung oder in anderen Kirchengesetzen vorgeschriebenen Regelungen treffen oder die Ordnung besonderer Einrichtungen der Kirchengemeinde regeln.

(2) $_1$Satzungen dürfen dem in der Kirche geltenden Recht nicht widersprechen. $_2$Sie bedürfen der Genehmigung des Landeskirchenamtes. $_3$Vor der Genehmigung ist der Kreissynodalvorstand zu hören. $_4$Die Satzungen sind in ortsüblicher Weise zu veröffentlichen.

2. *Auslegung:* Normen sind zumeist[13] abstrakt-generelle Regelungen in sprachlicher Form (Worte und Sätze). Die Anwendung einer solchen Norm auf den konkreten Fall setzt eine konkretisierende Interpretation voraus. Dabei wird der Sachverhalt unter die Norm subsumiert. Für die Auslegung von Normtexten gibt es vier Grundregeln, die mit den Stichworten Wortlaut, Geschichte, Kontext (Systematik) und Ziel der Norm benannt werden können.[14] Der Wortlaut ist Ausgangspunkt und Grenze der Auslegung. Die Geschichte der Norm kann Auskunft zu ihrem ursprünglichen bzw. sich wandelnden Sinn geben.[15] Der Kontext

[11] Vgl. insbes. Art. 1 GG: (1) Die Würde des Menschen ist unantastbar. Sie zu achten und zu schützen ist Verpflichtung aller staatlichen Gewalt. (2) Das Deutsche Volk bekennt sich darum zu unverletzlichen und unveräußerlichen Menschenrechten als Grundlage jeder menschlichen Gemeinschaft, des Friedens und der Gerechtigkeit in der Welt. (3) Die nachfolgenden Grundrechte binden Gesetzgebung, vollziehende Gewalt und Rechtsprechung als unmittelbar geltendes Recht. [Art. 1 Grundgesetz für die Bundesrepublik Deutschland vom 23. Mai 1949 in der im Bundesgesetzblatt Teil III, Gliederungsnummer 100–1, veröffentlichten bereinigten Fassung, das zuletzt durch Artikel 1 des Gesetzes vom 11. Juli 2012 (BGBl. I S. 1478) geändert worden ist].

[12] Kirchenordnung der Evangelischen Kirche von Westfalen in der Fassung der Bekanntmachung vom 14. Januar 1999 (KABl. 1999 S. 1), zuletzt geändert durch 59. Kirchengesetz zur Änderung der Kirchenordnung der Evangelischen Kirche von Westfalen 18. November 2011 (KABl. 2011 S. 283).

[13] Ampeln und viele Schilder funktionieren konkret vor Ort ohne Worte.

[14] *Rüthers, Bernd,* Rechtstheorie. Begriff, Geltung und Anwendung des Rechts, München 1999, S. 394 (Rn 699) weist auf den Klassiker *Savigny* hin, der 1840 [Fn 627 zitiert: *F. C. v. Savigny*, System des heutigen römischen Rechts, Berlin 1840 Bd. I, S. 213, Bd III. S. 244] den damaligen Stand der jur. Methodendiskussion wie folgt zusammengefasst habe: Kriterien sachgerechter Interpretation sind das grammatische, das logische, das historische und das systematische Element der Auslegung. Heute ist der Kanon der vier Auslegungskriterien in abweichender Bezeichnung (Wortlaut, Systematik, Entstehungsgeschichte, Zweck) allgemein praktizierter Standard, S. 395, 396 (Rn 702).

[15] Vgl. auch *Larenz, Karl,* Methodenlehre der Rechtswissenschaft, Berlin, Heidelberg u. a. 6. Neuberarb. Aufl. 1991, S. 316 der die Unterscheidung der subjektiven Theorie (Willenstheo-

der Norm, oder ihre systematische Stellung leuchtet den vom Normgeber gemeinten Verständnishorizont einzelner Begriffe oder der ganzen Norm aus.

Bsp: Art: 74 IV KO.EKvW[16]:

Art. 74 IV

(4) $_1$In größeren Kirchengemeinden kann das Presbyterium aus seiner Mitte einen geschäftsführenden Ausschuss bilden. $_2$Dem geschäftsführenden Ausschuss müssen in der Mehrheit gewählte Mitglieder des Presbyteriums angehören. $_3$Aufgaben, Zusammensetzung, Vorsitz und Geschäftsführung des Ausschusses werden durch Satzung geregelt.

Die Begriffe „größere Kirchengemeinde", „Presbyterium", „gewählte Mitglieder" sind nicht selbsterklärend. Ihre Bedeutung wird durch Auslegung ermittelt.

3. *Verhältnismäßigkeit:* Eine Maßnahme die in Rechte anderer eingreift muss verhältnismäßig sein. Die Prüfung erfolgt in einem Dreischritt, vergleichbar drei unterschiedlicher, in Folge geschalteter Filter. Zunächst muss die Maßnahme zur Erreichung des Zieles geeignet sein. Dann muss sie die mildeste mögliche unter den geeigneten Maßnahme sein und schließlich wird die Ziel-Aufwand-Relation (Verhältnismäßigkeit im engeren Sinne) betrachtet.

4. *Juristische Person:* Eine Person bezeichnet im Recht ein Rechtssubjekt. Das Rechtssubjekt wird vom Rechtsobjekt (Sache) unterschieden. Das Rechtssubjekt ist rechtsfähig, es kann also Träger von Rechten und Pflichten sein. Menschen sind als natürliche Personen Rechtssubjekte. Da sie verschiedene Rechte und Pflichten tragen können, sind sie freilich nicht alle gleich. Analog zu Menschen als juristischen Verantwortungsträgern wird die juristische Person konstruiert (GmbH, Verein, Stiftung, Körperschaft des öffentlichen Rechts, usw.). Was beim Menschen durch den Schöpfer erledigt wurde, ist bei der juristischen Person rechtliches Handwerk (Verfassung, Satzung, Gesellschaftsvertrag, usw.).

Die rechtliche Sphäre kennt damit neben dem Menschen als natürlicher Person weitere Rechtssubjekte (juristische Personen). Damit erhöht sich die unter dem Stichwort Gemeinwohl in den Blick kommende Komplexität nicht unerheblich, weil neben individuellen und kollektiven auch korporative Größen neben dem Staat selbst als Akteure auftreten. Die Aufgabe ihrer Freiheit und Steuerung wird u. a. bei der sog. Finanz- und Bankenkrise sichtbar und zumeist unter dem Stichwort „Governance" verhandelt.

rie) und der objektiven Theorie entfaltet und zugleich mitteilt: „Jeder der beiden Theorien liegt eine Teilwahrheit zugrunde; daher kann keine ohne Einschränkung akzeptiert werden."

[16] Kirchenordnung der Evangelischen Kirche von Westfalen in der Fassung der Bekanntmachung vom 14. Januar 1999 (KABl. 1999 S. 1), zuletzt geändert durch 59. Kirchengesetz zur Änderung der Kirchenordnung der Evangelischen Kirche von Westfalen 18. November 2011 (KABl. 2011 S. 283).

Die großen christlichen Kirchen haben als Rechtsform die Körperschaft des öffentlichen Rechts geerbt[17]. Ihnen steht das Recht zu, Untergliederungen sowie Verbünde ebenfalls in dieser Rechtsform zu gestalten. Das führt ganz praktisch dazu, dass die meisten Gliedkirchen der EKD aus mehreren hundert unterscheidbaren Rechtspersonen bestehen.

5. *Grundrechte:* Dem Volk kommt im demokratischen Rechtsstaat die Souveränität zu, Recht zu setzen. Der Rechtsstaat ist seinerseits an Recht und Gesetz gebunden (Art. 20 III GG). Zu dieser Bindung gehören insbesondere die Grundrechte, die überwiegend als Individualgrundrechte konzipiert sind[18]. Ein Mensch kann sich unter Berufung auf ein (Abwehr-)Grundrecht gegen Eingriffe des Staates in seine Rechtssphäre wehren. Klassische Abwehrgrundrechte[19] sind Leben, körperliche Unversehrtheit, Gleichheit, Freiheit und Eigentum.

Unterschieden werden Schutzbereich und Schranke eines Grundrechts. Als Schutzbereich wird der vom Grundrecht gewährleistete Freiraum des Grundrechtsberechtigten[20] bezeichnet. Seine Kontur ergibt sich als Auslegungsergebnis. Der Schutzbereich – also die sachliche Kontur des grundrechtlich geschützten Freiraumes – kann durch den Gesetzgeber ausgestaltet werden.

Bsp. Art. 14 GG

„(1) Das Eigentum und das Erbrecht werden gewährleistet. Inhalt und Schranken werden durch die Gesetze bestimmt.

(2) Eigentum verpflichtet. Sein Gebrauch soll zugleich dem Wohle der Allgemeinheit dienen.

(3) Eine Enteignung ist nur zum Wohle der Allgemeinheit zulässig. Sie darf nur durch Gesetz oder auf Grund eines Gesetzes erfolgen, das Art und Ausmaß der Entschädigung regelt. Die Entschädigung ist unter gerechter Abwägung der Interessen der Allgemeinheit und der Beteiligten zu bestimmen. Wegen der Höhe der Entschädigung steht im Streitfalle der Rechtsweg vor den ordentlichen Gerichten offen."

[17] Streng genommen ist mit dem Ende der Staatskirche eine neue „sui generis"-Form der Körperschaft des öffentlichen Rechts entstanden.

[18] Sie können aber auch Grundelemente objektiver Ordnung des Gemeinwesens sein, insbes. wenn sie kein Individualrecht gewährleisten, wie Bspw. Art. 7 I, III 1 u 2, V GG; sog. Doppelcharakter der Grundrechte.

[19] Die Weiterentwicklungen der Grundrechte zu Leistungsrechten und sozialen Grund- und Teilhaberechten ist streitig; sie verlangte vom Staat die Herstellung einer bestimmten Situation.

[20] zumeist ein Mensch und Staatsbürger; jur. Personen sind als Grundrechtsberechtigte möglich, Art. 19 III GG.

Dort wo Schutzbereiche verschiedener Grundrechte sich überlappen, ist Grundrechtsbegrenzung Herstellung praktischer Konkordanz[21].

Ob ein Grundrecht schrankenlos (Bsp. Art. 4 GG Religionsfreiheit) oder mit Schranken (Bsp. Art. 14 GG Eigentum) gewährleistet wird, steht im Grundgesetz.

Vgl. insoweit Art. 19 GG:

„(1) Soweit nach diesem Grundgesetz ein Grundrecht durch Gesetz oder auf Grund eines Gesetzes[22] eingeschränkt werden kann, muss das Gesetz allgemein und nicht nur für den Einzelfall gelten. Außerdem muss das Gesetz das Grundrecht unter Angabe des Artikels nennen.

(2) In keinem Falle darf ein Grundrecht in seinem Wesensgehalt angetastet werden.

(3) Die Grundrechte gelten auch für inländische juristische Personen, soweit sie ihrem Wesen nach auf diese anwendbar sind."

Die Schutzbereichsbestimmung (Inhaltsbestimmung) geht der Prüfung, ob ein Eingriff durch eine Schrankenbestimmung gerechtfertigt ist, logisch voraus. Im Ergebnis ist ein (staatlicher) Eingriff in den Schutzbereich eines Grundrechtes gerechtfertigt, wenn er sich im Rahmen einer zulässigen Schrankenbestimmung bewegt.

6. Bemerkung zum Kirchenrecht

Es gibt eine Tradition in kirchenjuristischen Abhandlungen mit einer Problemsicht zu beginnen, die „Grundlagendiskussion" genannt wird.[23] Es dürfte heute

[21] *Hesse, Konrad,* Grundzüge des Verfassungsrechts der Bundesrepublik Deutschland, 14. Erg. Auflage Heidelberg 1984, Rn 72: „verfassungsrechtlich geschützte Rechtsgüter müssen in der Problemlösung einander so zugeordnet werden, daß jedes von ihnen Wirklichkeit gewinnt. Wo Kollisionen entstehen, darf nicht in vorschneller „Güterabwägung" oder gar abstrakter „Wertabwägung" eines auf Kosten des anderen realisiert werden. Vielmehr stellt das Prinzip der Einheit der Verfassung die Aufgab einer Optimierung: *beiden* Gütern müssen Grenzen gezogen werden, damit beide zu optimaler Wirksamkeit gelangen können. Die Grenzziehungen müssen daher im jeweiligen konkreten Falle verhältnismäßig sein; sie dürfen nicht weiter gehen als es notwendig ist, um die Konkordanz beider Rechtsgüter herzustellen." Ein aktuelles Beispiel zur prakt. Konkordanz von Art. 4 und 9 GG findet sich in den Urteilsbegründungen zu BAG-Urteil vom 20. Nov. 2012, Az. 1 AZR 179/11 (dort Rz. 113–115) sowie BAG-Urteil vom 20. Nov. 2012, Az. 1 AZR 611/11 (dort Rz 51–53).

[22] Grenze durch Gesetz, d. h. Gesetzgeber zieht Grenze selbst oder Grenze aufgrund eines Gesetzes, d. h. vollziehende Gewalt zieht Grenze; unterscheide ferner: einfacher oder qualifizierter Gesetzesvorbehalt.

[23] Vgl. dazu *Germann, Michael,* Der Status der Grundlagendiskussion in der ev. Kirchenrechtswissenschaft, in: ZevKR 53 (2008), S. 375–407, dieses souverän aufnehmend: *Weiss, Andreas,* Kirchenrecht der Evangelischen Landeskirche in Württemberg und ausgewählter Freikirchen. Ein Rechtsvergleich, Jus Ecclesiasticum 99, Tübingen 2012, S. 5–19.

Konsens sein, dass die Nutzung *eines* Rechtsbegriffs nicht nur praktisch ist und sondern damit auch keine Einschränkungen für die Kirche impliziert sind.

7. Bemerkung zum Staatskirchenrecht

Das Staatskirchenrecht denkt die Kirche von Auftrag her. Der Staat führt damit eine ihm selbst verwehrte Perspektive ein. Das ist bei der Auslegung, beim Rechtsschutz und bei der Weiterentwicklung des Staat-Kirche-Verhältnisses zu beachten.

Die im Grundgesetz insbesondere im Art. 140 GG i. V. m. mit den Artikeln der Weimarer Reichsverfassung geregelte Kirchenfreiheit (Religionsgesellschaftsfreiheit) ist weiter als der sog. Tendenzschutz für Medienunternehmen und Gewerkschaften. Das wirkt sich insbesondere bei der gerichtlichen Prüfung von Einzelfragen aus, weil das Gericht nicht beurteilen darf, was bspw. als verkündigungsnah und was ggf. als verkündigungsfern einzustufen ist. Dem Staat – und damit auch den Gerichten – ist eine konkrete Einschätzung dazu, wie der kirchliche Auftrag auszuführen ist, verwehrt. Hier ist er auf das Selbstverständnis der jeweiligen Religionsgesellschaft angewiesen. Dieses Selbstverständnis bedarf freilich einer plausiblen Darstellung, ist aber nicht den staatlichen Prüfungsmaßstäben unterworfen.

Das BAG hat dies kürzlich wie folgt formuliert (Urteil vom 20.11.2012, 1 AZR 179/11, Rz. 56):

> „Die durch Art. 140 GG i. V. m. Art. 137 Abs. 3 WRV gewährleistete freie Ordnung und Verwaltung der eigenen Angelegenheiten innerhalb der Schranken des für alle geltenden Gesetzes ist nach der Rechtsprechung des Bundesverfassungsgerichts eine notwendige, rechtlich selbständige Gewährleistung, die der Freiheit des religiösen Lebens und Wirkens der Kirchen und Religionsgesellschaften die zur Wahrnehmung dieser Aufgaben unerlässliche Freiheit der Bestimmung über Organisation, Normsetzung und Verwaltung hinzufügt *(BVerfG 14. Mai 1986 - 2 BvL 19/84 - [Berufsbildung] zu C 1 der Gründe, BVerfGE 72, 278)*. Beide Gewährleistungen entstammen einem vom Verfassungsgeber anerkannten unantastbaren Freiheitsraum, der nicht etwa vom Staat zur Verfügung gestellt oder von ihm abgeleitet ist *(BVerfG 17. Februar 1981 - 2 BvR 384/78 - [Volmarstein] zu C II 2 der Gründe, BVerfGE 57, 220)*. Sie kommen nicht nur den Religionsgesellschaften und deren rechtlich selbständigen Teilen zugute, sondern allen der verfassten Kirche in bestimmter Weise zugeordneten Einrichtungen ohne Rücksicht auf ihre Rechtsform, wenn sie nach kirchlichem Selbstverständnis ihrem Zweck oder ihrer Aufgabe entsprechend berufen sind, ein Stück des Auftrags der Kirche wahrzunehmen und zu erfüllen *(vgl. BVerfG 25. März 1980 - 2 BvR 208/76 - [KrankenhausG-NRW] zu C I 2 a der Gründe, BVerfGE 53, 366)*."

III. Gemeinwohl – Fundstellen und Beobachtungen

1. Definition von Gemeinwohl?

Juristen beginnen typischerweise mit der Definition eines Begriffes. Eine handhabbare Definition ist für die Subsumtion - also die Anwendung des Rechts auf einen Fall - praktisch. Nicht jeder normativ verwandte Begriff ist definiert; die konkretisierende Definition kann absichtlich dem Rechtsanwendenden überlassen sein. Bei solchen unbestimmten Rechtsbegriffen (Bsp. „Zuverlässigkeit" im Gewerberecht) ist die Überprüfungstiefe durch die Gerichte entscheidend. Die Wirklichkeit der Rechtsanwendung ist komplexer als Befehl und Gehorsam. Das ergibt sich schon aus der oben angedeuteten Komplexität der zu normierenden Wirklichkeit.

Bei einem Begriff wie „Gemeinwohl" ist ohne große Mühe erkennbar, dass eine einfache Definition misslingen muss. Deshalb plädiert Christoph Engel für offene Gemeinwohldefinitionen.[24] Das ist sympathisch, weil wir damit der Gefahr enthoben werden, zu meinen, wir sollten genau benennen können, was Gemeinwohl hier und jetzt und möglicherweise für alle Zeiten sei. „Geschlossene Gemeinwohldefinitionen lassen sich nur mit Gewalt durchsetzen und aufrechterhalten."[25] Es entspricht auch der Haltung des Grundgesetzes, das den Gesetzgeber selbst nicht *einem* konzipierten oder konzipierbaren Gemeinwohl unterwirft, sondern den Abgeordneten die Freiheit des Mandates gewährt (Art. 38 GG) und dem Parlament die Aufgabe zuweist über das Gemeinwohl zu befinden.[26]

2. Fundstellen

Eine Fundstelle zum Stichwort „Gemeinwohl" kann auf die Verwendung des konkreten Begriffs „Gemeinwohl" oder eines Synonyms („Wohl der Allgemeinheit" oder „zum gemeinen Wohl")[27] oder bestimmten Konkretionen („Wohl des

[24] *Engel, Christoph,* Offene Gemeinwohldefinitionen, in: Rechtstheorie 32 (2001), S. 23–52.

[25] *Engel, Christoph,* Offene Gemeinwohldefinitionen, in: Rechtstheorie 32 (2001), S. 23–52 (32).

[26] *Häberle, Peter,* Die Gemeinwohlproblematik in rechtswissenschaftlicher Sicht, in; *ders.,* Europäische Rechtskultur. Versuch einer Annäherung in zwölf Schritten, Baden-Baden 1994, Suhrkamp 1997, S. 323–354 (329).

[27] *Häberle, Peter,* Die Gemeinwohlproblematik in rechtswissenschaftlicher Sicht, in; *ders.,* Europäische Rechtskultur. Versuch einer Annäherung in zwölf Schritten, Baden-Baden 1994, Suhrkamp 1997, S. 323–354 (323, 351) geht sogar davon aus, dass das „öffentliche Interesse" mit dem „Gemeinwohl" identisch sei. Die Zahl der expliziten Fundstellen steigt dadurch erheblich an. Häberle führt (S. 324 Fn 4) das Beispiel § 5 I Ziff. 2 Tarifvertragsgesetz an, wonach die Allgemeinverbindlichkeitserklärung eines Tarifvertrages ermöglicht wird, „wenn sie im öffentlichen Interesse geboten erscheint."

deutschen Volkes") weisen. Es kann auch sinnvoll sein, Normstellen anzuschauen, die sich mit dem Gegenstand „Gemeinwohl" auf andere Weise befassen, etwa mit der Gemeinwohl-Entscheidung (Verbindlichkeit von Mehrheitsbeschlüssen, wirksame Reaktionen auf Gemeinwohlverletzungen).[28]

3. Staatliche Normen

(1) Im Grundgesetz wird „Gemeinwohl" explizit an wenigen Stellen thematisiert (vgl. Art. 11, 14, 56, 87 lit e GG). In der Kommentierung kommt Art. 12 GG hinzu, weil das BVerfG die Beschränkungen der Berufswahl- und Berufsausübungsfreiheit nur gemeinwohlorientiert zulässt. In einfachen Gesetzen treten eine Reihe von weiteren Fundstellen hinzu, am bekanntesten wird die Normierung zur Enteignung (Art. 14 III GG) im Art. 87 BauGB sein.

Implizit wird das Gemeinwohl durch Art. 1 GG[29] thematisiert. Die Menschenwürde als Leitmaßstab für die staatliche Gewalt[30] und das darauf aufruhende[31] verfassungsrechtliche Bekenntnis zu „unverletzlichen und unveräußerlichen Menschenrechten als Grundlage jeder menschlichen Gemeinschaft, des Friedens und der Gerechtigkeit in der Welt" prägt das Gemeinwohlverständnis inhaltlich und richtet es ethisch aus.[32]

(2) Die Weimarer Reichsverfassung kannte einen generellen Gemeinwohlvorbehalt[33], der auch in einigen Landesverfassungen noch anklingt. Die Bayrische Ver-

[28] *Häberle, Peter,* Die Gemeinwohlproblematik in rechtswissenschaftlicher Sicht, in; Europäische Rechtskultur. Versuch einer Annäherung in zwölf Schritten, Baden-Baden 1994, Suhrkamp 1997, S. 323–354 (351): „Auf allen Ebenen der Normenhierarchie und in allen Rechtsbereichen, aber auch im Kontext aller Staatsfunktionen, findet sich das Gemeinwohl als Rechtsprinzip, Rechtssatz oder Rechtstopos. [...] Zu ihnen gehört das Gemeinwohl als Kompetenzbegründung und grundrechtsbeschränkender, pflichtenbegründender Titel, als Ausnahmeklausel und Titel für staatliche Geheimhaltung (Nichtöffentlichkeit)."

[29] Grundgesetz für die Bundesrepublik Deutschland vom 23. Mai 1949 in der im Bundesgesetzblatt Teil III, Gliederungsnummer 100–1, veröffentlichten bereinigten Fassung, das zuletzt durch Artikel 1 des Gesetzes vom 11. Juli 2012 (BGBl. I S. 1478) geändert worden ist.

[30] Art. 1 Abs. 1 GG „Die Würde des Menschen ist unantastbar. Sie zu achten und zu schützen ist Verpflichtung aller staatlichen Gewalt."

[31] Art. 1 Abs. 2 GG: „Das Deutsche Volk bekennt sich *darum* zu unverletzlichen ..."

[32] Durch die Perspektive der Menschenwürde kann freilich auch eine anthropozentrische Einengung geschehen, die Themenkreis wie Schöpfung, Pflanzen, Tiere, Landschaft usw. ausblendet.

[33] Artikel 163 WRV v. 11.Aug. 1919: „Jeder Deutsche hat unbeschadet seiner persönlichen Freiheit die sittliche Pflicht, seine geistigen und körperlichen Kräfte so zu betätigen, wie es das Wohl der Gesamtheit erfordert.
Jedem Deutschen soll die Möglichkeit gegeben werden, durch wirtschaftliche Arbeit seinen Unterhalt zu erwerben. Soweit ihm angemessene Arbeitsgelegenheit nicht nachgewiesen werden kann, wird für seinen notwendigen Unterhalt gesorgt. Das Nähere wird durch be-

fassung[34] und die Rheinland-Pfälzische Verfassung[35] bspw. kennen einen generalisierten Gemeinwohlvorbehalt.

(3) Das Seelsorgegeheimnis wird auch im staatlichen Recht geschützt. Besonders augenfällig ist dies in § 139 II StGB[36].

§ 139 I und II StGB

„(1) Ist in den Fällen des § 138 die Tat nicht versucht worden, so kann von Strafe abgesehen werden.

„(2) Ein Geistlicher ist nicht verpflichtet anzuzeigen, was ihm in seiner Eigenschaft als Seelsorger anvertraut worden ist.[...]"

Konkret ist damit ein Geistlicher nicht verpflichtet geplante Straftaten i. S. d. § 138 StGB[37] anzuzeigen. Darunter fallen auch die Vorbereitung eines Angriffs-

sondere Reichsgesetze bestimmt." Art. 163 steht im fünften Abschnitt, Das Wirtschaftsleben [Art. 151–165].

[34] Verfassung des Freistaates Bayern in der Fassung der Bekanntmachung vom 15. Dezember 1998 (GVBl. 1998, S. 991) zuletzt geänd. durch G v. 10.11.2003, 817 [ursprüngliche Fassung vom 2. Dezember 1946 (GVBl. S. 333), Inkraftgetreten am 8. Dez. 1946]: Artikel 151 I BayVerf: "Die gesamte wirtschaftliche Tätigkeit dient dem Gemeinwohl, insbesondere der Gewährleistung eines menschenwürdigen Daseins für alle und der allmählichen Erhöhung der Lebenshaltung aller Volksschichten."

[35] Verfassung für Rheinland-Pfalz Vom 18. Mai 1947 zuletzt geändert durch Artikel 1 des Gesetzes vom 23.12.2010 (GVBl. S. 547): Art. 1 II RhldPf-Verf: „Der Staat hat die Aufgabe, die persönliche Freiheit und Selbständigkeit des Menschen zu schützen sowie das Wohlergehen des Einzelnen und der innerstaatlichen Gemeinschaften durch die Verwirklichung des Gemeinwohls zu fördern."; ebenfalls auf das Gemeinwohl verweisen die Art. 20, 52 II, 57 I, 58 und 60 RhldPf-Verf.

[36] Strafgesetzbuch in der Fassung der Bekanntmachung vom 13. November 1998 (BGBl. I S. 3322), das zuletzt durch Artikel 1 des Gesetzes vom 5. Dezember 2012 (BGBl. I S. 2425) geändert worden ist.

[37] § 138 StGB Nichtanzeige geplanter Straftaten

(1) Wer von dem Vorhaben oder der Ausführung

1. einer Vorbereitung eines Angriffskrieges (§ 80),
2. eines Hochverrats in den Fällen der §§ 81 bis 83 Abs. 1,
3. eines Landesverrats oder einer Gefährdung der äußeren Sicherheit in den Fällen der §§ 94 bis 96, 97a oder 100,
4. einer Geld- oder Wertpapierfälschung in den Fällen der §§ 146, 151, 152 oder einer Fälschung von Zahlungskarten mit Garantiefunktion und Vordrucken für Euroschecks in den Fällen des § 152b Abs. 1 bis 3,
5. eines Mordes (§ 211) oder Totschlags (§ 212) oder eines Völkermordes (§ 6 des Völkerstrafgesetzbuches) oder eines Verbrechens gegen die Menschlichkeit (§ 7 des Völkerstrafgesetzbuches) oder eines Kriegsverbrechens (§§ 8, 9, 10, 11 oder 12 des Völkerstrafgesetzbuches),
6. einer Straftat gegen die persönliche Freiheit in den Fällen des § 232 Abs. 3, 4 oder Abs. 5, des § 233 Abs. 3, jeweils soweit es sich um Verbrechen handelt, der §§ 234, 234a, 239a oder 239b,

krieges, Landes- und Hochverrat, Mord und Totschlag inklusive Völkermord. Hier setzt sich das übergeordnete Interesse an dem Schutzraum der Seelsorge bis zu der schärfsten Form staatlicher Gewalt, dem Strafrecht, durch. Das ist keineswegs selbstverständlich[38] und darf als eine Ausprägung staatlicher Gemeinwohlentscheidung verstanden werden. Der Bezug zur Menschenwürde ist erkennbar.[39]

(4) Prozessrechtlich gibt es eine jüngere Entwicklung zugunsten der Überprüfung und Verteidigung von Gemeinwohlentscheidungen des Staates, die europarechtliche Unterstützung findet.

Im Recht stehen Personen Rechte zu. Solche Personen können Menschen (sog. natürliche Personen) oder Korporationen (sog. juristische Personen) sein. Beiden eignet Rechtsfähigkeit, also die Fähigkeit, Träger von Rechten und Pflichten zu sein. Diese Konstruktion führt allerdings dazu, dass kein einzelner Mensch und keine juristische Person - abgesehen vom Gesetzgeber selbst - das Gemeinwohl rechtlich geltend machen kann. Klassischer Ausdruck dieses Phänomens ist die

7. eines Raubes oder einer räuberischen Erpressung (§§ 249 bis 251 oder 255) oder
8. einer gemeingefährlichen Straftat in den Fällen der §§ 306 bis 306c oder 307 Abs. 1 bis 3, des § 308 Abs. 1 bis 4, des § 309 Abs. 1 bis 5, der §§ 310, 313, 314 oder 315 Abs. 3, des § 315b Abs. 3 oder der §§ 316a oder 316c zu einer Zeit, zu der die Ausführung oder der Erfolg noch abgewendet werden kann, glaubhaft erfährt und es unterlässt, der Behörde oder dem Bedrohten rechtzeitig Anzeige zu machen, wird mit Freiheitsstrafe bis zu fünf Jahren oder mit Geldstrafe bestraft.

(2) Ebenso wird bestraft, wer

1. von der Ausführung einer Straftat nach § 89a oder
2. von dem Vorhaben oder der Ausführung einer Straftat nach § 129a, auch in Verbindung mit § 129b Abs. 1 Satz 1 und 2, zu einer Zeit, zu der die Ausführung noch abgewendet werden kann, glaubhaft erfährt und es unterlässt, der Behörde unverzüglich Anzeige zu erstatten. § 129b Abs. 1 Satz 3 bis 5 gilt im Fall der Nummer 2 entsprechend.

(3) Wer die Anzeige leichtfertig unterlässt, obwohl er von dem Vorhaben oder der Ausführung der rechtswidrigen Tat glaubhaft erfahren hat, wird mit Freiheitsstrafe bis zu einem Jahr oder mit Geldstrafe bestraft.

[38] Das allgemeine preußische Landrecht sah es noch anders. § 82 II 11 ALR 1794: „Soweit aber die Offenbarung eines solchen Geheimnisses notwendig ist, um eine dem Staate drohende Gefahr abzuwenden oder ein Verbrechen zu verhüten oder den schädlichen Folgen eines schon begangenen Verbrechens abzuhelfen oder vorzubeugen, muss der Geistliche dasselbe der Obrigkeit anzeigen.", Hinweis gefunden bei Stein, Albert, Rechtstheologische Erwägungen zur Grundlegung eigenständigen kirchlichen Datenschutzes, in: ZevKR 41 (1991), S. 19–39 (33 mit Fn 62)

[39] BVerfG-E 25.1.2007: Rz 18: Der Schutz der Beichte und der Gespräche mit Beichtcharakter zählt zum verfassungsrechtlichen Menschenwürdegehalt der Religionsausübung (vgl. BVerfGE 109, 279 <322>).

Tatsache, dass die Klage vor dem Verwaltungsgericht die Verletzung in eigenen Rechten voraussetzt

§ 42 II VwGO[41] lautet:

„Soweit gesetzlich nichts anderes bestimmt ist, ist die Klage nur zulässig, wenn der Kläger geltend macht, durch den Verwaltungsakt oder seine Ablehnung oder Unterlassung in seinen Rechten verletzt zu sein."

Von der Möglichkeit der gesetzlichen abweichenden Bestimmung ist in den letzten Jahren im Interesse des Gemeinwohls mehrfach Gebrauch gemacht worden. Entstanden ist zunächst die sog. Verbandsklage im Umweltrecht[42]. Ihr folgten Verbandsklagemöglichkeiten im Behindertenrecht[43] und im Verbraucherschutzrecht[44]. Für das Tierschutzrecht laufen aktuell Gesetzgebungsvorhaben. Auf diese Weise ist es Bürgern und insbesondere Verbänden möglich, aktiv Gemeinwohlinteressen vor Gerichten zu verfolgen ohne selbst in eigenen Rechten verletzt zu sein. Die Regelungen im Einzelnen sind kompliziert gefasst aber durchaus wirkungsvoll[45]; allerdings ist die Rechtslage in den Bundesländern verschieden.[46] Auf Bundesebene gibt es seit 2006 in Umsetzung der Aarhus-Kon-

40 Aktivlegitmation als Zulässigkeitsvoraussetzung

41 Verwaltungsgerichtsordnung in der Fassung der Bekanntmachung vom 19. März 1991 (BGBl. I S. 686), die zuletzt durch Artikel 6 des Gesetzes vom 21. Juli 2012 (BGBl. I S. 1577) geändert worden ist

42 Bundesnaturschutzgesetz vom 29. Juli 2009 (BGBl. I S. 2542), das zuletzt durch Artikel 5 des Gesetzes vom 6. Februar 2012 (BGBl. I S. 148) geändert worden ist. Dort Kapitel 8 Mitwirkung von anerkannten Naturschutzvereinigungen

43 Behindertengleichstellungsgesetz vom 27. April 2002 (BGBl. I S. 1467, 1468), das zuletzt durch Artikel 12 des Gesetzes vom 19. Dezember 2007 (BGBl. I S. 3024) geändert worden ist. Dort § 13 BGG Verbandsklagerecht, § 14 BGG Amt der oder des Beauftragten für die Belange behinderter Menschen

44 Unterlassungsklagengesetz in der Fassung der Bekanntmachung vom 27. August 2002 (BGBl. I S. 3422, 4346), das zuletzt durch Artikel 3 des Gesetzes vom 6. Februar 2012 (BGBl. I S. 146) geändert worden ist

45 *Schmidt, Alexander / Zschiesche, Michael / Tryjanowski, Alexandra,* Die Entwicklung der Verbandsklage im Natur- und Umweltschutzrecht von 2007 bis 2010, September 2011, Abschlussbericht der empirischen Untersuchung im Auftrag des Bundesamtes für Naturschutz, Fachgebiet I 2.1, S. 3: „Insgesamt gesehen sind die Umwelt- und Naturschutzverbände im Zeitraum von 2007 bis 2010 mit ihren Klagen in 42,5% der Fälle ganz oder teilweise erfolgreich gewesen sind. Das entspricht in etwa der Erfolgsquote von ca. 40% im Zeitraum von 2002 bis 2006. Damit sind die Verbandsklagen nach wie vor wesentlich erfolgreicher, als die insgesamt von den Verwaltungsgerichten in Deutschland entschiedenen Hauptsacheverfahren (Erfolgsquote 10 bis 12%)."

46 *Schmidt, Alexander / Zschiesche, Michael / Tryjanowski, Alexandra,* Die Entwicklung der Verbandsklage im Natur- und Umweltschutzrecht von 2007 bis 2010, September 2011, Abschlussbericht der empirischen Untersuchung im Auftrag des Bundesamtes für Naturschutz, Fachgebiet I 2.1, S. 5 Fn 7: „Es gab vor 2002 (und gibt bis heute) in den Bundesländern Bayern und Baden-Württemberg keine Klageregelungen im Naturschutzrecht. Das galt auch für

vention[47] das Umwelt-Rechtsbehelfsgesetz[48]. Diese Normsetzung war eine der Bedingungen[49] für die Hinterlegung der Ratifikationsurkunde bei der UN, mit der Deutschland am 15. Jan. 2007 offiziell Mitglied der Aarhus-Konvention wurde. Das Umwelt-Rechtsbehelfsgesetz ermöglicht die gerichtliche Nachschau aller einer Umweltverträglichkeitsprüfung unterliegenden Vorhaben sowie bestimmte genehmigungsbedürftige (Industrie-)Anlagen[50].

„Aufgrund einer Verbandsklage gegen das Kohlekraftwerk Lünen hatte das OVG Münster die Frage nach der gebotenen Reichweite der Verbandsklagebefugnisse dem Europäischen Gerichtshof (EuGH) vorgelegt. Nach dessen Urteil vom 12.05.2011 sind die Einschränkungen, die das Umwelt-Rechtsbehelfsgesetz dazu vorsieht, nicht mit EU-Recht vereinbar.[Fn16] Der EuGH stellt klar, dass die Umweltverbände vor Gericht die Verletzung von Vorschriften, die aus dem Unionsrecht hervorgegangen sind und dem Umweltschutz dienen, uneingeschränkt geltend machen können. Es ist allerdings noch offen, wie sich diese weite Rügebefugnis praktisch auswirken wird, denn es liegen - soweit ersichtlich - noch keine Entscheidungen der deutschen Verwaltungsgerichte vor, die seit Mai 2011 über bereits anhängigen Verbandsklagen getroffen worden sind."[51]

Das Unterlassungsklagengesetz (UKlaG)[52] setzt eine Richtlinie der Europäischen Union aus dem Jahr 1998 um, mit der Verbraucherschutzverbänden Unterlassungsrechte gegen verbraucherschutzgesetzwidrige Praxis eingeräumt wur-

Mecklenburg-Vorpommern, das aber 2002 eine landesrechtliche Regelung eingeführt hat, die etwas weiter geht als das Bundesrecht (vor allem im Bereich des Alleenschutzes). Zudem überlagern die bundesrechtlichen Vorschriften die in Sachsen und Thüringen geltenden Klagevorschriften, die einen etwas engeren Anwendungsbereich hatten bzw. haben."

47 Vgl. http://www.aarhus-konvention.de.

48 Umwelt-Rechtsbehelfsgesetz vom 7. Dezember 2006 (BGBl. I S. 2816), das zuletzt durch Artikel 5 Absatz 32 des Gesetzes vom 24. Februar 2012 (BGBl. I S. 212) geändert worden ist: Gesetz über ergänzende Vorschriften zu Rechtsbehelfen in Umweltangelegenheiten nach der EG-Richtlinie 2003/35/EG (Umwelt-Rechtsbehelfsgesetz - UmwRG) (2006).

49 Weitere Normsetzungen in diesem Zusammenhang sind das Umweltinformationsgesetz (14. Februar 2005) und das Öffentlichkeitsbeteiligungsgesetz (9. Dezember 2006).

50 Nämlich die nach Spalte 1 der 4. BImSchV genehmigungsbedürftigen Anlagen, vgl. dazu: *Schmidt, Alexander/Zschiesche, Michael/Tryjanowski, Alexandra,* Die Entwicklung der Verbandsklage im Natur- und Umweltschutzrecht von 2007 bis 2010, September 2011, Abschlussbericht der empirischen Untersuchung im Auftrag des Bundesamtes für Naturschutz, Fachgebiet I 2.1, S. 7.

51 *Schmidt, Alexander/Zschiesche, Michael/Tryjanowski, Alexandra,* Die Entwicklung der Verbandsklage im Natur- und Umweltschutzrecht von 2007 bis 2010, September 2011, Abschlussbericht der empirischen Untersuchung im Auftrag des Bundesamtes für Naturschutz, Fachgebiet I 2.1, S. 7.

52 Unterlassungsklagengesetz in der Fassung der Bekanntmachung vom 27. August 2002 (BGBl. I S. 3422, 4346), das zuletzt durch Artikel 3 des Gesetzes vom 6. Februar 2012 (BGBl. I S. 146) geändert worden ist.

den. Das Bundesamt für Justiz (Bonn) führt eine Liste der nach dem UKlaG qualifizierten Einrichtungen. Diese Liste umfasst derzeit[53] (Stand: 12.August 2014) 77 Einrichtungen, darunter viele Mieter- und Verbraucherschutzvereine.

(5) Die Konkretisierung des Wächteramtes über Gemeinwohlinteressen durch Beauftragte ist keine neue Erfindung (Wehrbeauftragter, Datenschutzbeauftragte, Ombudswesen), aber ein bis heute gerne genutztes Instrument (vgl. Bspw. Unabhängiger Beauftragter für sexuellen Kindesmissbrauch, UBSKM). Die konkreten Anwendungsfälle sind mal stärker politisch, mal stärker rechtlich ausgeformt. Ein gerade in kirchlichen Bezügen bekannter Topos ist hier die Frauenbeauftragte, heute zunehmend Gleichstellungsbeauftragte genannt.

4. *Kirchenrecht*[54]

a. Im *römisch-katholischen Kirchenrecht* finden wir eine generelle Gemeinwohl-Verpflichtung für die Rechtsausübung und für die Normsetzung in der römisch-katholischen Kirche.

can. 223 CiC lautet[55]:

„Can. 223 –

§ 1. Bei der Ausübung ihrer Rechte müssen die Gläubigen sowohl als einzelne wie auch in Vereinigungen auf das Gemeinwohl der Kirche, die Rechte anderer und ihre eigenen Pflichten gegenüber anderen Rücksicht nehmen.

§ 2. Der kirchlichen Autorität steht es zu, im Hinblick auf das Gemeinwohl die Ausübung der Rechte, die den Gläubigen eigen sind, zu regeln."

b. Das *evangelische Kirchenrecht* kennt die Bezugnahme auf das Gemeinwohl ebenfalls.

(1) Auch ohne Rechtssatz zu sein, ist die 5. These der Theologischen Erklärung von Barmen (BTE)[56] zu erwähnen:[57]

[53] Download am 12.August 2014 http://www.bundesjustizamt.de/cln_339/nn_2037984/-DE/Themen/Buergerdienste/Verbraucherschutz/Liste__qualifizierter__Einrichtungen, templateId=raw,property=publicationFile.pdf/Liste_qualifizierter_Einrichtungen.pdf

[54] Vgl. insgesamt dazu: *de Wall, Heinrich / Muckel, Stefan,* Kirchenrecht, 3. Aufl. 2012.

[55] zit. nach http://www.vatican.va/archive, c. 223 CIC 1983 Buch II Volk Gottes, Teil I die Gläubigen, Titel I Pflichten und Rechte alles Gläubigen.

[56] Hier zit nach Evangelisches Gesangbuch der EKiR, der EKvW, der LLK in Gemeinschaft mit der ErK, Gütersloh, Bielefeld 1996 (EG 858) S. 1379, 1380.

[57] Zum Verständnis vgl. *Reuter, Hans-Richard,* Die V. Barmer Theologische Erklärung als grundlegende Aussage über das (Rechts-)Verhältnis von Kirche und Staat, in: Kirche und Recht (KuR) 2009, S. 184–195: Die Barmer Erklärung enthält „in Abkehr von jeder Form Staatsmetaphysik ein sehr nüchternes funktionales Verständnis des Staates, in sie lediglich von der von ihm zu erfüllenden Aufgabe spricht." (S. 186, 187); „...gehören in der pluralisti-

„*Barmen V*

Fürchtet Gott und ehrt den König (1. Petr. 2,17)

Die Schrift sagt uns, daß der Staat nach göttlicher Anordnung die Aufgabe hat, in der noch nicht erlösten Welt, in der auch die Kirche steht, nach dem Maß menschlicher Einsicht und menschlichen Vermögens unter Androhung und Ausübung von Gewalt für Recht und Frieden zu sorgen. Die Kirche erkennt in Dank und Ehrfurcht gegen Gott die Wohltat dieser seiner Anordnung an. Sie erinnert an Gottes Reich, an Gottes Gebot und Gerechtigkeit und damit an die Verantwortung der Regierenden und Regierten. Sie vertraut und gehorcht der Kraft des Wortes, durch das Gott alle Dinge trägt.
Wie verwerfen die falsche Lehre, als solle und könne der Staat über seinen besonderen Auftrag hinaus die einzige und totale Ordnung menschlichen Lebens werden und also auch die Bestimmung der Kirche erfüllen.
Wir verwerfen die falsche Lehre, als solle und könne sich die Kirche über ihren besonderen Auftrag hinaus staatliche Art, staatliche Aufgaben und staatliche Würde aneignen und damit selbst zu einem Organ des Staates werden."

(2) Die eigenständig formulierte Gemeinwohlorientierung der Diakonie, setzt sich ab von der staatlich definierten, steuerlichen Gemeinnützigkeit.[58] Vgl. dazu

schen Demokratie kirchliche Beiträge zu Grundfragen des Zusammenlebens in die Sphäre deliberativer Gemeinwohlverständigung der Zivilgesellschaft. Das heißt heute: Gerade weil sich der säkulare Staat nicht mehr auf gemeinsam geteilte und ‚von oben' verordnete materiale Überzeugungen religiös-weltanschaulicher Art stützen kann, sondern nur auf die abstrakteren menschenrechtlichen Prinzipien der Freiheit, Gleichheit und Teilhabe, bleibt er auf die Sphäre einer intakten Öffentlichkeit angewiesen, in der substantielle ethische Überzeugungen und Wertvorstellungen in die gesellschaftlichen Meinungsbildungsprozesse eingebracht werden. Deshalb muss dem freiheitlich demokratischen Staat daran gelegen sein, dass es in der Staatsbürgergesellschaft vitale Akteure gibt, die solche ethischen Ressourcen tradieren und sich dabei nicht ausschließlich an ihrem jeweiligen Eigeninteresse, sondern primär am Gemeinwohl orientieren, wie kontrovers dies im Einzelnen auch definiert werden mag." (S. 194); Funktionaler Maßstab der Gemeinwohlrelevanz ist gemäß dem leistungsstaatlichen Ansatz demokratischer Religionsförderungspolitik erlaubt, darf aber nicht zu einer staatlichen Kontrolle des kirchlichen Kernbereichs, zu einer „Qualitätsprüfung" führen (S. 195); vgl. auch *Thiele, Christoph*, Das Kirchenrecht und die Barmer Theologische Erklärung, in: ZevKR Bd. 56 (2011), S. 294–305.

[58] Recht scharf formuliert diesen Unterschied Sachße, Christoph, Stufen der Gemeinwohlförderlichkeit: bürgerschaftliche Organisation und Steuerprivileg, Gütersloh 2001 (S. 7): „Der Begriff der Gemeinnützigkeit ist heute ganz vom Steuerrecht dominiert. Der darin sich manifestierende Gemeinwohlbegriff ist steuerrechtlich borniert. Die Diskussion um Gemeinwohlkonzeptionen in diesem Zusammenhang beschränkt sich daher weitgehend auf eine Auseinandersetzung um Art und Umfang steuerlicher Privilegierungen, für deren praktische Umsetzung die Finanzadministration zuständig ist. Sie bleibt staatsfixiert und trägt damit den Anforderungen eines zivilgesellschaftlichen Gemeinwohlverständnisses nur bedingt Rechnung."

§ 5 II DiakonieG.EKiR[59] sowie § 4 III Zuordnungsrichtlinie.EKD[60] und auch: § 4 II Ziff 3 d) DWS.EKvW[61] und § 3 VII WG.ELKBay[62].

[59] § 5 II Kirchengesetz über das Diakonische Werk der Evangelischen Kirche im Rheinland und die Zusammenarbeit in der Diakonie (Diakoniegesetz) Vom 14. Januar 2005 (KABl. S. 66): „Das Diakonische Werk und seine Mitglieder arbeiten gemeinwohlorientiert. Das ist gewährleistet, wenn die Bedingungen des Abschnittes „Steuerbegünstigte Zwecke" der Abgabenordnung erfüllt sind."

[60] § 4 III Richtlinie des Rates der Evangelischen Kirche in Deutschland nach Art. 15 Abs. 2 Grundordnung der EKD über die Zuordnung diakonischer Einrichtungen zur Kirche - Zuordnungsrichtlinie- Vom 8. Dezember 2007 (ABl. EKD 2007 S. 405):

„Die Gemeinwohlorientierung diakonischer Einrichtungen wird sichergestellt. Gewinne werden für diakonische Zwecke verwendet. Unverhältnismäßige Gehälter und unverhältnismäßige sonstige Zahlungen werden ausgeschlossen. Für den Fall der Auflösung oder Aufhebung einer Einrichtung wird eine gemeinwohlorientierte Anfallsberechtigung in der Regel zugunsten von Trägern kirchlich-diakonischer Arbeit in der Satzung oder sonstigen konstituierenden Ordnung vorgesehen.";

Insoweit wortidentisch mit der EKD-Richtlinie sind die Umsetzungsnormen in Westfalen, Lippe, Mitteldeutschland und Hessen-Nassau (in der Reihenfolge des Normerlasses), vgl. § 4 III Verordnung über die Zuordnung diakonischer Einrichtungen zur Evangelischen Kirche von Westfalen - Zuordnungsverordnung (ZuVo) - vom 13. Dezember 2007 (KABl. 2007 S. 423); § 4 III Verordnung über die Zuordnung diakonischer Einrichtungen zur Lippischen Landeskirche - Zuordnungsverordnung (ZuVo) - vom 26. August 2008 (Ges. u. VOBl. Bd. 14 S. 228); § 4 III Verordnung über die Zuordnung diakonischer Einrichtungen zur Evangelischen Kirche in Mitteldeutschland (Zuordnungs-VO Diakonie - ZuO-VO) vom 20. Februar 2009 (ABl. S. 100); § 4 III Kirchengesetz über die Zuordnung diakonischer Einrichtungen zur Evangelischen Kirche in Hessen und Nassau (Zuordnungsgesetz - ZuOG) vom 27. November 2009 (ABl. 2010 S. 15).

[61] § 4 II Ziff. 3 Satzung des Diakonischen Werkes der Evangelischen Kirche von Westfalen - Landesverband der Inneren Mission - e. V. in der Fassung vom 1. Juni 2007 (KABl. 2007 S. 169):

„(2) Die Mitglieder sind verpflichtet, [...]

3. ihre Satzung oder sonstige Rechtsgrundlage dem Diakonischen Werk in Abschrift einzureichen und beabsichtigte Änderungen rechtzeitig anzuzeigen. Satzungsänderungen betreffend

a) den Vereinszweck bzw. den Gegenstand des Unternehmens;
b) die Konfessionszugehörigkeit der Mitglieder des Leitungsorgans;
c) die Zugehörigkeit zum Spitzenverband;
d) die Gemeinwohlorientierung;
e) die Anfallklausel im Fall der Auflösung der Einrichtung;

bedürfen vor der Anmeldung bei dem entsprechenden Register der Zustimmung des Verwaltungsrates des Diakonischen Werkes."

[62] § 3 VII Kirchengesetz über kirchliche Dienste, Einrichtungen und Werke in der Evangelischen Kirche in Mitteldeutschland (Werkegesetz - WG) Vom 20. November 2010 (ABl. S. 309):

„(7) $_1$Die Gemeinwohlorientierung kirchlicher Einrichtungen und Werke wird durch eine geordnete Verwaltung und ein geordnetes Haushalts- und Rechnungswesen sichergestellt. $_2$Gewinne werden für kirchliche, diakonische oder andere gemeinnützige Zwecke verwendet. $_3$Unverhältnismäßige Gehälter und unverhältnismäßige sonstige Zahlungen werden ausge-

(3) Ein kürzlich aufgetretener besondere Fall sei hier erwähnt: Die Diakonie RWL e.V. hat als Mitglieder die drei Landeskirchen in NRW (Lippische, Westfälische und Rheinische Kirche) sowie deren drei diakonische Werke und - um die für eine Vereinsgründung erforderliche Zahl sieben zu erreichen - den Verband Ev. Krankenhäuser in RWL e.V. (ein rechtlich eigenständiger Fachverband der Diakonie in Rheinland und Westfalen). Der Verein „Diakonie RWL" sollte als gemeinnütziger Dachverband[63] eingetragen werden. Das hatte das Finanzamt Düsseldorf Nord mit dem Hinweis auf die Mitgliedschaft der drei Landeskirchen verweigert[64], weil die Landeskirchen keine steuerbegünstigten Körperschaften i.S.d. Abgabenordnung (AO)[65] sind. Damit war lediglich der Status einer Förderkörperschaft[66] möglich. Die Förderkörperschaft ist zum Nachweis der Mittelverwendung verpflichtet, der Dachverband nicht. Der Zweck des Dachverbandes ist weiter als der der Förderkörperschaft. Das Finanzgericht Düsseldorf hat die Haltung des Finanzamtes Düsseldorf-Nord mit Urteil vom 22. Febr. 2012 im Ergebnis bestätigt und Revision nicht zugelassen. Die Revision wäre zuzulassen, wenn die Sache grundsätzliche Bedeutung hat.[67] Die Nichtzulassungsbeschwerde hatte ebenfalls keinen Erfolg, zumal der Verein zwischenzeitlich gegründet und eingetragen war.

Die Sache ist durchaus vertrackt. Das reguläre Ziel der Gemeinnützigkeitsanerkennung ist die Befreiung von einer bestehenden Steuerpflicht. Es steht außer Frage, dass Kirchen keine Steuersubjekte (bspw. i.S.d. § 1 KStG) sind. Folglich können sie rein formal von dieser nicht bestehenden Steuerpflicht auch nicht befreit werden. Der Wortlaut der Regelung, die Dachverbände den unmittelbar steuerbefreiten Einheiten gleichstellt ist bei der Fassung der Abgabenordung 1977 leicht verändert worden.

Früher: § 11 III Gemeinnützigkeitsverordnung

schlossen. 4Für den Fall der Auflösung oder Aufhebung einer Einrichtung wird eine gemeinwohlorientierte Anfallsberechtigung in der Regel zugunsten von Trägern kirchlicher Arbeit im Statut vorgesehen."

63 § 57 II Abgabenordnung (AO).

64 Bescheid vom 17. April 2008.

65 Abgabenordnung in der Fassung der Bekanntmachung vom 1. Oktober 2002 (BGBl. I S. 3866; 2003 I S. 61), die zuletzt durch Artikel 9 des Gesetzes vom 21. Juli 2012 (BGBl. I S. 1566) geändert worden ist.

66 § 58 Nr. 1 AO.

67 § 115 II Nr. 1 Finanzgerichtsordnung (FGO). „Grundsätzliche Bedeutung hat eine Rechtssache, wenn die für die Beurteilung des Streitfalls maßgeblich Rechtsfrage das (abstrakte) Interesse der Allgemeinheit an der einheitlichen Entwicklung und Handhabung des Rechts berührt." (aus dem Schreiben des FA Düsseldorf Nord zur Begründung der Beschwerdeabweisung vom 12.6.2012 Az. BFH: I B 39/12 - an den Bundesfinanzhof).

„(3) Eine Körperschaft, in der lediglich steuerbegünstigten Zwecken dienende Körperschaften zusammengefasst sind, wird einer Körperschaft, die unmittelbar diesen Zwecken dient, gleichgestellt."

Heute: § 57 II AO

„(2) Eine Körperschaft, in der steuerbegünstigte Körperschaften zusammengefasst sind, wird einer Körperschaft, die unmittelbar steuerbegünstigte Zwecke verfolgt, gleichgestellt."

Die Entstehungsgeschichte gibt keinen Hinweis darauf, dass eine sachliche Änderung im Blick auf die Kirchen intendiert gewesen wäre. Es war früher fraglos, dass Wohlfahrtsverbände (sog. Spitzenverbände der freien Wohlfahrtspflege) auch solche sein können, deren Mitglieder Kirchen sind. Ein (zufällige) Unterscheidung nach der Rechtsform (hier vor allem: Verein oder Körperschaft des öffentlichen Rechts) des gesellschaftlichen Engagements war nicht intendiert. Im Ergebnis steht heute allerdings in Frage, ob Kirchen sich in gemeinnützigen Dachverbänden der Diakonie unmittelbar engagieren können, ohne deren Gemeinnützigkeit zu verändern. Es darf bezweifelt werden, dass dieses Auslegungs- und Anwendungsergebnis der Intention des Gesetzgebers entspricht.

Praktisch kann der als Dachverband konzipierte Verein, dem die mittelbare Gemeinnützigkeit lediglich als Förderkörperschaft zugebilligt wird, auch unmittelbar gemeinnützig werden, wenn er einen eigenständigen gemeinnützigen Geschäftskreis satzungsgemäß erhält.

(4) Ebenfalls im Zusammenhang mit dem Gemeinwohl steht die Antidiskriminierungspolitik. Hier ist im evangelischen Kirchenrecht gegenwärtig insbesondere die abstrakt-generelle Normierung von Altersgrenzen in Streit geraten[68]. Einige halten eine ausschließlich konkret-individuelle Vorgehensweise für allein zulässig und geboten. Ansatzpunkt ist meist die Höchstaltersgrenze für die Mitgliedschaft in den Rechtsvertretungsorganen der kirchlichen Körperschaften

[68] Rat der EKD (Hrsg.), Im Alter neu werden können. Evangelische Perspektiven für Individuum, Gesellschaft und Kirche. Eine Orientierungshilfe des Rates der Evangelischen Kirche in Deutschland (EKD) 2009, S. 56: „Auch für das Ehrenamt sollte ein Konzept der Rollenaufgabe entwickelt werden, welches sich nicht an starren Altersgrenzen orientiert, sondern vielmehr an der tatsächlich vorhandenen Leistungsfähigkeit. Statt Menschen ab einem bestimmten Alter vom Ehrenamt auszuschließen, sollte der wahrhaftigere Weg gesucht werden, nämlich kontinuierlich mit Menschen darüber zu sprechen, inwieweit sie für dieses Ehrenamt die notwendige Leistungskapazität aufbringen."; vgl. auch: Kirchenrechtliches Institut der EKD, Gutachtliche Stellungnahme zur Altersbegrenzung der Wählbarkeit als Kirchenvorsteher vom 24. Sept. 2008 (korrigierte Version vom 11. Mai 2009), unveröffentlicht, III. 2.b."Dem Argument, dass ältere Menschen die Belastungen des Kirchenvorsteheramtes nicht mehr zugemutet werden sollen, eignet ein paternalistischer Zug, der in der Pauschalität fragwürdig erscheint."

des öffentlichen Rechts. Weil eine Unterscheidung allein nach dem Lebensalter unzulässig sei, seien alle rechtlich normierten Altersgrenzen unzulässig. Zum Teil wird diese Argumentation mit der anthropologisch formulierten These unterlegt, dass Alterungsprozesse überhaupt verschoben, wenn nicht sogar aufgehoben seien. Angesichts dieser Sach- und Rechtslage wird eine individuelle Prüfung der jeweils erforderlichen Leistungsfähigkeit empfohlen, die an die Stelle der abstrakt-generellen Norm treten möge.[69] Wenn diese Argumentation statt auf die Höchst- auf die Mindestaltersgrenze angewandt wird, ist der Schritt zur Frage, ob nicht auch die Regelung der vollen Geschäftsfähigkeit und beispielsweise die Anwendung des Jugendstrafrechts von einer jeweils individuellen Testreihe abhängig gemacht werden soll, nicht mehr groß. Wer mit welchem Ressourcenaufwand diese Tests nach welchen Konzepten durchführen kann, und dabei die Beachtung des Gleichheitsgebotes sicherstellt, ist bislang nicht erörtert worden.

(5) Ein Einzelbeispiel mag verdeutlichen, wie sich der Gedanke gemeinen Wohls im normalen Kirchenrecht niederschlagen kann. Ohne begrifflichen Bezug aber faktisch in Gemeinwohlabsicht erlassen ist der § 3 III KiMuG.EKvW:

> „(3) Die Kirchenleitung kann im Benehmen mit den Kreissynodalvorständen einen Rahmen-Kirchenmusikstellenplan für das Gebiet der Landeskirche aufstellen."

Die Formulierung „im Benehmen mit" sichert hier, dass zwar die (dezentralen) Kirchenkreise durch ihre Rechtsvertretungsorgane im Prozess der Erstellung eines möglichen Rahmenstellenplanes mitreden können, aber die (zentrale) Kirchenleitung am Ende eigenverantwortlich entscheidet. Im Ergebnis kann ein einzelner Kirchenkreis eine von den anderen als sinnvoll erachtete Maßnahme nicht blockieren. Diese Technik, eine Pflicht zur Beteiligung aller auf der einen Seite, aber keine Notwendigkeit der Zustimmung aller für einen nächsten Schritt, hat auch die EKD im Gesetzgebungsverfahren eingeführt. Die (im Detail komplizierte) Materie findet sich im Art. 10a GO.EKD[70].

[69] Diese Ablehnung der abstrakt-generellen Norm zugunsten einer konkret-individuellen Kommunikation ist dogmatisch kaum zu unterscheiden von der von J. Derrida formulierten Ablehnung des Rechts überhaupt, weil dieses als abstrakte Norm das Besondere und Individuelle verfehle und folglich menschfeindlich sei, vgl. dazu: Derrida, J., Force and law. The mystical foundation of authority, in: D. Cornell, M. Rosenfeld, D. G. Carlson: deconstruction and the possibility of justice, 1992, S. 3 ff., zit. nach: Mahlmann, Matthias, Rechtphilosophie und Rechtstheorie, Baden-Baden 2010, § 15 Rz 77, S. 208.

[70] Grundordnung der Evangelischen Kirche in Deutschland in der Fassung der Bekanntmachung vom 20. November 2003 (ABl. EKD 2004 S. 1, 153) Zuletzt geändert durch Kirchengesetz zur Änderung der Grundordnung der Evangelischen Kirche in Deutschland vom 7. November 2012 (ABl. 2012 S. 451).

(6) Dem staatliche Interesse an kirchlicher Gemeinwohlarbeit entspricht die Formulierung im Art. 15[71] des Kirchenvertrages Württemberg[72], der in seinem Vorspruch wie folgt formuliert:

„[...] im Bewusstsein ihrer Verantwortung für die baden-württembergische Bevölkerung und geleitet von dem Wunsche, das freundschaftliche Verhältnis zwischen dem Land und den Kirchen zu festigen und zu fördern, in Anerkennung der Bedeutung der Kirchen für die Bewahrung und Festigung der religiösen und sittlichen Grundlagen des menschlichen Lebens, eingedenk der bleibenden Verantwortung der Kirchen für christlichen Glauben, kirchliches Leben und diakonischen Dienst auch in deren Bedeutung für das Gemeinwohl und den Gemeinsinn der Bürgerinnen und Bürger im religiös neutralen Staat, [...] haben in Übereinstimmung über den Öffentlichkeitsauftrag der Kirchen und ihre Eigenständigkeit auf der Grundlage der vom Grundgesetz für die Bundesrepublik Deutschland und von der Verfassung des Landes Baden-Württemberg gewährleisteten Stellung der Kirchen im freiheitlichen und demokratischen Rechtsstaat beschlossen, den Vertrag zwischen dem Freistaat Baden und der Vereinigten Evangelisch-protestantischen Landeskirche Badens vom 14. November 1932 und den Vertrag des Freistaates Preußen mit den Evangelischen Landeskirchen vom 11. Mai 1931 unter Wahrung der Rechte der Kirchen im Sinne echter freiheitlicher Ordnung fortzubilden und zu dauerhafter einheitlicher Gestaltung des Verhältnisses des Landes zu den Kirchen auf dem gesamten Gebiet des Landes gemäß Artikel 8 der Verfassung des Landes Baden-Württemberg durch diesen Vertrag wie folgt neu zu fassen:"

(7) Hingewiesen sei auch auf die Verwendung des Begriffs in der Personalaktenrichtlinie der EKD (EKD § 1 VI 1[73], § 2 Sätze 4 und 5[74] EKD-Rili-PersAkten[75]). Eine entsprechende Regelung findet sich in etlichen Gliedkirchen.[76]

[71] Artikel 15 Seelsorgegeheimnis Seelsorgerinnen und Seelsorger und ihre Gehilfinnen und Gehilfen sind auch in Verfahren, die dem Landesrecht unterliegen, berechtigt, das Zeugnis über dasjenige zu verweigern, was ihnen in ihrer Eigenschaft als Seelsorgerinnen und Seelsorger anvertraut worden ist.

[72] Ev. Kirchenvertrag Baden-Württemberg (EvKiVBW) Vom 17. Oktober 2007 (Abl. 62 S. 616)

[73] „Personalaktendaten dürfen nur für Zwecke der Personalverwaltung oder Personalwirtschaft verwendet werden, es sei denn, der/die Pfarrer/in willigt in eine andere Verwendung ein oder die Abwehr einer erheblichen Beeinträchtigung des Gemeinwohls oder der Schutz berechtigter, höherrangiger Interessen Dritter fordert die Auskunftserteilung zwingend."

[74] „$_4$Die Beihilfeakte darf für andere als für Beihilfezwecke nur verwendet oder weitergegeben werden, wenn der/die Beihilfeberechtigte und der/die bei der Beihilfegewährung berücksichtigte Angehörige im Einzelfall einwilligen, die Einleitung oder Durchführung eines im Zusammenhang mit einem Beihilfeantrag stehenden behördlichen oder gerichtlichen Verfahrens dies erfordert oder soweit es zur Abwehr erheblicher Nachteile für das Gemeinwohl, einer sonst unmittelbar drohenden Gefahr für die Wahrnehmung des kirchlichen Auftrages oder einer schwerwiegenden Beeinträchtigung der Rechte einer anderen Person erforderlich ist. $_5$Die Sätze 1 bis 4 gelten entsprechend für Unterlagen über Heilverfahren."

(8) Ein letzter Blick soll auf eine sehr verbreitete Prozedur zur Ermittlung einer Gemeinwohlentscheidung geworfen werden: die Abstimmung.[77] Das Gemeinwohl wäre dann dem Willen der Mehrheit entnommen. Wie aber diese Entscheidungsmehrheit entsteht, ist abhängig von den Abstimmungsregeln.[78] In der KO.EKvW sind allein die Ja- und Nein-Stimmen (Richtungsvoten) maßgeblich, während die KO.EKiR auch den Enthaltungen (Beteiliungsvoten) Gewicht verleiht. Letzteres ist nur sinnvoll, wenn eine Beschlussfähigkeit geregelt ist, die das BGB für das Vereinsrecht nicht notwendig voraussetzt.

IV. Schluss

Eine Gesellschaft die offen und nicht geschlossen ist, muss sich prinzipielle Gemeinwohlpluralität leisten. Die Spannung zwischen widersprüchlichen Konzepten des Gemeinwohls wird nicht aufgelöst sondern ausgehalten und gestaltet.[79] Auch eine abstrakte generelle Formel wie „Gemeinnutz geht vor Eigennutz"[80] ist damit nicht angezeigt und eine „Durchbrechung des Rechts" unter Berufung auf das Gemeinwohl ist nur im Rahmen des Umsturzes der Rechtsordnung selbst denkbar.[81]

[75] Richtlinien der Evangelischen Kirche in Deutschland zur Regelung des Personalaktenrechts Vom 11. September 1993 (ABl. EKD 1994 S. 1).

[76] Bsp: EKM Rechtsverordnung über die Personalakten (Personalaktenordnung - PAO) Vom 22. Sept. 2000 (KABl.-EKiBB S. 130); erstreckt auf das Gebiet der ehemaligen EKsOL durch Rechtsverordnung vom 27. November 2009 (KABl. S. 216): § 4 II PAO.EKM entspricht § 2 Sätze 4 und 5 EKD-Rili-PersAkten.

[77] Engel sortiert die „Abstimmung" (Wertmesser = Stimmen) in eine Gruppe von Koordinationsmechanismen [„Markt" (Wertmesser = Geld), „Befehl" (kein Wertmesser), „Verhandlung von Kollektiven"] in der Rubrik „grundloses Entscheiden", als eine zu einfache Lösung angesichts der Unmöglichkeit auf geschlossene Gemeinwohldefinitionen zurückzugreifen; Engel, Christoph, Offene Gemeinwohldefinitionen, in: Rechtstheorie 32 (2001) S. 23–52 (35 f.).

[78] Vgl. dazu: Conring, Hans-Tjabert, Mehrheit und Verantwortung: die Entscheidungsverwurzelung im Gremium –Zugleich eine Besprechung von BGH Z 83, 35–37, in: ZevKR 54 (2009) S. 76–88.

[79] Engel, Christoph, Offene Gemeinwohldefinitionen, in: Rechtstheorie 32 (2001) S. 23–52 (43).

[80] Vgl. dazu: *Stolleis, Michael*, Gemeinwohlformeln im nationalsozialistischen Recht, München 1974.

[81] Missverständlich insoweit *Häberle, Peter*, Die Gemeinwohlproblematik in rechtswissenschaftlicher Sicht, in; Europäische Rechtskultur. Versuch einer Annäherung in zwölf Schritten, Baden-Baden 1994, Suhrkamp 1997, S. 323–354 (339): „Auf der anderen Seite ist es [das Gemeinwohl Anm. HTC] aber auch *Ausnahme* vom und *Durchbrechung* von Recht."; vgl. ferner Art. 20 IV GG: „Gegen jeden, der es unternimmt, diese Ordnung zu beseitigen, haben alle Deutschen das Recht zum Widerstand, wenn andere Abhilfe nicht möglich ist."

zitierte Literatur

Alexy, Robert, Begriff und Geltung des Rechts, 1992.

Conring, Hans-Tjabert, Mehrheit und Verantwortung: die Entscheidungsverwurzelung im Gremium – Zugleich eine Besprechung von BGH Z 83, 35–37, in: ZevKR 54 (2009) S. 76–88.

de Wall, Heinrich, Muckel, Stefan, Kirchenrecht, 3. Aufl. 2012.

Dreier, Ralf, Der rechtsphilosophische Rechtsbegriff, NJW 1986, S. 890 ff.in: *Heun, Werner/Honecker, Martin/Morlok, Martin/Wieland, Joachim* (Hrsg.) Evangelisches Staatslexikon, Neuausgabe, Stuttgart 2006, Sp.

EKD *(Hrsg.)* Gemeinwohl und Eigennutz Wirtschaftliches Handeln in Verantwortung für die Zukunft. Eine Denkschrift der Evangelischen Kirche in Deutschland ISBN 3-579-01963-5, Gütersloher Verlagshaus, 1991. 185 S., kart.

Engel, Christoph, Offene Gemeinwohldefinitionen, in: Rechtstheorie 32 (2001) S. 23–52 .

Germann, Michael, Der Status der Grundlagendiskussion in der ev. Kirchenrechtswissenschaft, in: ZevKR 53 (2008), S. 375–407.

in: *Heun, Werner/Honecker, Martin/Morlok, Martin/Wieland, Joachim* (Hrsg.) Evangelisches Staatslexikon, Neuausgabe, Stuttgart 2006, Sp. *Häberle, Peter*, Die Gemeinwohlproblematik in rechtswissenschaftlicher Sicht, in; *ders.*, Europäische Rechtskultur. Versuch einer Annäherung in zwölf Schritten, Baden-Baden 1994, Suhrkamp 1997, S. 323–354.

Hesse, Konrad, Grundzüge des Verfassungsrechts der Bundesrepublik Deutschland, 14. Erg. Auflage Heidelberg 1984.

Heyl, Cornelius-Adalbert von, Gemeinwohl, in: *Kunst, Hermann, Grundmann, Siegfried* (Hrsg.), Ev. Staatslexikon 1. Aufl. 1966, Sp. 611–612.

Hufen Friedhelm, Gemeinwohl, in: *Campenhausen, Axel v./Riedel-Spangenberger, Ilona/ Sebott, P.Reinhold* (Hrsg.), Lexikon für Kirchen- und Staatskirchenrecht, Bd. 2 G–M, 2002, S. 48–49.

in: *Heun, Werner/Honecker, Martin/Morlok, Martin/Wieland, Joachim* (Hrsg.) Evangelisches Staatslexikon, Neuausgabe, Stuttgart 2006, Sp. in: *Heun, Werner/Honecker, Martin/Morlok, Martin/Wieland, Joachim* (Hrsg.) Evangelisches Staatslexikon, Neuausgabe, Stuttgart 2006, Sp. *Mahlmann, Matthias*, Rechtsphilosophie und Rechtstheorie, Baden-Baden 2. Aufl. 2012.

Mandeville, Bernard, Die Bienenfabel oder Private Laster als gesellschaftliche Vorteile, München 1988, herausgegeben mit einem Nachwortessay und Anmerkungen von *Günter Walch* [engl Originaltitel: The Fable of the Bees, or private Vices, Public Benefits, Oxford 1924].

Munsonius, Hendrik, Menschenwürde – ein evangelischer Beitrag, in: Kirche und Recht (KuR) 2013, S. 262–269.

Reuter, Hans-Richard, Die V. Barmer Theologische Erklärung als grundlegende Aussage über das (Rechts-)Verhältnis von Kirche und Staat, in: Kirche und Recht (KuR) 2009, S. 184–195.

Rüthers, Bernd, Rechtstheorie. Begriff, Geltung und Anwendung des Rechts, München 1999.

Sachße, Christoph, Stufen der Gemeinwohlförderlichkeit: bürgerschaftliche Organisation und Steuerprivileg, Gütersloh 2001.

Schmidt, Alexander / Zschiesche, Michael / Tryjanowski, Alexandra, Die Entwicklung der Verbandsklage im Natur- und Umweltschutzrecht von 2007 bis 2010, September 2011, Abschlussbericht der empirischen Untersuchung im Auftrag des Bundesamtes für Naturschutz, Fachgebiet I 2.1.

Stein, Albert, Rechtstheologische Erwägungen zur Grundlegung eigenständigen kirchlichen Datenschutzes, in: ZevKR 41 (1991), S. 19–39 (33 mit Fn 62).

Stolleis, Michael, Gemeinwohl, in: EvStL Bd. I (A–M), 3. Aufl. 1987, Sp. *1061–1064*.

Stolleis, Michael, Gemeinwohlformeln im nationalsozialistischen Recht, München 1974.

Thiele, Christoph, Das Kirchenrecht und die Barmer Theologische Erklärung, in: ZevKR Bd. 56 (2011), S. 294–305.

Watzlawick, Paul, Vom Schlechten des Guten, in: Vom Schlechten des Guten oder Hekates Lösungen, München / Zürich, 1991, S. 31–42.

Weiss, Andreas, Kirchenrecht der Evangelischen Landeskirche in Württemberg und ausgewählter Freikirchen. Ein Rechtsvergleich, Jus Ecclesiasticum 99, Tübingen 2012.

Witsch, Norbert, Bonum commune, in: *Campenhausen, Axel v. / Riedel-Spangenberger, Ilona / Sebott, P.Reinhold* (Hrsg.), Lexikon für Kirchen- und Staatskirchenrecht, Bd. 1 A–F, 2001, S. 294–297.

Eilert Herms

THEOLOGISCHE SPRACHFÄHIGKEIT IN NICHTCHRISTLICHEN KONTEXTEN

Der Hintergrund meines Hierseins heute Abend[1] ist der Kontakt mit einigen von Ihnen während meines Vertretungssemester in Berlin und die dabei von Ihnen und mir gemeinsam erlebte elementare Beunruhigung durch die Erfahrung, dass Kirche und Theologie in so unterschiedlichen Kontexten existieren und arbeiten müssen:

- hier Mehrheit von Kirchenmitgliedern (nicht- bzw. antichristlicher Minderheit, die zur Rücksichtnahme bzw. Anpassung geneigt ist)
- dort Mehrheit von „Konfessionslosen" (Minderheit von Kirchenmitgliedern; die sich unter Rechtfertigungsdruck fühlt und jedenfalls der konfessionslosen Mehrheit Rechnung tragen muss).

Man könnte auf dieses Situationserlebnis direkt eingehen, indem man die Frage zu beantworten versucht: Welcher *Worte*, welcher *Sprache* sollen sich Kirchenmitglieder, Amtsträger oder Theologen in einem solchen Kontext überwiegender Konfessionslosigkeit bedienen. Wie sollen sie sich sprachlich artikulieren, nicht nur, wenn sie auf religionskritische, christentumskritische bzw. kirchenkritische Vorbringungen antworten, sondern auch wenn sie ihre eigene Überzeugung den Konfessionslosen gegenüber klar machen wollen?

Tatsächlich muss diese Frage nach den Worten, nach der Sprache, die in solchen Situationen zu wählen sind, auch beantwortet werden. Aber damit die Antwort gründlich und tragfähig ausfällt, wollen wir zunächst einen Schritt zurücktreten.

Erstens werden wir durch den extremen Situationsunterschied in unserem Land auf das Faktum explizit aufmerksam, dass es für die Christenheit *wesentlich* ist, in nichtchristlichem Kontext zu existieren. Stets und überall lebt sie in nichtchristlichem Kontext – einer Situation, die freilich sehr verschiedener Ausgestaltungen fähig ist und mit der man erst angemessen umgehen kann, wenn die jeweils vorliegende in ihrer Eigenart erkannt ist.

[1] Der Vortrag wurde am 14. November 2013 im Evangelischen Stift, Tübingen, gehalten.

Dann stellt sich zweitens die Frage,

- gibt es so etwas wie ein *Grundmuster* der Kommunikation der Christenheit mit ihrer nichtchristlichen Umwelt und

- welcher Stellenwert kommt darin der *Sprache* und dem *Sprechen* zu.

Drittens kann dann gesagt werden, welche Sprachfähigkeit auf Seiten eines jeden Glieds der Kirche Voraussetzung für erfolgreiche Kommunikation mit Nichtchristen ist.

Dann wird viertens auch klar, über welche Sprachfähigkeit die Theologen im Amt der Kirche verfügen müssen.

Und schließlich fünftens, welchen Beitrag zur Gewinnung dieser Sprachfähigkeit das Studium liefern kann und soll.

1. Die Christenheit in ihrer nichtchristlichen Umwelt. Wechselnde Situationen

Der christliche Glaube selber schließt aus, dass die Christenheit je anders existieren könnte als *in* einer nichtchristlichen Umwelt. Zwar weiß der Glaube, dass nichts geschaffenes Reales außerhalb Gottes existiert (Act 17,28), dass der ewige Sohn, der Logos Gottes, der Schöpfungsmittler ist (Joh 1,1; 1 Kor 8,6), der als solcher in allem Geschaffenen wirksam ist. Gleichwohl ist die Menschheit als eine solche geschaffen, die dem Missverständnis ihrer selbst ausgesetzt ist, der Sünde, und erst durch das Gotteshandeln, das dieses Missverständnis enttäuscht, zu wahrer Selbsterkenntnis gebracht wird. Höhepunkt dieses Aufklärungshandelns Gottes ist das Auftreten und Wirksamwerden Christi. Dessen Voraussetzung ist die vorchristliche, aufklärungsbedürftige Welt. In diese alte Welt tritt das Christusgeschehen ein: An ihr und in ihr wird es wirksam. Und dies dauerhaft durch das Fortwirken Christi vermittelst der Kirche. Dadurch verschwindet die alte vorchristliche und aufklärungsbedürftige Welt nicht einfach, sondern *sie* ist es, in der und an der Christus durch die Kirche bis heute wirksam ist und wirksam bleibt bis ans Ende der Tage. Somit ist klar: Vermöge ihres Ursprungs und ihrer Sendung kann die Kirche gar nicht anders als im Verhältnis zu jeweils einer nichtchristlichen Umwelt und in Kommunikation mit ihr zu existieren. Das Verhältnis zu einer nichtchristlichen Umwelt gehört zur geschichtlichen Existenz der Christenheit ursprünglich und wesentlich hinzu.

Anmerkung: Die reformatorische Theologie hat das nachdrücklich herausgearbeitet durch ihre Fassung der Lehre von den zwei Reichen, oder besser von den zwei Regierweisen Gottes: von seinem Regiment zur Linken, durch das er die ganze Menschheit als zur Gemeinschaft mit ihm bestimmte aber zunächst dem hybriden Selbstmissverständnis ihres Freiseins anheimfallende, und von seinem

Regiment zur Rechten, durch das er selbst die Durchstoßung dieses hybriden Selbstmissverständnisses bewirkt und die ursprüngliche Bestimmung des Menschen verwirklicht. Der Schöpfer beschließt alles unter die Sünde, um sich aller zu erbarmen (Röm 11,32).

Das zu Ursprung und Wesen der Kirche hinzugehörige Verhältnis zu ihrer nichtchristlichen Umwelt nimmt in der Geschichte verschiedene Gestalten an. Oberflächlich betrachtet zerfallen sie in zwei Klassen: in Situationen der Minderheit oder der Mehrheit gegenüber der nichtchristlichen Umwelt.

Auf beiden Seiten treten extrem unterschiedliche Lagen auf. Es gibt Minderheiten die schon fast einer knappen Mehrheit nahekommen, wie heute in manchen afrikanischen Ländern, es gibt klare aber dennoch starke Minderheiten, wie heute etwa in Südkorea, aber auch extreme Minderheitssituationen, wie heute in vielen Ländern des nahen Ostens. Ebenso gibt es Mehrheitssituationen, die knapp sind, auf der Grenze zur Minderheit, wie heute wiederum in einigen afrikanischen Ländern, klare Mehrheitssituationen, die aber von starken nichtchristlichen Minderheiten umgeben sind, so heute in Europa, aber auch auf Situationen einer überwältigenden Mehrheit von Kirchenmitglieder gegenüber Nichtchristen, so einst in Europa und noch jetzt in Südamerika.

Keine dieser Situationen ist durch die bloßen Zahlenverhältnisse ausreichend beschrieben. Jede ist das Ergebnis einer besonderen, einmaligen Geschichte, und diese von Ort zu Ort verschiedenen Geschichten sind es, die den jeweiligen Verhältnissen ihre innere Struktur geben, ihre besondere Spannung, die besonderen Schwierigkeiten und Chancen der Kommunikation. Der Verlauf dieser Geschichte, oder besser dieser Geschichten, ist keineswegs einsinnig, nur ein Prozess der Zunahme oder der Abnahme. Die Verläufe können sich umkehren: Minderheitssituationen können durch Zunahme verringert werden bzw. sogar in Mehrheitssituationen umschlagen, wie im Römischen Reich. Mehrheitssituationen können auch in extreme Minderheitssituationen übergehen, wie seit dem 7. Jh. im nahen Osten. Und für beide Prozessrichtungen kommen jeweils sehr unterschiedliche Wirkfaktoren in Betracht. So ist etwa der Gewinn der Mehrheitsposition im Römischen Reich zunächst einer *inneren*, geistlichen Überlegenheit der Christenheit in der Kommunikation mit ihrer nichtchristlichen Umwelt zu verdanken, hingegen die erdrückende Mehrheitsposition der Christen im frühen und hohen europäischen Mittelalter in erheblichem Ausmaß *kulturpolitischen Zwangsmaßnahmen* der weltlichen Herrscher.[2] Ebenso hat der Rückgang auf eine noch starke Mehrheitsposition im Kontext von starken nichtchristlichen Minderheiten in der europäischen Neuzeit tiefgreifende Gründe in einem *inneren* Schwachwerden der

[2] Dazu jetzt glänzend: Johannes Fried, Karl der Große. Gewalt und Glaube, 2014.

Kommunikation der Christenheit mit ihrer Umwelt, während der Rückgang aus starken Mehrheitspositionen auf drastische Minderheitspositionen im nahen Osten und in einigen osteuropäische Gebieten, etwa in Deutschlands neuen Bundesländern oder in Tschechien auf die *Unterdrückung durch nichtchristliche Eroberer* oder auf *Ausrottungsmaßnahmen antichristlicher Obrigkeiten* zurückgehen.

Wir halten fest:

- Für die Christenheit ist ihr Verhältnis zu einer nichtchristlichen Umwelt wesentlich.
- Das Verhältnis ist instabil, Mehrheitsverhältnisse können in Minderheitsverhältnisse umschlagen und umgekehrt.
- Für die innere Qualität, für den Sinn des Verhältnisses ist in jedem Fall die Geschichte ausschlaggebend, die zur jeweils herrschenden Situation geführt hat.

2. Das Grundmuster der Kommunikation der Christenheit mit ihrer nichtchristlichen Umwelt und die Funktionen des Sprechens

Nun zu der Frage, wie die Christenheit mit ihrer nichtchristlichen Umwelt kommuniziert. Klar ist: Diese Kommunikationsweisen sind situationsbezogen variabel. Aber samt und sonders sind sie Weisen der Kommunikation der örtlichen *Christenheit* mit ihrer nichtchristlichen Umwelt – und deshalb sämtlich Variationen *desselben* (so wahr die Besonderheiten der christlichen Ortskirchen nicht die ursprüngliche Einheit und Sendung der gesamten Christenheit beseitigt).

Folglich fragen wir auch hier nach dem *einen* Grundmuster der Kommunikation, das in allen diesen unterschiedlichen Lagen nur variiert wird.

Das ist für uns Evangelische besonders nötig, weil gerade in unserem Bereich eine Vorstellung von diesem Grundmuster der Kommunikation der Kirche mit ihrer nichtchristlichen Umwelt verbreitet, ja vorherrschend ist, das zwar an prominente reformatorische Formulierungen anknüpft, sich aber sachlich einem fundamentalen Missverständnis dieser reformatorischen Grundeinsicht verdankt, in sich selbst abstrakt ist und deshalb auch gedanklich und last not least praktisch in die Irre führt. Diese Vorstellung besagt: Das fundamentale und umfassende Medium der Kommunikation der Christenheit mit ihrer nichtchristlichen Umwelt ist das *Wort*, das Grundmuster der Kommunikation ist das *Sprechen*, *Hören* und *Antworten*, also der *verbale Austausch*, der *Diskurs*. Alle orts- und zeitspezifischen *Probleme der Kommunikation* mit der nichtchristlichen Umwelt werden als *Sprachprobleme* diagnostiziert und ihre Überwindung oder Meisterung wird von der Gewinnung bzw. Entwicklung von „Sprachfähigkeit“ erwartet. Ihrer ursprünglichen Mission wird die Christenheit, ihre Glieder und ihre

Hauptamtlichen, nur gerecht, wenn sie anschlussfähig ist an die Unterhaltungen ihrer Umwelt, wenn sie das orts-, zeit-, milieu- und situationsgemäße *Sprachgewand* für das findet, was sie zu sagen hat: das Evangelium. Auf dieser Linie wird schon für die *erste* Phase der Ausbildung der Amtsträger, das Studium, die Gewinnung von Sprachfähigkeit als Ziel beschworen, das dann in der *zweiten* Ausbildungsphase erst recht ins Zentrum rückt. Gemeindepädagogik entwickelt Programme, um auch die *Gemeinde sprachfähig* zu machen. Die Kirche als Organisation kommuniziert mit ihrer gesellschaftlichen Umwelt, indem sie zu diesem und jenem wichtigen Thema ein kirchliches „*Wort*" sagt.

Diese Konzentration auf das Wort im Sinne von Sprechen und Sprache ist erstens ein Missverständnis der reformatorischen Betonung des „Wortes". Die Reformatoren betonten in der Tat, dass die *Kirche das Geschöpf des „Wortes"* ist, dass die da ist, wo das „*Wort*" ist, und dass das Wort das Medium ist, durch das die Christenheit in der Welt existiert und auf die Welt bezogen ist. *Gemeint ist damit aber* auf den Spuren des Neuen Testaments das *inkarnierte Schöpferwort*: Jesus Christus. In der Tat: Der ist das Wort, das die Kirche schafft. Wo der ist, da ist die Kirche. Durch ihn existiert die Kirche in der Welt und auf die Welt bezogen. Das Auftreten und Wirken Jesu Christi ist aber *mehr als seine in Sprache vorgetragene Lehre*, es ist das leibhafte Ganze seines Lebenszeugnisses für das Faktum, dass unsere menschliche Lebensgegenwart das Kommen des Reiches Gottes ist, die Verwirklichung des unwiderstehlichen Gemeinschafts- und Versöhnungswillen des Schöpfers an der Menschheit. Dieses Faktum hat Jesus *auch* durch sein Reden bezeugt, aber durch ein Reden, das *integraler Bestandteil* seines leibhaften Lebens in der Welt und Umgehens mit sich und seiner nichtchristlichen Umwelt ist. Sein Zeugnis hat eine *mehr als sprachliche* Gestalt, es vollzieht sich durch das Ganze seines leibhaften Auftretens und Geschicks, es ist *über*sprachlich.

*Über*sprachlich ist auch das Geschehen, das Jesus in übersprachlicher Kommunikation mit seiner Umwelt bezeugt: das Kommen Gottes und die Weise seines Herrschens: „Gott lässt seine Sonne aufgehen über Böse und Gute und lässt regnen über Gerechte und Ungerechte; so sollt auch Ihr eure Feinde lieben, damit ihr vollkommen seid, wie euer Vater im Himmel vollkommen ist" (Mt 5, 44-48; keine Gleichnisrede!). Der *Schöpfer kommuniziert mit uns durch sein Wirken und seine Werke*; durch sie gibt er sich uns zu verstehen. „Ein Tag sagt´s dem andern und eine Nacht tut´s kund der andern, ohne Sprache und ohne Worte, unhörbar ist ihre Stimme. Ihr Schall geht aus in alle Lande und ihr Reden bis ans Ende der Welt." (Ps 19,3.4). Luther hat in seiner Genesisvorlesung, die faktisch sein Lebenswerk abschließt, eben dies unterstrichen: Gottes Reden geschieht durch seine Werke, sie sind sein Selbstwort mit uns, durch sie, seine Guten Gaben, teilt er sich uns mit, und zwar summarisch durch die Gute Gabe, die unser eigenes Lebens ist: „Ich glaube, dass mich Gott geschaffen hat, samt allen Kreaturen".[3] Er gibt sich mir zu verstehen durch *seine schöpferische Gabe*: durch *mich selbst* und das ganze Weltgeschehen, in dem und durch das ich bin. Zu dem allerdings konstitutiv auch *die andern meinesgleichen hinzugehören*: Auch durch sie kommuniziert der Schöpfer sich uns. Und zwar bevorzugt. Daher ist dann auch der *Höhepunkt dieser Selbstmitteilung Gottes* an uns das leibhafte Auftreten des in einen Menschen inkarnierten Logos. Und auch diese Kommunikation, die uns durch die anderen unseresgleichen erreicht, beginnt immer schon *bevor* irgendein Wort gesprochen wurde - sie verläuft freilich so, dass dann - *dann*! - immer auch Worte fallen.

Also: Das „Wort", durch das Gott sich uns zu verstehen gibt, sich uns kommuniziert - vom Geschaffen- und Erhaltenwerden der Lebensgegenwart von Menschen als innerweltlich-leibhafter Personen über alles, was er ihnen durch das Erleben ihres Zusammenlebens mit anderen zu verstehen gibt, bis hin zu dem, was er ihnen durch Jesus Christus, sein Wort in Person, kommuniziert - ist ein *übersprachliches* Kommunizieren, das *nicht mit Sprache* beginnt. Es ist ein Kommunizieren, das allererst das Sprechen *ermöglicht* - *dann* allerdings auch *verlangt*.

Dieses schaffende „Wort" *schafft* und *bestimmt* allererst den *Erlebnis- und Sinnraum*, in dem dann Sprechen möglich und nötig ist. Dieses schaffende Wort - von der Schöpfung bis zum inkarnierten Schöpferlogos - ist das *Medium*, durch das Gott die Christenheit in ihrer nichtchristlichen Umwelt existieren lässt und auf sie bezieht. In *diesem* Medium existiert die Christenheit mit ihrer nichtchristlichen Umwelt zusammen, in *ihm* ist sie auf diese Umwelt bezogen, aber eben zugleich auch diese Umwelt auf sie. *In diesem Medium* kann und soll die Christenheit mit ihrer nichtchristlichen Umwelt kommunizieren. Dieses Medium ist *übersprachlich*: hat ein vorsprachliches Fundament, das Sprechen ermöglicht und verlangt, und reicht über alles Sprechen hinaus (in ihm existieren wir auch noch da, wo alle unsere Wort versagen). Und daher kann auch das Wesen und die *Grundform des Kommunizierens* der Christenheit, also auch unseres Kommunizierens, mit der nichtchristlichen Umwelt nur *diejenige Kommunikationsweise* sein, die diesem ih-

[3] BSLK 510, 33ff.; voller Wortlaut: „Ich glaube, daß mich Gott geschaffen hat, samt allen Kreaturen, mir Leib und Seele, Augen, Ohren und alle Glieder, Vernunft und alle Sinne gegeben hat und noch erhält, dazu Kleider und Schuhe, Essen und Trinken, Haus und Hof, Weib und Kind, Acker, Vieh und alle Güter, mit aller Notdurft und Nahrung des Leibs und Lebens reichlich und täglich versorget, wider alle Fährlichkeiten beschirmt und vor allem Übel behütet und bewahret, und das alles aus lauter väterlicher, göttlicher Güte und Barmherzigkeit ohn all mein Verdienst und Würdigkeit, des alles ich ihm zu danken und zu loben und dafür zu dienen und gehorsam zu sein schuldig bin; das ist gewißlich wahr."

rem Möglichkeitsgrund, ihrem Fundament und Medium, *entspricht*: die *übersprachliche* Kommunikation.

Das ist schon die *Grundform aller Kommunikation unter Menschen überhaupt*. Die Kommunikation unter Menschen beginnt nicht mit dem Sprechen, sondern damit, dass Menschen einander etwas, nämlich *sich selbst* leibhaft zu *erleben* geben. Erst aufgrund dessen, was Menschen einander leibhaft zu erleben gegeben haben, kann gesprochen werden und muss dann in aller Regel auch gesprochen werden. Dies Reden aber *bleibt* eingebettet in das gegenseitige Sicherleben im Zusammenleben. Die Kommunikation endet nicht mit dem letzten Wort. Sie geht im leibhaften Umgang miteinander weiter, mit dem, was beide Seiten einander zu erleben geben, und verlangt dann weitere Worte, die aber, wenn sie wahr – und d. h. sachbezogen und sachgemäß sind – ebenfalls über sich hinaus weisen auf die allem Sprechen vorgegebene Realität unseres Daseins – das Werk Gottes. So ist des zwischen Eltern und Kindern, in den peer-groups von Kita, Kindergarten, Schule, gang, Seminarteilnehmern, Begegnungen auf der Straße, in Parks, in Cafes, zwischen Nachbarn und in aller beruflichen Interaktion (nicht einmal hier verliert das elementare Sicherleben und das gemeinsame Erleben der *Sache* um die es professionell geht, ihre schlechterdings basale und umgreifende Funktion). Wir erleben einander, *bevor* wir miteinander sprechen, und der Wert des Gesprochenen entscheidet sich an dem, was *danach* erlebt wird.

So auch in der Kommunikation einer Glaubensgemeinschaft mit ihrer nichtglaubenden Umwelt. Beispiel: die Muslime. Sie kommunizieren mit ihrer nichtmuslimischen Umwelt nicht erst dadurch, dass sie ihre Überzeugungen und ihr Selbstverständnis in „zeitgemäßer Sprachgestalt" vortragen. Was wäre auch der rechte Ort und die rechte Zeit zu solcher Rede? Die Straßenecke? Nein. Sie beginnen ihre Kommunikation mit ihrer nichtmuslimischen Umwelt mit dem, was zu jeder Zeit und an jedem Ort möglich ist: Indem sie ihrer Umwelt etwas zu erleben geben: das Kopftuch ihrer Frauen, auch wenn sie als zahnärztliche Helferinnen in der Unizahnklinik tätig sind, in der Einhaltung ihrer Speisesitten, in der Einhaltung ihrer Gottesdienstzeit und -ordnung, ihres Festkalenders, in der Einladung zur Mitfeier ihrer Feste. Dadurch schaffen sie Orte und Zeiten, Gelegenheiten, auch zu *sprechen* über das, was sie ihrer nicht muslimischen Umwelt zu erleben geben.

Genau so haben auch die frühen Christen mit ihrer nichtchristlichen Umwelt kommuniziert: Sie haben ihrer nichtchristlichen Umwelt etwas zu erleben gegeben: nämlich genau die Feier des österlichen Offenbarwerdens der Wahrheit des am Kreuz nicht gescheiterten, sondern vollendeten Lebenszeugnisses Jesu (Gal 3,13 mit 2 Kor 4,6ff).[4]

Christliche Theologie war Gottesdienst und Sakramentserklärung nach innen und außen. Erklärung des in der Eucharistie gefeierten Geschehens der Selbstoffenbarung des Schöpferlogos im Auftreten und Wirken Jesu Christi. Und weil der *Gottesdienst* Schriftlesungen implizierte, war Theologie *auch* Schrifterklärung. Erst dann tertiär - freilich wesentlich - wurde sie zur Verteidigung des christlichen Lehre vor dem Forum der heidnischen Philosophie. Es gilt die Regel „des Apostels": Es wird geglaubt, was erlebt worden ist, die Wahrheit des Selbstzeugnisses Jesu und des Christuszeugnisses der Christen (2 Kor 4,6ff.); und was als erlebte, evident gewordene Wahrheit geglaubt wird, das will dann auch gedacht werden.

Weil klar war, *worüber* man - nach innen ebenso wie nach außen - zu reden hat, war das Sprachproblem schon gelöst: Man sprach in der alle Zeitgenossen verbindenden Umgangssprache in ihren verschiedenen Schichtungen und machte sich deren Flexibilität zur Besprechung von allem, worüber überhaupt klar gesprochen werden kann, zu nutze. - So blieb es: Gottesdiensterklärung *vor* der Schrifterklärung.

Das gilt auch für die Reformation und ihre Theologie:

- Sie ist ursprünglich Sakramentserklärung einschließlich der Erklärung der gottesdienstlich gebrauchten Schrift.
- Erst sekundär, nämlich zur Abwehr der autoritären Auftritte und Ansprüche Roms, hat sich die Schrifterklärung verselbständigt.
- Und wiederum erst tertiär - wenn auch wesentlich - kommt es dann zur Verteidigung des durchdachten Glaubens gegenüber der Philosophie.

Auch hier gilt wieder: Ein *besonderes* Sprachproblem taucht nicht auf. Nicht etwa weil *alle* Christen waren; das war gerade nicht mehr der Fall; sondern weil das *Worüber* des Sprechens allseits klar war und dann die allen gemeinsame Umgangssprache gebraucht wurde.

Zum *Problem* wird christliche Sprachfähigkeit in nichtchristlicher Umwelt erst unter späten Bedingungen: Nämlich in einer Situation in der der *übersprachliche* Charakter aller Kommunikation und damit auch der Glaubenskommunikation nach innen und nach außen nicht mehr beachtet wird. - Dann wir Sprachfähigkeit zum Problem, nicht nur nach außen, sondern schon nach innen.

[4] Justin präsentiert der Öffentlichkeit seiner Zeit die christliche Gemeinde als Feiergemeinde: Apol. I, 65-67.

Nach innen entsteht das Problem, wenn die Älteren den Jüngeren nicht mehr etwas von ihrem eigenen Christsein zu *erleben* geben. Dann gibt es im Alltag auch keinen Anlass, und daher dann auch keinen Ort und keine Zeit mehr, darüber, über das, was die Älteren den Jüngeren zu erleben gegeben haben, im Alltagsdeutsch zu sprechen. Etwa in den Familien, wenn Eltern den Kindern nichts mehr von ihrem eigenen Christsein zu erleben geben: Indem sie gemeinsam mit ihnen beten, singen und feiern. Aber auch in den Gemeinden, wenn dort soziale Aktivitäten und Engagements die übersprachliche Feier des Christusgeschehens im Gottesdienst an den Rand rücken, also der sogenannte Gottesdienst im Alltag als der wahre und eigentliche Gottesdienst gepflegt wird und nicht mehr als Konsequenz des „einen und wahren Gottesdienstes" (wie noch Luther sagte[5]) verstanden und durchsichtig gehalten wird, der sich in der Christusfeier, (das hieße, den Abendmahlsgottesdienst) vollzieht. Nota bene: Christusfeier und christlicher Alltag gehören unlöslich zusammen; hier besteht keine Alternative. Wohl aber zwischen zwei verschiedenen *Zuordnungen* beider Seiten: Der Versuch, das christliche Ethos zum Wahrheitsbeweis der Feier des Christusgeschehens zu machen auf der einen und die Feier des Christusgeschehens als Bezeugung des Fundaments und des Sinnes des christlichen Ethos auf der anderen Seite. Wo das erste vorherrscht gibt es keinen Gesprächsbedarf mit der nichtchristlichen Umwelt. Alle meinen, sie haben sich in der Anerkennung der Notwendigkeit des Samariterdienstes immer schon verstanden. Nur wo das umgekehrte Verhältnis durchgehalten wird, eine Gemeinde in der Feier der Eucharistie sich an die Quelle ihrer Lebenskraft hält und aus ihr trinkt, erleben ihre Glieder miteinander das, was ihnen untereinander dann auch Anlass gibt zum Nachdenken und zum Gespräch, und geben sie ihrer nichtchristlichen Umwelt das zu erleben, was durch sich selbst auch Anlass und Herausforderung zum Sprechen ist. Wenn christliche Familien allenfalls noch unter sich Gebet und Lied pflegen, es aber als Verstoß gegen die guten Sitten erleben, das auch zu tun, wenn Gäste dabei sind, dann wird damit systematisch der Gegenstand und Anlass für das Sprechen über den Christusglauben als Fundament der Lebenskraft von Christen beseitigt. – Und zwar ganz offenbar gerade auch im Verhältnis zur nichtchristlichen Umwelt.

Summe: Der Ansatz zur Fixierung auf das Sprachproblem ist immer der Ausfall dessen, was Christen von ihrem Christsein anderen – zu erleben geben. Die Kommunikation beginnt damit, dass man sich *als Christ* anderen zu erleben gibt. Also in der Verbundenheit mit Christus und andern Christen im Kultus und in der kultischen Sitte: öffentlich und in den Häusern. Andern die Feier der Ge-

[5] WA 6, 354, 18-27.

meinschaft mit Christus und mit anderen Christen zu erleben geben: Das ist die *notwendige* Bedingung für die Erhaltung von Sprachanlässen über den Glauben. Und erst diese zwanglosen Anlässe zum Sprechen über den Glauben, lassen dann einen jeden dessen inne werden, dass er Sprecher der Umgangssprache fähig ist, überhaupt etwas über seinen Glauben zu sagen, und: Wieweit *diese* Fähigkeit (die Fähigkeit zum Gebrauch der Umgangssprache zur Erklärung des gefeierten Fundaments des christlichen Lebens) reicht – und wo und wieweit sie verbessert werden könnte und sollte.

3. Die Sprachfähigkeit der Christen

Nach diesen Klarstellungen können wir nun erkennen, was zur Sprachfähigkeit *jedes* Christen, und zwar immer auch im Verhältnis zu seiner nichtchristlichen Umwelt gehört. Das ist ein Doppeltes: die Fähigkeit des Sprechens *im* feiernden Mitvollzug und die Fähigkeit zum Sprechen *über* den eigenen feiernden Mitvollzug.

3.1. Das Sprechen *im* feiernden Mitvollzug ist – jedenfalls für die Mitfeiernden – überwiegend unproblematisch, ja wird geschätzt und genossen, soweit es den Gemeindegottesdienst betrifft. Die festen Texte der Lieder, der Liturgie, Bekenntnis und Vaterunser, der Bibel werden in dieser vorgegebenen Festigkeit ergriffen und mitvollzogen als Gelegenheit, das eigene Leben in diesen Texten unterzubringen. Man genießt das vorgegebene Sprachhaus und richtet sich in ihm ein – wenn es denn genießbar präsentiert wird. Wehe, wenn die Pfarrerin oder der Pfarrer durch ihren Umgang mit dieser vorgegebenen Sprache nicht erkennen lassen, dass in all diesen Texten das Lebensfundament zur Sprache kommt.

Wohl aber ist schon der häusliche Gottesdienst und das feiernde Mitsprechen in ihm überwiegend ein erhebliches Problem. Schon wenn die Familien unter sich sind, fällt es Müttern und Vätern schwer, zu beten. Wenn Gäste da sind, ist es in der Regel ganz unmöglich. Warum? Das Problem ist nicht der Mangel an Texten und Formulierungen. Es betrifft den Akt des Sprechens, die Angst davor, durch den Sprechakt selbst anderen etwas vom eigenen Christsein zu erleben zu geben. Die Angst, gegen das kulturelle Verbot, den eigenen Glauben sichtbar werden zu lassen, zu verstoßen und durch die Folgen dieses Verstoßes, die ausgelöste Peinlichkeit, überfordert zu sein. Hier liegt kein Sprachproblem vor, auch keine Glaubenslosigkeit, ganz und gar nicht, sondern ein ungeklärtes und daher leicht anfechtbares Verhältnis zum eigenen Glauben: also zum Gegenstand, zur *Sache*, *über* die zu sprechen wäre.

3.2. Sprechen können sollte (und möchte im Grunde auch wohl) jeder Christ *über* seinen Mitvollzug des christlichen Feierns; und zwar nicht in historistischer Distanz, sondern über das eigene Involviertsein in diesen Mitvollzug, über sein eigenes Ergriffensein von ihm. Die Frage ist, ob und wieweit sie es können.

Auch hier geht es letztlich nicht um *Sprach-* sondern der *Sprech*fähigkeit, nicht um die Frage welcher Sprache sie sich bedienen sollten, sondern darum, ob sie sich fähig fühlen, die ihnen schon zur Verfügung stehende Sprache, nämlich Deutsch, zum Sprechen über die Bedeutung des Mitfeierns für ihr eigenes Leben zu benutzen. Was steht dem Gefühl, dazu fähig zu sein, im Wege? Etwa schon das Gefühl, überhaupt zum Sprechen über das eigene Leben nicht fähig zu sein? So dürfte es weithin sein. Und das ist wiederum kein Problem der sprachlichen Mittel, sondern ein Problem des Verhältnisses zur Sache: zum eigenen Leben. Dies Problem wird nicht durch Einübung von Sprachgesten gelöst, sondern durch Schaffung und Pflege von Gelegenheiten, über diese Sache zu sprechen: in den Familien, in Freundeskreisen, in den Schulen, in der Gemeinde. Freundeskreise stehen z. B. vor der Alternative entweder dazu gut zu sein, das eigene Sprechen über das eigene Leben überflüssig zu machen, oder es zu üben und zu pflegen. Der Deutsch- und Literaturunterricht schafft nicht schon dadurch Sprachfähigkeit, dass er den Satzbau übt und den Wortschatz erweitert, sondern erst dadurch dass er die *Sache* vor Augen rückt, von der in seinen Texten die Rede ist: das menschliche Leben und die Quellen, aus denen es sich speist.

Aber auch wer zwar keine Hemmungen empfindet, überhaupt über sein eigenes Leben zu sprechen, kann sich dennoch unfähig fühlen, über sein Ergriffensein vom Mitfeiern des Christusgeschehen zu sprechen: Was ist der Grund meiner Ergriffenheit? Wo und wie hilft sie mir, mein Leben zu meistern? Auch hier ist das elementare Problem keins der Sprachbeherrschung, sondern des Verhältnisses zur Sache – zur Ergriffenheit von der Feier –, dieses Verhältnis muss entspannt und geklärt werden. Das geschieht, wenn – wodurch auch immer: nicht zuletzt durch das Erleben entängstigender und entspannender Vorbilder in Elternhaus, Schule und Gemeinde – der Mut wächst, dass schon die schlichtesten Auskünfte *sach*gemäß sind: Über den *Grund* seiner Ergriffenheit durch das Mitfeiern gibt jeder Christ schon sachgemäße Auskunft, wenn er von den früheren Erlebnissituationen erzählen kann, an die sein Gottesdiensterleben anknüpft, die dieses Erleben fortsetzt. Sachgemäß ist schon, wenn er etwa sagt, wann er einen Gottesdienst zum ersten Mal schön fand, und vielleicht auch noch, wieso das so war. Und die Hilfe des Mitfeierns für die Lebensbewältigung kommt schon sachgemäß zur Sprache, wenn einer sagt, was er *hier* findet und braucht, *sonst aber nirgends;* etwa: eine *Ruhe,* die es sonst nirgend gibt, ein *Zusammensein* mit anderen, auch Wildfremden, wie in keinem Theater und in keinem Fußballstadion, eine *Freiheit zur Ehrlichkeit,* die den morgendlichen Blick in den Spiegel noch übertrifft. Dies alles ist schon sachgemäßes christliches Reden *über* das eigene Mitfeiern – und nicht erst das Nachbuchstabieren von theologischen Offenbarungstheorien.

Kurz: *Jede* authentische Antwort ist angemessen. Weltanschaulich-metaphysische Fragen können angesprochen werden; müssen es aber gar nicht.

Zur Sprachfähigkeit jedes Christen gehört schließlich auch, den Punkt der jeweiligen Grenzen der eigenen Sprechfähigkeit auszuhalten. Das entwertet die vorläufige Aussage nicht. Auch nicht ihre kommunikative Kraft – also das was die sprachliche Selbstexplikation des eigenen feiernden Mitvollzugs anderen zu erleben gibt: Eben, dass der Sprecher weiß, dass es immer mehr ist, als gesagt werden kann – was jedoch nicht den Mut zum Sprechen raubt, sondern gerade gibt. Die Sprechfähigkeit jedes Christen ruht auf der Gewissheit: Schon das Einfachste und Bruchstückhafte ist sachgemäß.

4. Die Sprachfähigkeit im Amt der Kirche

Wir kommen zur Sprechfähigkeit im Amt der Kirche. Ihre Basis ist: die allgemeine Sprechfähigkeit, die jedem Christen eignen sollte. Wer sie nicht besitzt, kann das Amt nicht ausfüllen. Freilich geht die hier verlangte Sprechfähigkeit deutlich über die hinaus, die jedem Christen zuzumuten ist.

4.1. Sie umfasst erstens die Fähigkeit zum Sprechen *im* feiernden Vollzug, zum Sprechen der gebundenen Teile und der freien. Die gebundenen Teile sind so zu sprechen, dass durch die Art, wie sie gesprochen werden, ihre objektive Eigenart manifest und erlebbar wird: Diese Texte sind da und offen für alle, sich persönlich in ihnen unterzubringen. Das gilt auch für die freien Teile. Sie – die Predigt, aber auch die Gebete (etwa das freizusprechende Fürbittengebet) – sind nichts als Muster der selbständigen Explikation des gefeierten Evangeliums und seiner Zentralbotschaft: „Die Gegenwart *ist* das Kommen des Reiches Gottes". Sie sind Hervorhebung der eigenen Pointen dieser Wahrheit in *sachbezogener* Umgangssprache, der man gerne zuhören mag *wegen* ihres Sachbezugs. Auch in diesen freien Worten soll jeder sich auf seine Weise unterbringen können. Die Predigt hat die Gemeinde nicht aufzuklären, nicht zu belehren, nicht mit Imperativen zu bombardieren, vor allem nicht zu kritisieren und ihr ein schlechtes Gewissen zu machen. Sie stellt sie ins Licht der objektiven Wahrheit: Die Gegenwart *ist* das Kommen des Reiches Gottes. Das ist ipso facto *nicht* das Gutreden von allem.

4.2. Zur Sprechfähigkeit im Amt der Kirche gehört aber auch die Fähigkeit, *über* den feiernden Vollzug zu sprechen – und zwar dem Amtsauftrag entsprechend über *alle Aspekte,* die für dieses komplexe Phänomen wesentlich sind.

4.2.1. Erstens verlangt das Amt die Fähigkeit, über die ursprungsgemäße Gestalt des Feierns des Christusgeschehens zu sprechen. Über ihren Ursprung, d. h. über den Grund und Gegenstand der Feier: das Christusgeschehen selbst; über die geschichtlichen Variationen dieses Feierns, seine Gefährdungen und deren Meisterung. Über seine Bedeutung für die geschichtliche Identität der Gemeinde, für ihr Ethos und damit auch für ihr Verhältnis zu ihrer nichtglaubenden Umwelt. Wem das Amt übertragen ist, der muss über die Geschichte des Gottesdienstes – über die Feier der Sakramente und aller daran anknüpfenden Formen der Hinwendung des christlichen Lebens zu seinem Ursprung – als Kern der Geschichte der Kirche und ihres Verhältnisses zu ihrer nichtchristlichen Umwelt sprechen, Auskunft und Rechenschaft geben können.

4.2.2. Er muss zweitens über die beiden wesentlichen Ebenen des feiernden Vollzugs sprechen können. Das ist einerseits die persönliche Bedeutung, die er für die einzelnen Mitfeiernden – sich selbst eingeschlossen hat. Darüber muss im Amt gesprochen werden *können* – und zwar jeweils entsprechend dem aktuell gegebenen Bedarf. Zur Sachgemäßheit dieses Sprechens gehört, dass die Amtsperson – *weil dazu fähig (weil „kompetent")* – dazu stets bereit ist, es aber nie jemandem aufdrängt.

Dass die Mitfeier des Christusereignisses überhaupt persönliche Bedeutung für Einzelne gewinnt, beweist, dass in ihr ein über alle Einzelfälle hinausgehendes *Potential* an Wahrheitserfahrungen steckt. Auch darüber muss im Amt gesprochen werden können. Das Amt ist dafür verantwortlich, dass die Christusfeier der Gemeinde in einer Weise geschieht, dass dieses *Potential* unangetastet bleibt (1 Kor 11; gibt es nicht auch heute Gottesdienstfeiern, die das Potential einschränken – unter Umstände aufgrund gutgemeinter Versuche, die Lebendigkeit des Gottesdienstes zu steigern?). Diese Fähigkeit zum Sprechen über das Potential an Wahrheitserfahrungen im Gottesdienst kommt nicht zustande, ohne dass nachvollzogen wird, was darüber im Laufe der Jahrhunderte in den einschlägigen Konsenstexten der Kirche gesagt ist; und auch nicht ohne eigene Reflexion, die durch Beispiele aus der Theologie angeregt ist.

4.2.3. Im Amt ist über diese verschiedenen Aspekte der Christusfeier in unterschiedlichen Gesprächssitutionen (auf verschiedenen Foren) zu sprechen. Zur Sprechfähigkeit im Amt gehört, dass keiner dieser Situationen ausgewichen werden muss: nicht Seelsorgesituationen, nicht Situationen der Katechese, nicht dem Gespräch in entscheidungsbefugten Gremien, nicht in Situationen des Herausgefordertseins durch die nichtchristliche Umwelt, sei es dass die Herausforderung darin besteht, ein ernsthaftes Interesse am Sinn, am Grund und Gegenstand des christlichen Gottesdienstes zu befriedigen, sei es dass sie darin besteht, angemessen auf Spott und Diffamierung zur reagieren.

Immer ist also auch im Amt nicht das Problem eine besondere *Sprache*. Sondern immer geht es auch hier um nichts anderes als um die erforderliche Kompetenz („Virtuosität" wie Schleiermacher sagte) im Einsatz der Umgangssprache – im *Sprechen* über ein leibhaft erlebbares Phänomen im menschlichen Zusammenleben, das der teilnehmenden Erfahrung von jedermann, auch der nichtchristlichen Umwelt, zugänglich ist: über die Verbundenheit der christlichen Glaubensgemeinschaft mit dem leibhaften Ursprung ihres Glaubens durch dessen von ihm selbst eingesetzte Feier. Immer geht es um ein umgangssprachliches Sprechen, das den Sinn, den Grund und Gegenstand und das Wahrheitserlebnispotential dieses Feierns sichtbar zu machen sucht.

5. Der Beitrag des Studiums zur Gewinnung der Sprachfähigkeit von InhaberInnen des Pfarramts

Was kann das Studium zur Grundlegung dieser Sprechfähigkeit im Amt beitragen?

5.0 Erstens ist nach dem Gesagten klar, dass es nur dann überhaupt etwas beitragen kann, wenn es sich frei macht von einer Leitformel, die besagt: Das einzige oder auch nur vorrangige *Sachproblem* – verstehe der Kirche und der Theologie – ist das *Sprachproblem*. Das läuft auf eine Fehlprogrammierung des gesamten Studiums hinaus.

Die richtige Leitformel lautet vielmehr: Die Lösung des Sachproblems ist das Fundament für die Stellung und Lösung aller Sprechprobleme.

5.1. Was ist die im Studium zu klärende Sache? Nichts anderes als der Grund und Gegenstand der Feier des christlichen Gottesdienstes. Das ist das Geschehen des österlichen Offenbarwerdens der Wahrheit des Lebenszeugnisses Jesu für die Lebensgegenwart der Menschen als Kommen der Gottesherrschaft; das Geschehen also, welches der Grund und Gegen-stand der Gottes-, Welt- und Selbstgewissheit der Christen ist.

Dann wird auch die Lebensbedeutung der Mitfeier des christlichen Gottesdienstes klar: die Entfaltung der Orientierungs- und Motivationskraft dieser Gottes-, Welt- und Selbstgewissheit der Christen durch kontinuierliche Hinwendung zu deren Grund und Gegenstand, nämlich zum österlichen Evidentwerden der Wahrheit des Lebenszeugnisses Jesu, in der Mitfeier dieses Ereignisses.

Darin sind alle Sachthemen des Studiums gegeben. Klar ist, welche Texte als Zeugnisse dieser Sache zu studieren sind. Klar ist, unter welchem Gesichtspunkt diese Texte zu studieren sind: unter dem Gesichtspunkt des Geschehens, das den Glauben begründet und deshalb auch sein Gegenstand ist, unter dem Gesichtspunkt der Orientierungs- und Motivationskraft dieses Geschehens für das Leben, das Ethos der Christen; und dies alles ständig begleitet von der Frage, ob und wieweit der einzelne Studierende seine eigene Lebensgegenwart und diesem bezeugten Grundgeschehen wiederfinden kann.

Immer war es die Klärung dieser Sachfragen, die die Sprechfähigkeit von Christen und Theologen, auch im Verhältnis zur nichtchristlichen Umwelt der Christenheit, gestiftet hat. Das tut sie auch noch heute.

Wer hingegen die genannten Sachfragen gar nicht erst gestellt hat, geschweige denn der in den überkommenen Zeugnissen beschriebenen *Sache* ansichtig geworden ist, also auch offenlassen muss - oder darf –, ob er in ihrer Beschreibung auch sein eigenes Leben wiederfindet, hat unweigerlich ein Sprechproblem, von dem er sich nur entweder durch das kühne Eintauchen ins Geschwätz befreien kann, wenn er nämlich dennoch einen Posten in der Kirche oder in der Theologie anstrebt und erhält, oder aber dadurch, dass er auf einen solchen Posten verzichtet und einen anderen anstrebt: sei es im Operationssaal, in der Anwaltskanzlei in einer Bank, der ihm nur ein Sprechen abverlangt über Sachen, die er für sein Teil wirklich zu Gesicht bekommen hat.

BUCHEMPFEHLUNGEN

Reiner Preul, Evangelische Bildungstheorie. Evangelische Verlagsanstalt Leipzig (EVA) 2013, 424 S., €38,00. ISBN: 978-3-374-03216-7.

Kategoriale Bildung im Religionsunterricht (Heidelberg 1973) heißt das erste Buch von Reiner Preul, das ich – als Begleitlektüre zu seinem Seminar über „Schleiermachers Pädagogik" 1975 in Marburg – gelesen habe. Die detaillierte Auseinandersetzung mit der kritischen Haltung der Religionspädagogik der Dialektischen Theologie gegenüber Wolfgang Klafkis „Theorie der kategorialen Bildung" und die in diesem Buch vollzogene Zuordnung des Themas der kategorialen Bildung zur „Genese des christlichen Selbstbewusstseins", in der auch Fragestellungen von Reiner Preuls Dissertation zu Fichte anklingen, schlagen eine Thema an, das für Reiner Preuls theologische Existenz ein Brennpunkt geblieben ist. Die Studien von *Religion – Bildung –Sozialisation* (Gütersloh, 1980) erweiterten die bildungstheoretischen Überlegungen in Richtung auf die damals hoch aktuelle Sozialisationstheorie und auch die Arbeiten des Bandes *Luther und die Praktische Theologie* (Marburg, 1989) boten entscheidende Perspektiven zur Reklamierung des Bildungsthemas als eines Kernanliegens reformatorischer Theologie. Mit seiner *Evangelischen Bildungstheorie* legt Reiner Preul nun eine theologische Summe vor, in die entscheidende Einsichten seiner *Kirchentheorie* (Berlin, 1997) und seiner religionshermeneutischen Überlegungen in der Monographie *So wahr mir Gott helfe!* (Darmstadt, 2003) eingegangen sind.

Das neue Werk setzt nach einer kurzen einleitenden Auseinandersetzung u. a. mit Hartmut v. Hentigs Versuch einer Rehabilitierung des Bildungsbegriffs (vgl. 16–27), in der Preul die grundsätzliche Bedeutung des Bildungsverständnisses anhand der These „Bildung ist allemal die Realisierung der Bestimmung des Menschen am Ort des Individuums" (28) herausarbeitet, unter der Überschrift „Bildungskritik" (§ 2, 33–68) mit einer Durchsicht der pädagogischen und theologischen Gründe für die Abwendung vom Bildungsbegriff ein. Die Durchsicht der pädagogischen Kritik zeigt diese als häufig von heute merkwürdig obsolet anmutenden Relevanzkriterien motiviert, die das Problemniveau einer Bildungstheorie unterbieten, die ihre Fundierung in den „unveränderlichen Charakteren und Faktoren des Menschseins" hat, die es ermöglichen, „einen kategorialen bzw. existenzialen Bildungsbegriff zu entwickeln" (37). Die theologische Bildungskritik hingegen sieht in ihren Extremformen Bildung als Ausdruck der „Eigenmächtigkeit" des „natürlichen Menschen", so dass die am Bildungsbegriff orientierte Pädagogik insgesamt als „Götzendienst" (M. Doerne, 62) abzuqualifizieren ist. Bei der positiven „Bestimmung des Bildungsbegriffs“ (§ 3, 69–107) geht Preul zunächst von der umfassenden Definition von Bildung als „Inbegriff aller Veränderungen und Entwicklungen, denen ein neugeborenes Exemplar der Gattung Mensch im Verlauf seines Lebens unterliegt, allerdings so, dass es sie auch mitbestimmt“ (74) aus. Der Zusatz weist schon auf das zentrale Problem des Bildungsverständnisses hin, das zunächst immer das Gebildetwerden der Person im Verlauf seiner Lebensgeschichte in den Blick nehmen muss und erst dann die aktive Beteiligung des Menschen als Zumutung gerade dieses passiven Gebildetwerdens thematisieren kann. Preul geht diese Frage so an, dass er in seiner ersten (schon eingangs zitierten) Definition Bildung als Realisierung der Bestimmung des Menschen fasst. Dabei weisen die Begriffe von „Bestimmung“ und „Realisierung“ schon auf das Ineinander von Bestimmtwerden und Selbstbestimmung hin, auf das Gestelltsein der Aufgabe der Selbstbestimmung in der Art des Bestimmtseins des Menschen. Wenn Preul nun in einer zweiten programmatischen Definition Bildung als „gesteigerte und über sich aufgeklärte Handlungsfähigkeit“ (83) definiert, erweisen sich die Elemente des Gegenwerdens als Aspekte der Steigerung und des Aufgeklärtwerdens in der Wahrnehmung der Aufgabe der Selbstbestimmung.

Im § 4 (109–153) legt der Vf. nun die „Theologische Fundierung und Akzentuierung des Bildungsbegriffs“, indem er das kritische und konstruktive Bezogensein von *opus Dei* und *opus hominum* in der Realisierung der Bestimmung des Menschen als *cooperator Dei* entwickelt. Konkret erweist sich das Bildungspotential des christlichen Glaubens in der „Ausdifferenzierung, Umverteilung und Differenzierung von Vertrauen“ (131). Auf der Grundlage der theologischen Anthropologie Luthers kann er so ein „dramatisches Modell“ des Bildungsprozesses vorlegen (vgl. 138), das die Elemente von „Kontinuität und Diskontinuität, Identität und Diskrepanz“ in ihrer lebensgeschichtlichen Vermittlung sichtbar werden lässt. Die konkrete Form dieser Vermittlung lässt sich dann am „System der christlichen Lehre“ (vgl. 140–153) darstellen, das die Geschöpflichkeit des Menschen, sein Sündersein, seine Zugehörigkeit zur Kirche als Bildungsgemeinschaft des Glaubens und seine Berufung zum Vollendetwerden in der Gemeinschaft mit Gott expliziert. Diese Explikation mündet in eine gedrängte Reflexion über Gott als „Bildner“ (150–153), der den Menschen in allen seinen Beziehungen durch sein Wort und durch sein Walten bildet. Damit lotet die Darstellung der passionalen Konstitution der Handlungsfähigkeit des Menschen die theologische Tiefe des Bildungsbegriffs aus.

Nachdem so die Konturen eines evangelischen Bildungsverständnisses herausgearbeitet sind, führt Reiner Preul seine Leser durch die klassischen Bildungstheorien, indem er zunächst die beiden Seiten der Selbstbestimmung, „das Selbst bestimmt etwas" (156–158) und „das Selbst wird bestimmt" (166–176) differenziert ins Verhältnis setzt. Die hier grundgelegten fundamentalanthropologischen Implikate der *conditio humana*, die als *imago Dei creata* zur Selbstbestimmung bestimmt ist, die an Zentralbegriffen wie Herz, Seele, Charakter, Tugend, Gewissen etc. herausgearbeitet wird, bieten einen hermeneutischen Schlüssel zur differenzierten Aneignung der klassischen Bildungstheorien, die an den grundlegenden Aspekten der „ethischen Bildung" (176–202) im Gespräch mit Kant, der „ästhetischen Bildung" im Dialog mit Schiller (202–229) und des Verhältnisses zur „klassischen und humanistischen Bildung" (229–245) dargestellt wird. Diese Überlegungen münden in eine Grundsatzüberlegung zum Verhältnis von „Natur und Bildung" (245–255) ein, in der die Auseinandersetzung mit Humboldt einen breiten Raum einnimmt.

Nachdem so Bildung als erworbene personale Qualität charakterisiert ist, kann Preul nun den Übergang zur Theorie der Bildungsinstitutionen (§ 6, 255–312) vollziehen, die die bildungstheoretische Begründung der Bildungsinstitutionen mit grundsätzlichen Überlegungen zur „Welt der Institutionen" (256–261) verbindet, bevor die Bildungsinstitutionen im Einzelnen (Familie, Schule, Medien, Kirche, 261–312) in ihren Beziehungen erörtert werden. Die anschließenden Überlegungen zur Bildungspolitik profilieren den einfachen Grundsatz, dass „Bildungspolitik um der Bildung willen" (316) betrieben werden muss, in einer präzisen Kritik der Überfremdung der Bildungspolitik durch ökonomische, technische aber z. B. auch europapolitische Interessen. Könnte der allgemeine Beitrag der Kirchen zu einer demokratischen Bildungskultur darin bestehen, dass sie die verfassungsrechtlichen Spielräume nutzt, die den „Religionsgesellschaften" im kritischen Gegenüber und konstruktiven Miteinander mit dem Staat eingeräumt werden (vgl. 333–344)? Den Abschluss des Buches bildet eine einfühlsame Darstellung des Christenmenschen als einer gebildeten Person (§ 8, „Konturen gebildeten Christseins in der Gegenwart", 345–400), die die grundsätzlichen Überlegungen der ersten Paragraphen mit den konkreten Gegenwartsfragen bis hin zur Reflexion der religiös und weltanschaulich pluralistischen Situation der Gegenwart (381–400).

Reiner Preuls *Evangelische Bildungstheorie* ist ein meisterhaftes Buch, differenziert, profiliert, jeden einzelnen Punkt sorgsam argumentativ vertretend und von jener Nüchternheit des Urteils gekennzeichnet, die man von ihrem Autor zu erwarten gelernt hat. So ist das Buch nicht nur ein Beitrag zum Verständnis der evangelischen Bildung, sondern auch ein exemplarisches Beispiel für sie. Verfolgt man, wie Preul die anthropologischen Wurzeln des Bildungsverständnisses philosophisch-theologisch herausarbeitet und das evangelische Profil aus der Perspektive der reformatorischen Theologie am Stamm der Geschichte der Bildungstheorien aufweist, hat man in Bezug auf dieses Buch keine Bedenken dem berühmten Paragraphen 31 der 1. Auflage von Schleiermachers *Kurzer Darstellung* zuzustimmen: „Die praktische Theologie ist die Krone des theologischen Studiums." (Scholz, 10).

Tübingen Christoph Schwöbel

MARBURGER THEOLOGISCHE STUDIEN

begründet von

Hans Graß und Werner Georg Kümmel

ab Band 19 herausgegeben von
Wilfried Härle und Dieter Lührmann

ab Band 100 herausgegeben von
Friedhelm Hartenstein und Michael Moxter

ERHÄLTLICHE TITEL

Band 121: Marburger Jahrbuch Theologie XXVI. "Gemeinwohl". Hrsg. von Elisabeth Gräb-Schmidt und Reiner Preul, 2014.

Band 120: Lührmann, Dieter: Theologische Exegese im Horizont von Text und Geschichte. Gesammelte Aufsätze. Hrsg. von Egbert Schlarb, 2014.

Band 119 Marburger Jahrbuch XXV. „Das Alte Testament in der Theologie". Hrsg. von Elisabeth Gräb-Schmidt und Reiner Preul, 2013.

Band 118 Mätzke, Verena: Gerechtigkeit als "fromkeit". Luthers Übersetzung von *iustia dei* und ihre Bedeutung für die Rechtfertigung heute, 2013.

Band 117: Feindschaft. Theologische und philosophische Perspektiven. Hrsg. von Markus Firchow und Michael Moxter, 2013.

Band 116: Marburger Jahrbuch Theologie XXIV. "Auferstehung". Hrsg. von Elisabeth Gräb-Schmidt und Reiner Preul, 2012.

Band 115: Werries, Holger: Alles Handeln ein Handeln der Kirche. Schleiermachers Ekklesiologie als Christologie, 2012.

Band 114: Tippmann, Cornelia: Die Bestimmung des Menschen bei Johann Joachim Spalding, 2011.

Band 113: Marburger Jahrbuch Theologie XXIII. "Christologie". Hrsg. von Elisabeth Gräb-Schmidt und Reiner Preul, 2011.

Band 112: Selbstbestimmung in der Perspektive theologischer Ethik. Hrsg. von Frank Martin Brunn und Alexander Dietz, 2011.

Band 111: Marburger Jahrbuch Theologie XXII. "Ästhetik". Hrsg. von Elisabeth Gräb-Schmidt und Reiner Preul, 2010.

Band 110: Anknüpfung und Aufbruch. Hermeneutische, ästhetische und politische Perspektiven der Theologie. Hrsg. von Cornelia Richter, 2011.

Band 109: Warnemann, Alexander: Der Marburger Theologe Hans Graß. Die entmythologisierte Dogmatik, 2012.

Band 108: Zerrath, Martin: Vollendung und Neuzeit. Transformation der Eschatologie bei Blumenberg und Hirsch, 2011.

Band 107: Marburger Jahrbuch Theologie XXI. "Wahrheit". Hrsg. von Wilfried Härle und Reiner Preul, 2009.

Band 106: Riede, Peter: Schöpfung und Lebenswelt. Studien zur Theologie und Anthropologie des Alten Testaments, 2009.

Band 105: Marburger Jahrbuch Theologie XX. „Sünde". Hrsg. von Wilfried Härle und Reiner Preul, 2008.

Band 104: Dahnelt, Rainer: Funktion und Gottesbegriff. Der Einfluss der Religionssoziologie auf die Theologie am Beispiel von Niklas Luhmann und Falk Wagner, 2009.

Band 103: Sparn, Walter: Frömmigkeit, Bildung, Kultur. Theologische Ausätze I: Lutherische Orthodoxie und christliche Aufklärung in der frühen Neuzeit, 2012.

Band 102: Preul, Reiner: Die soziale Gestalt des Glaubens. Aufsätze zur Kirchentheorie, 2008.

Band 101: Marburger Jahrbuch Theologie XIX. „Personalität Gottes". Hrsg. von Wilfried Härle und Reiner Preul, 2007.

Band 100: Menschenbild und Theologie. Beiträge zum interdisziplinären Gespräch. Hrsg. von Frank Martin Brunn, Alexander Dietz, Christian Polke, Sibylle Rolf und Anja Siebert, 2007.

Band 99: Härle, Wilfried: Willensfreiheit und Prädestination, 2009. *vergriffen*

Band 98: Haigis, Peter: Pluralismusfähige Ekklesiologie. Zum Selbstverständnis der evangelischen Kirche in einer pluralistischen Gesellschaft, 2008.

Band 97: Ethik im Kontinuum. Beiträge zur relationalen Erkenntnistheorie und Ontologie. Hrsg. von Wilfried Härle, 2008.

Band 96: Stock, Konrad: Die Gegenwart des Guten. Schriften zur Theologie, 2006.

Band 94: Marburger Jahrbuch Theologie XVIII. „Verstehen über Grenzen hinweg". Hrsg. von Wilfried Härle und Reiner Preul, 2006.

Band 93: Bäder-Butschle, Ivo: Interpretation der moralischen Welt. Michael Walzers Phi-losophie der moralischen Praxis als Impuls für die theologische Ethik, 2006.

Band 92: Lehmeier, Karin: Oikos und Oikonomia. Antike Konzepte der Haushaltsführung und der Bau der Gemeinde bei Paulus, 2006. *vergriffen*

Band 91: Künstliche Intelligenz und menschliche Person, Hrsg. von Wolfgang Achtner, Johannes Dittmer, Anja Haag, Christoph Keil, Martin Jung, Heike Preising, Axel Schumann-Luck und Vladislav Soskin, 2006.

Band 90: Theologie zwischen Pragmatismus und Existenzdenken. FS für Herrman Deuser. Hrsg. von Gesche Linde, Richard Purkarthofer, Heiko Schulz und Peter Steinacker, 2006.

Band 89: Marburger Jahrbuch Theologie XVII. „Menschenwürde". Hrsg. von Wilfried Härle und Reiner Preul, 2005.

Band 88: Spengler, Franziska Friederike: Kindsein als Menschsein. Beitrag zu einer integrativen theologischen Anthropologie, 2005.

Band 87: Holtmann, Thomas: Die Magier vom Osten und der Stern. Mt 2,1-12 im Kontext frühchristlicher Traditionen, 2005.

Band 86: Russische Religionsphilosophie und Theologie um 1900. Hrsg. von Karl Pinggéra, 2005.

Band 85: Patristica et Oecumenica. Festschrift für Wolfgang A. Bienert. Hrsg. von Peter Gemeinhardt und Uwe Kühneweg, 2004.

Band 84: Marburger Jahrbuch Theologie XVI. Das Selbst in der Evolution. Hrsg. von Wilfried Härle und Reiner Preul, 2004.

Band 83: Latzel, Thorsten: Theologische Grundzüge des Heidelberger Katechismus. Eine fundamentaltheologische Untersuchung seines Ansatzes zur Glaubenskommunikation, 2004.

Band 82: Kutting, Dirk: Gesinnungsbildung. Die humanistische Schul- und Bildungstheorie Hartmut von Hentigs in theologischer Sicht, 2004.

Band 81: Volkmann, Stephan: Der Zorn Gottes. Studien zur Rede vom Zorn Gottes in der evangelischen Theologie, 2004.

Band 80: Systematisch praktisch. Festschrift für Reiner Preul. Hrsg. von Wilfried Härle, Bernd-Michael Haese, Kai Hansen und Eilert Herms, 2005.

Band 79: Janssen, Bernd-Holger: Die Inkarnation und das Werden der Menschheit. Eine Interpretation der Weihnachtspredigten Friedrich Schleiermachers im Zusammenhang mit seinem philosophisch-theologischen System, 2003.

Band 78: Schwöbel, Marlene: Kirche auf dem Prüfstand. Eine Untersuchung zu den theologischen Orientierungen kirchlicher Strukturplanung, 2003.

Band 77: Charbonnier, Ralph: Technik und Theologie. Ein theologischer Beitrag zum interdisziplinären Technikdiskurs unter besonderer Berücksichtigung der Theologie F.D.E. Schleiermachers, 2003.

Band 76: Die bleibende Gegenwart des Evangeliums. Festschrift für Otto Merk. Hrsg. von Roland Gebauer und Martin Meiser, 2003.

Band 75: Theologie und Kirchenleitung. Festschrift für Peter Steinacker. Hrsg. von Her-mann Deuser, Gesche Linde und Sigurd Rink, 2003.

Band 74: Marburger Jahrbuch Theologie XV. Religion. Hrsg. von Wilfried Härle und Reiner Preul, 2003. *vergriffen*

Band 73: Harbeck-Pingel, Bernd: Gesellschaft und Reich Gottes. Studien zu Alterität, Kommunikation und Handlung, 2003.

Band 72: Reinhardt, Ursula: Religion und moderne Kunst in geistiger Verwandtschaft. Robert Musils Roman „Der Mann ohne Eigenschaften" im Spiegel christlicher Mystik, 2003.

Band 71: Marburger Jahrbuch Theologie XIV. Ethik und Recht. Hrsg. von Wilfried Härle und Reiner Preul, 2002.

Band 70: Leben und Kirche. Festschrift für Wilfried Härle. Hrsg. von Uta Andrée, Frank Miege und Christoph Schwöbel, 2001.

Band 69: Gebhardt, Rüdiger: Heil als Kommunikationsgeschehen. Analysen zu dem in Luthers Rechtfertigungslehre implizierten Wirklichkeitsverständnis, 2002.

Band 68: Herms, Eilert: Von der Glaubenseinheit zur Kirchengemeinschaft II, 2003.

Band 67: Marburger Jahrbuch Theol. XIII. Woran orientiert sich Ethik? Hrsg.: W. Härle u. R. Preul, 2001.

Band 66: Beiner, Melanie: Intentionalität und Geschöpflichkeit. Die Bedeutung von Martin Luthers Schrift „Vom unfreien Willen" für die theologische Anthropologie, 2000.

Band 65: Lippert, Stefan: Recht und Gerechtigkeit bei Thomas von Aquin. Eine rationale Rekonstruktion im Kontext der Summa Theologiae, 2000.

Band 64: Marburger Jahrbuch Theologie XII. Ökumene. Hrsg. von Wilfried Härle und Reiner Preul, 2000.

Band 63: Mohri, Erika: Maria Magdalena. Frauenbilder in Evangelientexten des 1. bis 3. Jahrhunderts, 2000.

Band 62: Das Wesen des Christentums. Hrsg. von Dietrich Korsch und Cornelia Richter, 2002.

Band 61: Schuck, Martin: Staatstheorie und Wirklichkeitsverständnis. Studien zu den kategorialen Voraussetzungen des Staatsdenkens deutscher Juristen aus theologischer Sicht am Beispiel der Kulturstaatsdebatte, 2000.

Band 57: Wohlers, Michael: Heilige Krankheit. Epilepsie in antiker Medizin, Astrologie und Religion, 1999.

Band 56: Schlapkohl, Corinna: Persona est naturae rationabilis individua substantia. Boethius und die Debatte über den Personbegriff, 1999.

Band 55: Bienert, Wolfgang A.: Werden der Kirche – Wirken des Geistes. Beiträge zu den Kirchenvätern und ihrer Nachwirkung. Hrsg. von Uwe Kühneweg, 1999.

Band 54: Im Kontinuum. Annäherungen an eine relationale Erkenntnistheorie und Ontologie. Hrsg. von Wilfried Härle, 1999.

Band 53: Marburger Jahrbuch Theologie XI. Reich Gottes. Hrsg. von Wilfried Härle und Reiner Preul, 1999.

Band 52: Vetter, Martin: Zeichen deuten auf Gott. Der zeichentheoretische Beitrag von Charles S. Peirce zur Theologie der Sakramente, 1999.

Band 50: Text und Geschichte. Facetten theologischen Arbeitens aus dem Freundes- und Schülerkreis. FS für Dieter Lührmann. Hrsg. von Stefan Maser und Egbert Schlarb, 1999.

Band 48: Braungart, Christiane: Mitteilung durch Darstellung. Schleiermachers Verständnis der Heilsvermittlung, 1998.

Band 46: Goertz, Harald: Allgemeines Priestertum und ordiniertes Amt bei Luther, 1997.

Band 27: Herms, Eilert: Von der Glaubenseinheit zur Kirchengemeinschaft. Plädoyer für eine realistische Ökumene, (1989) ^{2}2004.